스토리텔링 삼국유사

3

三國遺事

삼국유사 길 위에서 만나다

스토리텔링 삼국유사 3
삼국유사 길 위에서 만나다

초판 1쇄 발행 | 2011년 8월 20일
초판 2쇄 발행 | 2014년 3월 15일

지은이 | 고운기
펴낸이 | 조미현

편집주간 | 김수한
책임편집 | 서현미, 최진규
교정교열 | 장미향
디자인 | JUN

출력 | 문형사
인쇄 | 영프린팅
제책 | 쌍용제책사

펴낸곳 | (주)현암사
등록 | 1951년 12월 24일 · 제10-126호
주소 | 121-839 서울시 마포구 동교로12안길 35
전화 | 365-5051 · 팩스 | 313-2729
전자우편 | editor@hyeonamsa.com
홈페이지 | www.hyeonamsa.com

ⓒ 고운기 2011
ISBN 978-89-323-1595-9 03900

이 도서의 국립중앙도서관 출판시도서목록(CIP)은
e-CIP 홈페이지(http://www.nl.go.kr/ecip)와
국가자료공동목록시스템(http://www.nl.go.kr/kolisnet)에서 이용하실 수 있습니다.
(CIP제어번호: CIP2011003284)

스토리텔링 삼국유사 3

三國遺事

삼국유사
길 위에서
만나다

고운기 지음

현암사

우리는 이 인연의 고리에서 문득 범일의 생애를 다시 떠올린다. 처녀의 몸으로 아이를 낳고 떳떳지 못했을 어머니, 그런 어머니와 함께 외딴 집에서 어린 시절을 보냈을 범일, 그러니 사미승의 부탁을 받고 나선 범일의 길은 꿈결같이 옛날의 자기를 찾아가는 그 자체는 아니었을까? • 굴산사 터 당간지주

　　분황사부터 들러 보자. 나는 거기서 쓰러진 전각을 세우고 탑을 일으키고 담을 둘러친다.
내 마음의 스카이라인을 그려 거기에 끝내 어떤 형상이 떠오르는지 스스로에게 묻는다. 설
계도도 없는 이 공사는 위태롭기 짝이 없다. 그러나 참고 기다려 서서히 드러나는 모습을
보는 안개 걷히는 상쾌한 아침이 있다. • 분황사 모전석탑

능들의 그 넉넉한 스카이라인이 좋다. 이 스카이라인은 왕이나 왕을 모시는 사람들이 만든 것이 아니다. 권력자의 것이 아니다. 숱한 세월을 두고 능들의 스카이라인은 변해 왔다. 그 선은 각각 그 시대 사람들의 감각이고 소망이었다. 이 동네에서는 문밖에 나서면 왕릉이다. 옛 왕들이 어디 가지 않고, 이제껏 그 시절 사람들의 염원을 모두 안은 채 우리를 지켜보고 있다. • 대릉원

시간이 된다면 저물 무렵의 석양을 받고 있는 감은사 탑을 보러가는 것도 좋을 것이다. 무릇 모든 역사는 황혼이고, 문무왕의 충정과 신문왕의 효심이 이룬 절도 이제 터만 남았으니, 이 폐사(廢寺)의 분위기는 그때가 더 알맞으리라 본다. • **감은사 터 삼층석탑**

해 저물 무렵 법성포 포구에 이르렀다. 서해 바다 어디나 그렇지만, 법성포에 이르자면 이때가 좋지 않을까 한다. 먼 바다 쪽으로 엷은 노을이 걸려 그윽해진 풍경을 보면서 법성포와 주변 해변을 둘러보라. 즐거움을 넘어 애처롭기까지 한 신비가 해변을 감싼다. **· 법성포**

사람이 다니라고 만든 길은 몸만 옮겨놓지 않는다.
몸이 가는대로 마음이 간다.
몸과 마음이 함께 가면 그 길은 길이 아니라 도(道)이다.

길 위에서 만나는 길

길과 몸과 마음—.

'스토리텔링 삼국유사'의 세 번째 책을 정리하며 늘 머릿속에 맴돈 말이다.

일연의 『삼국유사』는 길 위에서 이루어졌다. 길 위에서 만난 이야기로 길을 찾아낸 결과가 담긴 책이다. 저자 자신이 운수(雲水)에 운명을 맡긴 승려였으므로, 길은 그의 평생 이어질 수밖에 없었으나, 여느 승려와 달리 길 위의 풍경을 기록으로 남겼다는 점이 특별하다. 그렇게 『삼국유사』는 길 위의 책이다.

나는 이를 말할 때 『삼국유사』의 다음 두 문장을 자주 인용한다.

"오늘 내가 몸소 와서 우러러 예불하고 나니 또한 분명히 믿을 만한 두 가지가 있었다."

어산불영(魚山佛影)—.

경남 밀양의 만어산에 전해 오는 이야기를 취재하고 그 끝에 붙인 말이다. 전해 들은 이야기를 적는 데 그치지 않고, 만어산까지 직접 가서 그 소재가 되는 돌들을 두드려 본 다음이었다.

"내가 일찍이 포산에 머물며 그분들이 남기신 아름다움을 적어 놓았었다."

포산이성(包山二聖)—.

대구 달성의 비슬산에 머물던 때 썼던 시를 옮겨 적으며 붙인 말이다. 30대에 쓴 시를 70대가 되어 편찬하던 무렵까지, 무려 40년을 운수의 길 위에서 품고 다닌 셈이다. 그래서 『삼국유사』는 길 위의 책이다.

승려 진자가 미륵선화를 찾아다닌 이야기의 끝에 붙인 일연의 시 처음 두 줄은 다음과 같다.

선화를 찾아 걸음마다 그 모습 우러르며
이르는 곳마다 가꾸었던 한결같은 공이여

첫 줄의 원문은 일보일첨(一步一瞻)이다. 일보일배(一步一拜)와 같은 말로 볼 수 있다. 삼보(三步)도 아닌 일보마다 새긴 진자의 정성스러운 걸음—. 이 걸음은 다름 아닌 일연이 실천한 것이기도 하였다. 그 한결같은 공으로 이뤄 낸 책이 『삼국유사』이다.

그러기에 『삼국유사』는 들고 다니며 읽어야 한다. 이야기의 소재가 된 곳마다 그 자리에 서서 그 대목을 읽으며 느껴 보아야 한다. 우리도 거기서 길을 만나리라 믿는다.

'스토리텔링 삼국유사' 시리즈 중 이번 책은 『삼국유사』를 들고 다닌 여행의 결과이다. 더불어, 함께 이 길을 걷고 싶은 분에게 드리는 안내서이다.

기실 이 책은 2006년에 『길 위의 삼국유사』라는 이름으로 낸 적이 있다. 5년 만에 다시 펴내며 크게 손을 보았다. 강원도 산길, 경주, 경상도 바닷길, 전라도 황톳길로 나누고, 1박 2일이면 한 코스를 도는 데 적당하게 묶었다. 관련된 『삼국유사』 본문을 뒤에 실었고 지도까지 곁들였다. 이 한 권이면 다니기에 불편 없도록 말이다. 1박 2일이라 하니 어떤 예능 프로그램을 생각나게 하지만, 자동차로 가족이나 친구와 어울려 여행을 떠나는 이들에게 아주 부담 없고 알찬 시간의 길이가 아닌가 한다. 요즘처럼 잘 닦인 길의 덕을 보면 그렇다. 아니, 걸어서 갈 수 있는 훌륭한 코스이기도 하다. 물론 그러자면 1박 2일로는 좀 어렵지만.

여하튼 거기에 가만히 『삼국유사』를 얹어 보시기를.

아는 만큼 보인다는 말이 널리 퍼져 있다. 그러나 나는 본 만큼 안다고 말해 왔다. 자주 보고, 깊이 생각하고, 누가 일러 주지 않은 나만의 오롯한 느낌으로 한 대상이 다가올 때, 환하게 열리는 광명의 세계 속에 우리 함께 만나기 바란다.

이번 책을 마무리하는 사이 현암사가 새집에 들었다. 번창하는 출판사로 더 큰 복 받기를 빈다.

2011년 8월
안산 바다 가까운 연구실에서
고운기

차례

화보 _004
책머리에 _017

제1장 | **강원도 산길 1박 2일** _023

  1. 둔전리 골짜기에서 일연을 생각한다—양양 진전사 터 _027
  2. 수고로운 일생, 한순간이 꿈—양양 낙산사 _042
  3. 범일과 정취보살—강릉 굴산사 터 _063
  4. 문수보살이 살아 있다—평창 월정사 _080

  【원문읽기】 낙산의 두 성인 관음과 정취, 그리고 조신 | 오대산의 오만 개 진신

제2장 | **경주에서 1박 2일** _117

  1. 경주를 여는 첫 단추—분황사 _121
  2. 산 자와 죽은 자가 어울리는 곳—왕릉 _139
  3. 그리움이 만든 큰 바위 얼굴—남산 _166
  4. 무기를 감춘 땅에 남은 것들—무장사 터 _183

  【원문읽기】 분황사 천수대비, 맹인 아이가 눈을 뜨다 | 미추왕과 죽엽군 | 진신이 공양을
  받다 | 무장사의 미타전

제3장 ┃ **경상도 바닷길 1박 2일**_207

1. 하늘 밑 푸른 바다에 청포도가 익어―포항 오어사 _211
2. 저문 역사의 황혼이 아름답다―경주 대왕암 _234
3. 처용은 저 바다로 돌아가고―울산 개운포 _254
4. 봄바람처럼 남쪽에서 찾아온 왕의 나라―김해 수로왕릉 _270

【원문읽기】 혜숙과 혜공의 삶 ┃ 만파식적 ┃ 처용랑과 망해사 ┃ 금관성의 바사석탑

제4장 ┃ **전라도 황톳길 1박 2일**_295

1. 백제여, 백제여―익산 미륵사 터 _299
2. 가엾은 완산 아이, 울고 가네―김제 금산사 _321
3. 상기도 남은 목쉰 꽃―고창 선운사 _335
4. 마라난타의 길을 따라서―영광 법성포 _349

【원문읽기】 무왕 ┃ 후백제와 견훤 ┃ 진표가 간자를 전하다 ┃ 마라난타가 백제 불교를 열다

참고문헌 _372
찾아보기 _376

제1장

강원도 산길 1박 2일

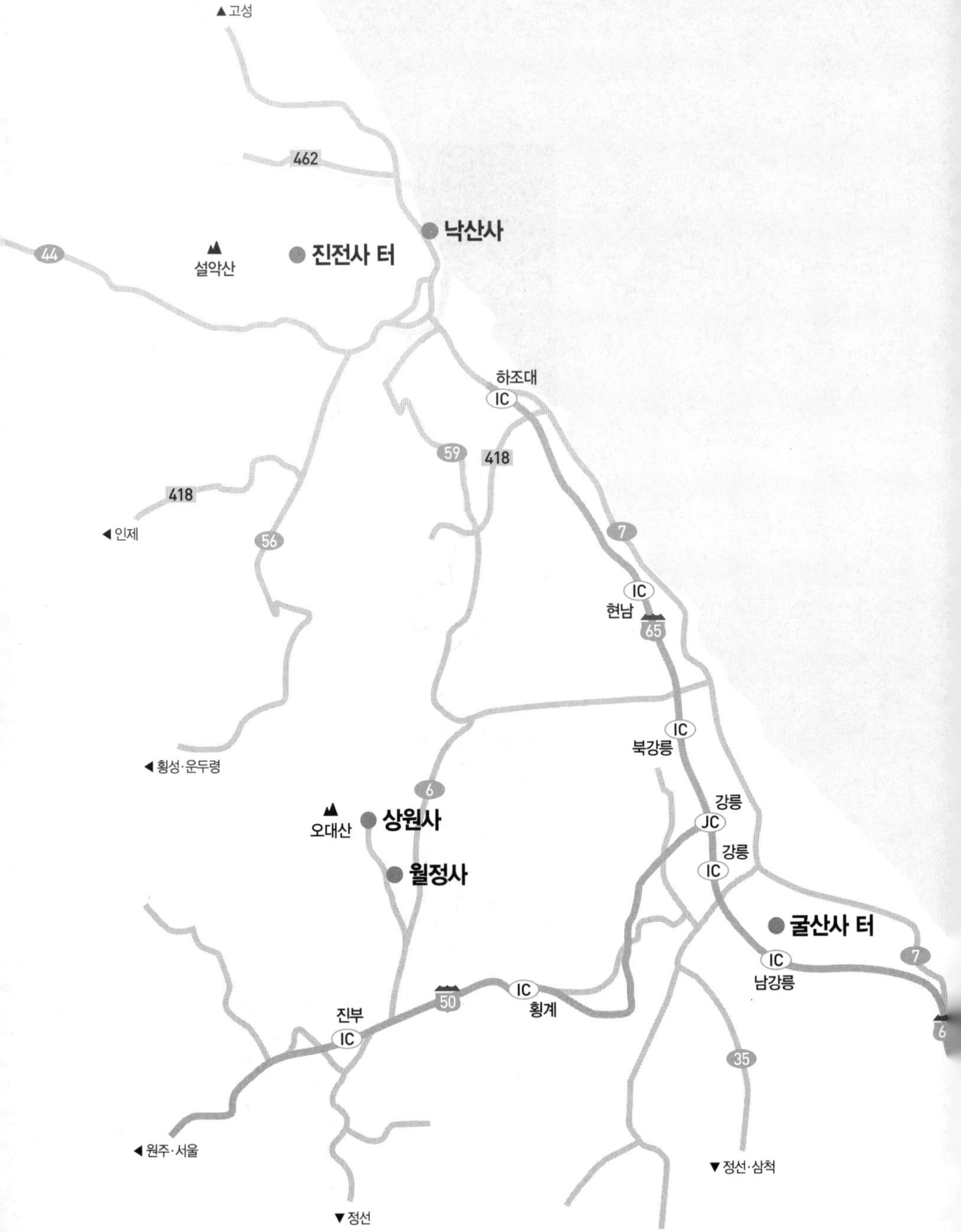

▲고성
462
낙산사
44
설악산
진전사 터
하조대
IC
59
418
418
◀인제
56
7
IC
현남
65
IC
북강릉
◀횡성·운두령
6
강릉
JC
오대산
상원사
강릉
IC
월정사
굴산사 터
IC
남강릉
7
50
IC
횡계
진부
IC
6
35
◀원주·서울
▼정선·삼척
▼정선

진전사 터 적막한 빈터에서 길손은 마음과 가슴의 눈만 열 뿐이다. 그렇게 지난 세월을 반추해 보지 않고서는 좀체 잡히지 않을 모습들이 있다. **낙산사** 낙산사는 의상이 해변의 굴에서 관음보살을 친히 만나 그의 명령에 따라 지었다는 특별한 인연을 가지고 있어 더욱 의연하다. 오늘날 우리가 이 절을 전국 3대 관음사찰의 하나로 꼽는 까닭이다. **굴산사 터** 굴산사의 당간지주는 국내에서 가장 큰 규모를 자랑한다. 이제는 그저 서 있는 것만으로 이곳을 찾은 사람들에게 그늘을 제공한다. **월정사** 일주문에서부터 우람한 전나무 숲이 시작된다. 누가 심자고 심고 기른 것이 아니다. 이런 전나무가 온 산을 뒤덮으며 자란다. 아마도 전국에서 여기 한 곳뿐일 것이다.

I

둔전리 골짜기에서 일연을 생각한다
—양양 진전사 터

1219년, 멀리 동해 바다가 보이는 설악산 골짜기 자그마한 절에 찾아드는 열세 살짜리 소년이 있었다. 아마도 봄이었을 것이다. 산기슭까지 차오른 눈이 녹을 때면, 소년이 출발한 남쪽의 전라도 땅은 이미 보리가 피어난 늦은 봄일지 모른다.

그해, 최씨 무신정권을 열었던 최충헌(崔忠獻)이 죽고, 그의 아들 최이(崔怡)가 정권을 물려받았다.

소년의 이름은 김견명(金見明).

본디 경상도 경산에서 태어나 여덟 살 나던 해 어머니의 품을 떠나 전라도 광주의 조그마한 절로 공부하러 떠났었다. 그로부터 여섯 해가 지나, 무슨 연유에서인지 출가를 결심하고, 머나먼 길을 걸어 설악산 아래까지 옮겨와 머리를 깎는다. 승려로서 받은 이름은 회연(晦然)이었다.

진전사 터 부도탑 절의 이름은 진전사, 강원도 양양군 강현면 둔전리에, 지금은 절터와 삼층석탑 그리고 조금 떨어진 산기슭에 부도탑만이 남아 있다. 이 탑의 주인공은 도의 스님으로 알려져 있다.

김견명이 회연으로 출가한 절의 이름은 진전사(陳田寺)이다. 강원도 양양군 강현면 둔전리에, 지금은 절터와 삼층석탑, 그리고 조금 떨어진 산기슭에 부도탑만이 남아 있다.

나는 이 터를 찾아 자주도 갔다. 절집 한 채 없이 터만 남은 곳이니 조금은 심심했다. 적막한 빈터에서 길손은 마음과 가슴의 눈만 열 뿐이다. 그렇게 지난 세월을 반추해 보지 않고서는 좀체 잡히지 않을 모습들이 있다. 길손의 상상력은 한없이 날개를 단다. 빈터에서는 일은 하나의 구축(構築)인 동시에 새로운 시작이다.

진전사에서 출가한 김견명 곧 회연은 나중에 일연(一然)으로 이름을 바꾸었다. 바로 『삼국유사』의 저자 일연 그이다.

그렇다, 그를 찾아 나는 진전사 터로 가곤 했었다. 1206년생이니, 지난 2006년에 일연은 탄생 8백 주년을 맞았었다. 서기 연대를 전혀 모르고 살았을 그이지만, 그것과는 별개로 나의 마음은 바쁘기만 했다. 『삼국유사』에 가치를 매기는 많은 말이 쏟아졌지만, 정작 이 책과 그 저자를 두고 해야 할 일 몇 가지가 남아 있었기 때문이다.

그는 보이지 않는다. 그에 대해 쏟아진 많은 말은 아직 배경에 지나지 않는다. 배경은 온통 칠해졌지만, 정작 그의 몸통과 얼굴은 어디에서도 바로 보이지 않는다. 내가 해야겠다고 생각한 일 가운데 하나가 그것이다. 나는 그를 보고 싶고, 그래서 그가, 그가 남긴 『삼국유사』가 오늘날 우리에게 무엇인지 말하고 싶었다. 빈터의 진전사에서 옛 절집을 그려 보듯이.

일연은 이 절에서 스물한 살 때까지 살았다.

빈터에 서는 일

서울에서 속초로 가자면 미시령을 넘는다. 영동으로 넘어가는 고개 가운데, 눈이 오면 가장 먼저 끊기는 길. 그런데도 눈이 오는 날이면 나는 미시령을 먼저 떠올리고, 그 고갯길을 넘고 싶고, 넘지 못하게 하는 뭔가 세상살이의 절벽 같은 것에 답답해한다. 하지만 이도 옛말이다. 미시령을 뚫는 터널이 생겼기 때문이다.

대관령 길이 새 고속도로가 생기며 무연해졌듯이, 여기 또한 마찬가지인데, 그래서 한가한 옛길로 일부러 미시령을 넘는 재미가

진전사 터 절집 한 채 없이 터만 남은 곳이니 조금은 심심했다. 적막한 빈터에서 길손은 마음
과 가슴의 눈만 열 뿐이다. 그렇게 지난 세월을 반추해 보지 않고서는 좀체 잡히지 않을 모습
들이 있다.

생긴 것은 차라리 다행이다.

속초에서 가 볼 만한 곳은 여러 군데이지만, 영랑호 주변을 한 바퀴 돌아보고, 청초호를 낀 부둣가의 잡어구이 집에서 식사를 하는 것도 좋다. 주로 어부들의 식사를 위해 영업하던 집이 여럿 있었지만, 이제는 시대에 밀려 몇 남아 있지 않다. 피난 나와 부둣가에서 식당을 하며, 자식들 다 대처로 보내고 결혼시킨 다음, 이제는 혼자 지낼 때가 많다는 아주머니를 만난 적이 있다. 정품으로 팔리는 생선들 말고, 거기서 남은 것들만 모아다가 파니, 값은 허름해도 까다로운 어부들 입에 맞추느라 맛은 일품이다. 속초항 잡어구이 집이 유명해진 이유이다.

속초를 벗어나 대포항에 이르면 우리는 어느새 흥청거리는 항구의 분위기를 느끼게 된다. 대포항은 이미 널리 이름이 알려진 관광지이다. 말린 오징어 한 축쯤 사서 챙긴 다음, 좌판에서 싱싱하고 싼 횟감을 골라, 비좁지만 비닐을 쳐 놓아 따뜻한 방 안으로 들어가 소주 한 잔 하자면, 어느새 동해 바다가 바짝 다가들어 같이 어울리자 한다. 저도 한 잔 달라 한다.

대포항을 떠나 7번 국도를 타고 남쪽으로 좀 더 내려가다 몸을 돌려 서쪽을 바라보았다. 바다 쪽이 아닌 반대 방향이다.

거기 설악산이 치마폭을 드리운 듯 앉아 있다. 대청봉을 꼭짓점으로 완만하게 흘러 내려오는 능선을 한참 동안 응시하자면, '내가 바로 여기 주인이오'라고 속삭이는 듯한 산의 소리가 들린다.

옛 속초공항에서 그 산을 향해 한가롭게 뻗은 지방도로를 따라가다 보니 양양군 강현면 둔전리가 나타났다.

둔전(屯田)은 군대가 주둔할 수 있도록 식량을 대는 너른 논밭을 말한다. 대청봉에서 흘러 내려오는 계곡의 물은 이 마을 앞에서 맑게 넘치고, 그 물로 가꿔진 논밭은 기름지다. 둔전리라는 마을 이름은 그렇게 붙었으리라. 여기에 언젠가부터 막국숫집이 유행처럼 생겨났다. 그 가운데 원조는 아마도 '실로암 막국수'일 텐데, '강원도 산골에 웬 실로암?' 하겠지만 국수 맛은 일품이다.

30여 가구가 옹기종기 모여 사는 이 마을 뒤편, 이제 드디어 산이 본격적으로 시작하려는 언저리에 좁다란 절터가 나왔다.

바로 진전사 터다.

천년 넘게 풍상을 견뎌 온 작지도 크지도 않은 탑 하나가 오롯이 남아 나를 맞았다. 언제 보아도 반가운 모습이다. 절이 선 때는 신라 말로 올라가고, 가지산문(迦智山門)이라 불리는 우리나라 최초의 선종(禪宗) 일문이 여기서 시작했다는 유서를 깊이 간직하고 있는 곳인데, 남은 거라곤 이 탑 하나다.

무려 30년 넘게 중국에서 선종을 배우고 귀국한 도의(道義) 스님은 신라 말의 혼란스러운 사회에서 가진 뜻을 다 펼 수 없었다. 그때까지 없었던 선종이라는 새로운 수행법도 사람들에게는 낯설기만 한 것이었다. 마치 그것은 선종의 창시자 달마(達磨)가 처음 중국에 왔을 때와 같았다. 훗날을 기약하며 제자를 가르치겠다고, 도의는 이곳으로 들어와 일생을 마쳤다.

진전사는 한때 웬만한 규모가 됐고, 가지산문에 속한 승려들은 성지 순례하듯 여기를 거쳤으므로, 그런대로 자취가 분명한 곳이었다. 이렇듯 폐사지가 된 것은 적어도 조선 중기 이전으로 거슬러

중창된 진전사 진전사는 한때 웬만한 규모가 됐고, 가지산문에 속한 승려들은 성지 순례하듯 여기를 거쳐서 자취가 분명한 곳이었다. 이렇듯 폐사지가 된 것은 적어도 조선 중기 이전, 다행히도 최근 이 빈터에 다시 절이 섰다.

올라가야겠지만, 일제 강점기와 남북 분단의 쓰라린 역사 속에서 옛 절의 모습을 다시 찾기는 어려웠다.

다행히도 최근 이 빈터에 새롭게 절이 섰다.

설악산 신흥사는 규모에서도 큰 절일뿐더러 조계종의 영동 사찰을 총괄하는 본사이다. 여기서 비용을 대, 본디 진전사 터에서 조금 떨어진 부도탑 옆에 자리 잡아 새로 절을 지었다.

어느 여름날 ―.

몇 사람과 어울려 진전사 새 절에 갔다. 사람에게 많이 알려지지 않았고, 스님도 한 분밖에 안 계셨다. 한적한 산골에 오는 이 드물기에, 절을 지키던 스님은 우리를 반갑게 맞았다. 미리 연락을 하긴 했으나 생각 이상의 환대였다. 일행을 몰고 간 내 어깨가 으쓱할 정도였다. 그런데 저물 무렵부터 비가 내리기 시작하였다. 스님은 일찍 자리에 들고, 절 마당 한쪽에 만들어진, 지붕 달린 평상에 우리만 남았다.

밤이 깊어 갈수록 비는 더욱 세차졌다. 두런거리는 우리 말소리가 빗소리에 묻혔다.

그날 밤, 어떤 이야기를 얼마나 했는지 지금 분명한 기억이 없다. 바로 생각나기로는 우리의 만행이다. 슬금슬금 한 사람씩 방으로 들어가 각자 가져온 술을 한 병씩 내왔다. 절 마당도 절이려니와, 음주가 성소를 더럽히는 일은 되지 않을까 내심 저어하면서도, 그런 걱정일랑 빗소리에 묻고 빗물에 흘러 내려가길 바라며 대취했다. 비 때문에 새도 울지 않던 밤이었다.

소년 일연의
베이스캠프

각설하고, 여정에서 이어질 장소 가운데 두 군데만 먼저 살짝 꺼내기로 하자. 평창의 월정사(月精寺)와 양양의 낙산사(洛山寺)이다.

월정사는 전나무 숲과 그 숲을 끼고 흘러 내려가는 계곡이 일품이다. 한강의 발원이 절 뒤 오대산 숲 깊은 곳에 숨어 있다. 낙산사는 의상대 해맞이로 이름난 곳이지만, 진전사 터가 거기서 육안으로도 보이는 거리에 있다.

『삼국유사』에는 이 두 절 월정사와 낙산사를 두고 여러 이야기가 실려 있다. 이 이야기들 속에서 우리는, 왕위도 탐하지 않고 산중의 보살행에 깊이 노닐던 효명과 보천 태자('오대산의 오만 개 진신'조 등), 해변의 관음보살과 정취보살을 만나던 의상과 원효, 그리고 범일을 찾을 수 있다. 거기에 한 사람 더 있다. 수고로운 일생 모든 것이 헛됨을 깨닫던 조신이다('낙산의 두 성인 관음과 정취, 그리고 조신(洛山二大聖觀音正趣調信)'조).

이들의 이야기가 『삼국유사』에 누벼질 수 있었던 것을 나는 일연의 진전사 시절과 연관 지어 생각한다. 이 절을 베이스캠프 삼아 일연은 낙산사와 월정사를 이웃집처럼 다녔다. 그의 비문에 "여러 절을 두루 돌아다니는 동안 소문이 자자했다." 함이 바로 그것이다.

진전사 본디 터에는 아직 덩그러니 탑 하나가 외로울 따름이다. 그러나 좀 더 눈을 돌려 보면 거기에는 대청봉에서 내려와 진전사 터를 감싸고 흐르는 계곡이 있고, 멀리 동해 바다가 보이고, 바다를 칸막이하듯 야트막한 오봉산이 있고, 그 산 한쪽에 낙산사가 서 있다.

일연은 이 계곡에서 8년을 지냈다. 소년 일연이 청년이 되기까지, 그는 이 골짜기에 머물면서 어른과 벗들과 더불어 세계를 터득해 나갔지만, 시절은 하수상하기만 했다.

일연은 그의 일생 거의 전부를 무인정권 속에서 보냈고, 더욱이 칭기즈칸의 몽고 시대와 같이한 사람이다. 개인의 운명은 시대와 함께 모진 법이다. 그가 태어나던 해 칭기즈칸은 원(元) 태조에 등극하였다. 원과 최씨 무신정권의 알력은 어두운 전쟁의 분위기를 불렀고, 일연이 이 골짜기를 떠난 2년 뒤, 결국 몽고의 고려에 대한 첫 침입이 이루어진다. 그렇게 시작된 전쟁이 20여 년 뒤 고려의 항복으로 끝나, 시절은 기나긴 원 간섭기로 이어지지만, 일연이 눈을 감던 해까지 보거나 보지 말아야 할 일들은 끊임없었다.

시대의 라인

그렇다고 전혀 아무 소득이 없었던 것은 아니다.

고려 후기의 문인 이규보(李奎報)가 영웅서사시「동명왕편(東明王篇)」을 쓴 것은 1193년, 그의 나이 25세 때의 일이다. 젊은 시인의 시 한 편은 고구려의 역사를 온전히 우리의 것으로 자리매김하였다.

1193년을 역사적으로 좀 더 따져 보자.

이해는 고려 명종 23년이다. 이는 곧 무인정권이 시작한 지 23년째임을 말한다. 무인정권이 서면서 앞의 왕인 의종이 폐위당하고, 명종은 시퍼런 군인들의 칼날 속에 와들와들 떨며 즉위했었다. 일연이 태어나기로는 13년 전이다. 무인정권의 두 번째 실권자 이의민이 10년째 그 권세를 누리고 있었다. 이의민이 누구인가? 아버지는 소금과 체를 파는 장사꾼이요, 어머니는 절에서 일하는 노비였다. 힘 있는 자가 오직 힘만으로 권력을 잡고 전횡을 부리던 시절의 상징이 이의민이다.

이런 시기에「동명왕편」의 출현을 나는 이렇게 말한 적이 있다.

살벌한 세월, 왕이 있으나 허울뿐이고, 같은 무인들끼리도 더 힘 있는 자가 약한 자를 죽이고, 나라는 풍전등화와 같은 신세였다. 고려인

이 그토록 사모해 마지않던 송 나라는 북쪽 오랑캐에게 쫓겨 남쪽으로 옮겨간 지 오래되었다.

비극적인 시대에 태어난 이규보는 듣기만 해도 가슴이 설레는 옛 영웅을 떠올린다. 앞선 시기의 김부식이 버렸던 자료 무더기 속에서 그는 먼저 동명성왕 주몽을 만난다. 그의 고백은 이렇게 시작한다.

"처음에는 믿을 수 없어서 귀신이고 환상이라 생각했는데, 세 번 거푸 탐독하고 음미하니 점차 그 근원에 이르게 되어, 환상이 아니고 성스러움이며, 귀신이 아니고 신(神)이었다."

고운기, 『도쿄와 오렌지』에서

이규보의 '동명왕 발견'은 시대와 전향적 지식인이 만나 이뤄 낸 결과였다. 이것은 하나의 격발점이었다. 일연의 『삼국유사』가 이로부터 백년쯤 뒤에 나온다. 이규보에서 일연으로 이어지는 이 같은 라인은 기실 위기가 가져다 준 대응이었고, 그것이 소득이라면 소득이었다는 것이다.

다시 말해 이규보나 일연이 합리적이지 않은 것들을 어떻게 받아들였느냐이다. 앞서 이규보는 '동명왕의 발견'을 환상이 아니고 성스러움이며, 귀신이 아니고 신이라 했다. 이 고백 앞에는 다음과 같은 말이 먼저 나온다.

세상에서 동명왕의 신통하고 이상스러운 일을 많이들 이야기한다.

(중략) 내가 일찍이 그것을 듣고서 웃으며 말하기를, "공자님은 괴력난신(怪力亂神)을 말하지 않았다. 동명왕의 일은 실로 황당하고 기괴해서 우리가 이야기할 바가 못 된다"고 했다.

이규보, 「동명왕편」에서

이 말은 어디선가 들어 보았다. 바로 『삼국유사』에서 단군조선을 쓰기 앞서 일연이 한 말과 비슷하다.

대체로 옛 성인들은, 예악을 가지고 나라를 일으키거나 인의를 가지고 가르침을 베풀고자 했지, 괴력난신을 말하지 않았다.

『삼국유사』, '고조선'조에서

여기서 '괴력난신'을 나는 "괴이한 힘이나 자자분한 귀신 이야기"라고 번역한다. 일연의 말은 이어진다. 그럼에도 불구하고 중국에서 제왕이 일어난 데에는 온갖 기이한 이야기가 남아 있다고. 그러므로 우리 삼국의 시조가 모두 신이한 데서 출발한다는 것이 어찌 괴이한 일이냐 반문한다.

다시 이규보의 고백을 떠올려 보자.

괴력난신 따위 입에 올리지 않는 공자의 가르침을 따라 이규보는 처음에 동명왕 이야기 같은 황당하고 기괴한 데 홀리지 않았다. 그러나 '세 번 거푸 탐독하고 음미'하고 나서 근원에 이르고 보니, '환상이 아니고 성스러움'이며, '귀신이 아니고 신(神)'이라는 깨달음이 왔다.

이규보와 일연 두 사람의 어법은 너무나 닮아 있다.

먼저 성인, 곧 공자의 말씀을 끌어들여 바탕을 칠해 두고, 거기서 더 나아가는 뭔가가 있다고 말하는 품이 그렇다. 신성의 경지이며 신이함의 결정체로 우리를 보고 있는 것이다.

이 같은 어법은 그냥 생기지 않았다. 한 시대가 주었던 민족적 각성의 결과물이었다.

빈 절터에
눈은 내리는데

설악산의 품에 안긴 골짜기에서 서늘한 바람이 내려오고, 산을 등지고 멀리 바라보니 병풍을 친 듯 동해 검푸른 바다가 한눈에 들어온다. 그 옛날 이곳은 한번 들면 나가기 힘든 오지였다. 감당 못할 고요가 밀려든다. 굳이 들고 남을 염두에 두지 않는 수행자들이야 저 바람과 파도조차 번거롭다 했겠지만.

그때도 가을이 지나면 이 골짜기는, 아니 이 골짜기에서 바라보는 바다는 쓸쓸했을까? 일연 또한 이 절의 어느 귀퉁이에서 먼 고향을 떠올리고, 차가운 물빛과 길을 떠난 이야기들을 생각했을까? 나는 이곳을 한반도의 '정신적 허파꽈리'라고 썼었다.

세월이 흘러 먼 훗날 사람들이 물을 막아 저수지를 만든 저 깊은 산골이 정신의 허파꽈리이다. 저기서 물을 떠서 마시며 육신을 지탱하고 선정에 들었던 이들의 슬픈 역사를 일연은 그 자신이 그런 체험을 하며 글로 옮길 생각을 했다. 그 글이 오늘날 우리에게 정신의 숨을

부도탑 아래 들꽃 설악산의 품에 안긴 골짜기에서 서늘한 바람이 내려오고, 산을 등지고 멀리 바라보니 병풍을 친 듯 동해 검푸른 바다가 한눈에 들어온다. 감당 못할 고요가 밀려든다.

쉬게 한다.

고운기, 『삼국유사 글쓰기 감각』에서

지금은 탑 하나뿐인 빈 절터이다. 그럼에도 그다지 외롭지 않다. 국보로 지정된 이 삼층석탑은 홀로 있되 홀로 있지 않은 기품을 보여 주고, 기단과 1층에 돌아가며 새겨진 사천왕과 여러 보살상은 당대 예술의 극치를 우리에게 넌지시 전해 주고 있기 때문이다. 탑 하나가 너끈히 설악산을 두고도 맞먹을 듯하다.

어느 해 겨울이던가, 골짜기에 이르렀을 때 눈이 쏟아진 적이 있었다.

그래서 문득 들었던 생각—.

일연 그가 이 골짜기에 있는 동안은 감수성 예민한 청소년이었다. 수행을 한다지만 그리움과 꿈과 더러 아쉬움과 기쁨은 여느 소년과 마찬가지였을 게다. 이런 눈이 내리는 날도 있었을 게다. 그러면 이 골짜기에서 눈을 맞으며 그는 생각했을 게다.

어머니, 고향……, 이웃 절 낙산사에서 들은 조신 이야기, 돌부처로 그 절 가까운 어느 시냇가에서 존재를 드러낸 한쪽 귀가 잘린 떠도는 어린 사미승…….

이 절에서 일연은 머리를 깎았다. 열세 살 때의 일이다. 그리고 스물두 살 때까지 여리디여린 감수성으로, 해변의 흰 파도가 그리는 암호 같고 추상화 같은 생애를 곱씹었다. 그가 엉덩이를 붙였을 마룻바닥 한 조각도 남지 않은 빈 절터에, 눈은 내리고 봄은 오고 비바람이 들이치고 낙엽이 지기를 벌써 몇 백 년이다. 골짜기에 서서 나는 『삼국유사』가 있게 한 계기를 오래도록 돌아본 적이 있었다.

2

수고로운 일생, 한순간의 꿈
—양양 낙산사

이광수의 소설 『꿈』은 '조신(調信)의 꿈'을 바탕으로 쓰였다. 무대는 바로 양양의 낙산사(洛山寺).

바로 곁에 낙산 해수욕장이 있어 여름철 휴양지로, 의상대 일출이 동해안 으뜸이라 하여 해돋이 행사로 많은 이들이 모여든다. 그런 데가 인생의 허망함을 이야기하는 무대라니 조금은 뜻밖이다.

가까운 곳 세규사(世逵寺)라는 절에서 행정을 맡아보던 승려 조신은 강릉 태수의 딸을 한 번 보고 넋이 나간다. 그는 영험 많다는 낙산사 관음보살상 앞에 와서 이 사랑을 이루어 달라고 간절히 기도한다. 어떤 진전이 있기도 전인데, 아리따운 처녀는 시집갈 자리가 정해지고 말았다.

낙심(落心)에 낙백(落魄)—.

조신은 하릴없이 무심한 낙산사 관음보살상 앞에서 흐느끼다 깜

박 잠이 든다. 저녁 무렵이었다.

거기서부터 꿈 이야기이다. 관음보살님도 어찌할 수 없다면 제 스스로 꿈속에서나마 못다 한 사랑을 이루고자 했던 것이다.

이야기의 끝은 물론 처절한 비극이다. 굳이 사람을 슬픔의 뒤꼍으로 끌어들이는 의도에 대해서야 긴 설명이 필요 없겠으나, 『삼국유사』에서 일연은 낙산사가 무대를 이루는 다른 이야기 끝에 절묘하게 배치해 두었다. 먼저 이 점만 놓치지 말고 넘어가자.

낙산사 ―.

그곳에는 화엄의 장엄한 세계와, 세속의 희로애락이 함께 놀고 있다.

일연은 낙산사에 깊은 관심을 보이고 있다. 여기에는 그의 개인사에 얽힌 한 토막의 이야기가 있기 때문이다. 열세 살 어린 소년이었을 때, 일연은 바로 낙산사와 이웃한 절 진전사에 와서 승려가 되었다. 낙산사와는 육안으로도 보이는 가까운 거리에 있다. 이곳을 정처로 해서 일연은 스물한 살 때까지 주변의 절들을 두루 돌아다니며 공부했다. 낙산사도 당연히 포함된다.

일연과 『삼국유사』에 걸린 정서의 한 맥을 잡는 데 놓쳐서는 안될 귀중한 부분이다.

원조 의상(義湘)표
낙산사

강원도 산길 1박 2일의 두 번째 목적지로 낙산사에 가려 한다. 여기는 강원도 양양군 강현면 전진리이다.

진전사 터에서 나와 다시 옛 속초공항을 지나고 나면 7번 국도를 만나 우회전한다. 몸에 스며든 산속의 물이 아직 빠지지도 않았는데 바닷바람이 온몸을 감싼다. 이 일대는 인근에서 가장 광활하게 바다를 조망할 수 있는 곳이다. 왼쪽으로 그런 바다를 보며 7번 국도를 자동차로 좀 달렸다 싶은데, 속초 해수욕장을 지나 나지막한 오봉산이 나타난다. 길에서 보자면 바다를 살짝 가리는 정도의 높이다. 이 산속에 오늘날 전국 3대 관음사찰 중의 하나인 낙산사가 자리 잡고 있다.

큰길가에 거의 잇대 일주문이 있고, 이 문을 들어가 올라가면 홍예문이 나타나고, 여기를 통해 금당인 원통보전(圓通寶殿) 쪽으로 다가가게 된다.

낙산사 경내는 여느 절에 비해 특이한 점이 있다. 통상 한눈에 보이는 넓은 터에 여러 불전이 한자리를 이루는 것과 달리, 이 절은 구불구불한 길과 야트막한 언덕으로 몇 구역이 나뉘어 오목조목 자리 잡았다. 그런 길과 절집들이 다정스럽기만 하다. 특히 사천왕문을 지나면서부터 직사각형의 담을 둘러쳤는데, 원통보전을 모시는 이 담이야말로 낙산사를 보러 가는 즐거움 가운데 하나다.

담으로 둘러싸인 마당 공간이 너무 넓으면 퍼져 보이고 너무 좁으면 답답하다. 낙산사 담은 더도 말고 덜도 말고 꼭 그만하면 좋을 만큼 둘러 있어 절묘하기 그지없다.

이 절은 본디 문무왕 11년(671년) 의상(義湘)에 의해 창건되었다. 신라의 통일전쟁이 끝난 지 2년 만의 일이다. 그러니 낙산사 창건은 신라의 통일 축하사업이었는지도 모른다. 전국에 '의상 창건'

중건된 낙산사 원통전 전국에 '의상 창건' 상표를 붙인 절이 숱하지만, 낙산사는 의상이 해변의 굴에서 관음보살을 친히 만나 그의 명령에 따라 지었다는 특별한 인연을 가지고 있어 더욱 의연하다. 오늘날 우리가 이 절을 전국 3대 관음사찰의 하나로 꼽는 까닭이다.

상표를 붙인 절이 숱하지만, 낙산사는 의상이 해변의 굴에서 관음보살을 친히 만나 그의 명령에 따라 지었다는 특별한 인연을 가지고 있어 더욱 의연하다. 오늘날 우리가 이 절을 전국 3대 관음사찰의 하나로 꼽는 까닭이다.

그러나 지금 낙산사에 남아 있는 유적이나 유물의 역사는 조선조 초기를 넘어가지 못한다. 세조 때 대대적인 중창사업이 벌어졌는데, 원통보전 앞의 칠층석탑(보물 499호)과 동종(銅鐘, 보물 479호)이 그렇고, 앞서 소개한 홍예문 또한 그때의 유산이다.

세조가 직접 이곳을 찾았다는 기록은 『조선왕조실록』에서도 확인된다. 바로 세조 12년 3월 13일의 일이다.

무지개 모양의 홍예문은 곧 성문이기도 하다. 절에 웬 성문이 있을까 싶겠지만, 절을 보다 튼튼히 보호하려는 목적, 또는 때로 절이 방어진지가 된다는 점에서 실용적인 목적을 가지고 있다. 후백제의 견훤을 가두었던 김제 금산사의 홍예문이 그 경우이다. 낙산사의 이 홍예문은, 세조가 이 절에 금은보화를 잔뜩 시주한 다음, 도적떼로부터 지키고자 둘레에 성벽을 쌓아 방어하게 한 데서 유래한다. 무소유와는 좀 거리가 있다.

부덕한 소치

2005년 4월 5일 새벽, 나는 늘 하던 대로 불교방송(BBS-FM)의 〈아침저널〉을 진행하고 있었다. 이날 스태프들은 설악산의 산불 소식에 온 신경을 곤두세웠다. 지난밤부터 불길이 매우 거세게 오봉산 쪽으로 밀려 내려온다는 소식이었다. 낙산사가 있는 바로 그곳이다.

오전 7시 30분쯤, 현장 소식을 알기 위해 낙산사 종무소로 연결했다. 밤새 자리를 지키던 총무 스님이 전화를 받았다. 인터뷰가 시작되었다.

"지금 낙산사 주변은 어떻습니까?"

"아, 겨우 불길이 잡혀 절 주변은 안심해도 되겠습니다."

"진화가 끝났나요?"

"조금은 남아 있지만, 걱정할 정도는 아닙니다."

밤새 애를 태운 탓인지 긴장하는 목소리가 역력히 방송을 타고 전국에 전해졌다. 그나마 다행이었다. 소방대는 소방차 한 대만 남기고 일단 철수했다고 하였다.

방송을 마친 스태프들은 식사하러 근처 식당으로 갔다.

마침 공휴일인 데다 긴장도 풀려 누긋해졌다. 소주도 한 순배 돌았을 것이다. 그런데 식사를 마칠 즈음, 담당 피디의 전화기가 울렸다. 불길이 살아나 속수무책, 절은 전소되고 말았다는 것이다. 이런, 세상에……. 사고의 전말이 어쨌건, 불과 몇 시간 전, 무사하다는 인터뷰를 내보낸 터라 황당했다. 주변에 상점도 많고 큰 호텔도 있는데, 또 거기는 어떻게 되었다는 말일까.

스태프들은 황급히 사무실로 돌아갔다. 상황을 파악하고 내일 아침 방송을 준비해야 했다.

낮은 구릉이 계속되다 7번 국도를 사이에 두고 오봉산은 서 있다. 불은 구릉을 타고 내려오다 적어도 길에 막혀 진화될 줄 알았다. 그런데 기세가 누그러지지 않았다. 길을 건너뛰어 오봉산의 빽빽한 소나무 숲으로 옮겨 갔다. 낙산사를 둘러싼 소나무 숲은 그것으로 일품인데, 키 큰 나무가 이럴 때는 문제가 되었다. 불이 옮겨 갈 소지가 넓었던 것이다.

이날은 고성 쪽에서도 큰 산불이 났다. 인력과 장비가 부족한 상태에서 두 군데 큰불을 막기가 버거웠다. 소방대는 7번 국도가 막아 줄 줄 알고 고성 쪽으로 옮겨 갔다. 절 앞에 소방차 한 대만 남겨 두고 말이다.

불은 오봉산으로 옮겨 붙었다. 마른 소나무는 기름이라도 부어 놓은 양 타올랐다. 소나무 숲에 푹 담겨 있는 낙산사의 여러 절집이 고스란히 불길에 휩싸였다. 소방차마저 타 버리고 말았다.

동종을 비롯한 낙산사의 대부분의 유물은 조성 연대가 분명해, 당대 양식을 알 수 있게 해 주는 몇 안 되는 자료라는 점에서 역사적 의의가 적지 않다. 그러나 이 모두 형체도 없이 녹아내리고 말았다. 산불이 난 다음 찾아본 낙산사는 처참했다. 아니 흉측하다 해야 옳을까. 무거운 마음으로 절을 둘러본 뒤, 아래 식당에서 식사할 때였다. 장사하는 아주머니 몇이 둘러앉아 이런저런 이야기를 나눈다.

"부처님이 노하신 거래요."

"밤이면 내려와 술이나 먹고……."

누구를 두고 하는 말인지 대략 짐작이 갔다. 부덕한 소치이다. 부처님 노하게 한 저들은 중생에게도 보이지 말아야 할 행동을 한 것이다.

뙤약볕 아래 낙산사는 유치원으로 쓰던 콘크리트 건물만 빼고 전무(全無) 그것이었다. 사람이 화택(火宅)이니, 산불이 아니라 우리들 욕심의 불이 그렇게 만들었으리라 싶었다. 막새기와 한 장 시주하고 황황히 자리를 피해 나오는데, 오봉산의 그을린 소나무가 검은 우산의 지붕같이 줄지어 서 있었다.

의상과
홍련암의 관음보살

사실 낙산사의 핵심은 바다 쪽에 서 있는 홍련암(紅蓮庵)에 있다. 건물은 비록 근세에 들어 다시 지어졌다 하나, 낙산사가 생긴 비밀을 고스란히 간직하고 있는 곳이기 때문이다.

홍련암은 바닷가 굴 입구의 이쪽과 저쪽 사이에 걸터앉듯 세워져 있다. 바로 이 굴 안에 관음보살이 산다는 말을 듣고 의상이 찾아온다. 그는 왜 그토록 관음보살을 직접 뵙고자 했던 것일까?

의상은 누가 뭐래도 화엄학(華嚴學)의 제1인자이다. 『화엄경』의 「입법계품」을 잠시 보자. 선재동자는 스물여덟 번째 선지식(善知識)으로 관음보살을 만난다. 관음은 남쪽 바다에 있는 보달낙가산에 살고 있다. 샘물이 굽이쳐 돌고, 울창한 숲에 향기로운 풀이 부드럽게 나 있는 이 산의 서쪽 바윗골이다. 거기서 관음은 일체중생을 구제하고 있다. 그러니 관음을 신앙하는 사람들에게 이 산은 구원의 장소이다. 이 사실을 누구보다 잘 알고 있는 의상은 신라 땅에

홍련암 낙산사를 보는 핵심은 바다 쪽에 서 있는 홍련암에 있다. 건물은 비록 근세에 들어 다시 지어졌다 하나, 낙산사가 생긴 비밀을 고스란히 간직하고 있는 곳이기 때문이다. 홍련암은 바닷가 굴 입구의 이쪽과 저쪽 사이에 걸터앉듯 세워져 있다.

서 보달낙가산을 찾고 싶었다.

그러던 중에 양양 땅 동해 바닷가에 관음이 살고 있다는 말을 듣게 된다. 의상은 이 바닷가에 자리 잡고 7일씩 거듭 정성껏 기도하여 관음의 진신을 직접 뵙게 된다. 관음 진신은 의상에게 산 위에 절을 지어라 명령한다(『삼국유사』의 '낙산의 두 성인 관음과 정취, 그리고 조신'조에서).

낙산사는 이 명령에 따라 탄생한 절이다. 직접 뵌 관음보살의 모습을 불상으로 만들어 모시고서야 의상은 돌아갔다. 보달낙가산을 낙가산이라 줄여 부르고, 거기서 다시 낙산사라는 이름이 나왔다. 낙산사는 그렇게 세워졌으되, 처음 의상이 관음을 만난 자리에 암자를 지어, 이름을 홍련암이라 했다. 이야기의 주인공은 낙산사이지만, 때로 조연이 더 빛나는 경우가 있는 것처럼, 홍련암은 낙산사를 있게 한 처음 자리이다.

그래서 홍련암을 핵심이라 불렀는데, 마치 여성의 음부를 닮은 이 자리가 생산의 상징처럼 보이는 것은 나만의 과민한 생각일까?

그렇다면 관음보살은 누구이며 왜 그다지 중요한 신앙의 대상이 되는지, 여기 길지만 두 자료를 소개한다.

대승불교의 수많은 불보살 가운데에서 대중들과 가장 친근한 분이라면 단연 관세음보살을 들 수 있겠습니다. 이 같은 관세음보살은 달리 관자재(觀自在)보살, 광세음(光世音)보살, 관세자재(觀世自在)보살 또는 줄여서 관음보살이라고도 합니다. 『법화경』「보문품」에 의하면, 이 보살의 이름을 특히 관세음이라 하는 이유는 언제나 세간의 소리를 관찰하고 계시기 때문으로, 갖가지 고난을 겪고 있는 중생들이 관세음보살의 이름을 듣고 일심으로 그 이름을 부르면 그에 따라 33가지 응화신으로 나타나서 즉시 구원하신다고 합니다. 불교의 깊은 교리를 알든 모르든 상관없이 누구나 어려움에 처하여 관세음보살의 이름을 부르면 난을 피하고 복을 받을 수 있다는 것으로, 부르는 사람들의 바람에 따라 언제 어디서든지 그 모습을 나투어 구원을 베푸시는 분이 바로 관세음보살인 것입니다. 관세음보살을 모신 전각은 원통전(圓通殿), 대비전(大悲殿), 관음전(觀音殿) 등으로 부르고 있습니다.

불교방송, 『알기 쉬운 불교』에서

관음은 대자대비를 상징하는 보살로서, 현세 이익신앙의 대표적인 대상이다.

우리는 하루 한시를 살아가면서도, 쉴 새 없이 크고 작은 고뇌 속에 마음을 어지럽게 엮어 가고 있다. 물질적 어려움이 있는가 하면, 그로 는 해결할 수 없는 가지가지 정신적 고통이 있고, 자신의 의지와 상관 없어 보이는 자연현상의 피해도 적지 않다. 이런 모든 고통에서 중생 이 헤매고 있을 때, 일심으로 관음을 부르기만 하면, 관음은 그 대자 비의 원력으로 고통을 모두 없애 준다는 것이 관음신앙이다.

최완수, 『명찰순례』에서

이런 설명에 따른다면 관음은 여러 보살 가운데 대표가 될 만한 분이다. 실로 부처 석가모니 주위에는 각기 역할을 맡은 많은 보살 이 있는데, 지혜의 문수보살, 지하세계를 관장하는 지장보살, 병을 낫게 하는 약사보살 등이 그들이지만, 아마도 이들의 총무 보살쯤 이 관음보살로 보인다. 물론 보살은 대승불교에만 해당된다.

의상이 그런 관음 진신을 만나는 위 장면은 곧 신라 불교가 하나 의 완성을 보는 순간이라 말해도 지나치지 않다. 더불어 의상이야 말로 신라에 어떤 성격의 불교가 뿌리내릴 수 있는지 정확히 꿰뚫 어 본 사람이었다.

원효와
파랑새의 전설

조선조 숙종(1674~1720년) 임금은 때로 멋쟁이로 때로 무능함의 대변자로 불린다. 무능해서 짜증 나지만, 버리지 못할 멋진 면을 지닌 매력도 있었다. 그에게 한번은 관동팔경을 두루 구경할 기회가 생겼던 모양이다. 여행길에 낙산사를 찾아서는 이렇게 읊었다.

남쪽 마을 낙가산 봉우리 사뿐히 오르니	快登南里洛迦峰
바람이 엷은 구름을 말아 올려 달빛은 곱네	風捲纖雲月色濃
원통보살 큰 뜻을 알려 하거든	欲識圓通大聖理
파랑새가 꽃을 물고 만나는 때가 있으리	有時靑鳥啣花逢

원통보살은 곧 관음보살이요, 파랑새는 그 관음보살을 상징하는 새이다. 고려 명종 때에 유자량(庾資諒)이 낙산사에 와서 기도하자, 파랑새가 꽃을 물고 나타나 그의 머리 위에 떨어뜨렸다. 익장(益壯)의 「낙산사기(洛山寺記)」에 나오는 이야기이다. 숙종은 이 이야기에 근거를 두고 뒤의 두 줄을 썼다고 보인다.

관음보살과 파랑새는 우리나라에서 굳어진 관계인 것 같다. 멀리 원효의 이야기로 거슬러 올라간다.

의상이 낙산사를 지어 놓고 돌아간 다음 의상에게 뒤질세라 원효가 여기를 찾았다. 전말은 앞서 나온 『삼국유사』의 같은 부분에 실려 있다.

그런데 뭔가 이상하다. 성인을 뵙고자 오는 이가 거기에 전념할 일이지, 도중에 원효는 자꾸만 다른 데다 눈길을 주었다. 벼 베는 여인에게 다가가 벼를 달라느니, 빨래하는 여인에게 다가가 물을 떠 달라느니……. 배가 고프다거나 목이 말라서인지, 그것을 빌미로 여인네에게 수작을 걸어 볼 심산이었는지, 나는 다만 읽는 이들의 상상에 맡기기로 하겠다. 적어도 두 번째 여인을 만난 다음, 가까운 곳의 나무 위에 앉아 있던 파랑새가 사람 목소리를 내며, "잘난 스님은 그만두시오"라고 했다 하니, 뭔가 사단이 나기는 했다. 바로 여기서 파랑새가 나온다.

나무 아래에는 갖신 한 짝이 놓여 있었다. 원효가 낙산사에 도착하여 관음보살상 밑에서 본 것은 나머지 갖신 한 짝이었다. 그렇다면 여인들과 파랑새의 정체는? 말할 나위 없이 관음보살이 변한 모습이다.

이야말로 참 잘 짜인 이야기의 틀이다. 등장인물로서 원효와 여인네에다, 소도구로서 갖신, 소나무, 파랑새, 관음보살상만 갖추면 찍을 수 있는 한 편의 드라마다. 그것도 목에 힘주지 않는 코믹 터치의 시트콤이다. 파랑새와 여인들은 점잖은, 그러나 한편으로 덜렁대는 스님 한 분을 보란 듯이 메다꽂고 있다. '손오공이 제아무리 날고 뛰어 봤자 부처님 손바닥 안'이라 하지 않는가. 천하의 원효도 관음보살의 시험 앞에 여지없이 나가떨어진 것이다.

이는 앞서 의상의 이야기와 매우 대조적이다. 한 치의 빈틈없이 진지하게 진행되는 의상의 드라마는 수행의 진정한 모습을 여실히 보여 주었다. 그런데 원효는 실수투성이다.

하지만 그렇기에 재미있지 않은가. 처음부터 너무 안정적인 의상, 실수는 하되 실패는 하지 않는 원효의 아슬아슬함. 이 대조적인 두 인물의 이야기 속에서 우리는 신라 사회의 다양한 수행 전문가를 만난다. 진지함과 덜렁댐, 성과 속의 경계, 그러면서 삶은 꼭 어느 하나 이것만은 아니라는 절묘한 설명이 여기에 있다.

그 많던
보물의 행방

의상과 낙산사를 이야기하면서, 또는 『삼국유사』의 이 부분을 설명하면서, 다들 그다지 관심을 기울이지 않는 대목이 있다. 바로 의상이 받아 온 보물과 그가 만든 관음상의 행방에 관한 것이다.

기실 '낙산의 두 성인 관음과 정취, 그리고 조신'이라는 조에는 크게 세 가지 이야기가 나온다. 관음보살을 둘러싼 의상과 원효의 줄다리기, 정취보살을 둘러싼 범일의 사연, 그리고 조신의 꿈 이야기이다. 그런데 두 번째와 세 번째 이야기 사이에 관음상과 보물의 행방이 나온다.

우리의 무관심과 달리, 이 대목을 적고 있는 일연의 손길은 매우 세심하다. 아니 어쩌면 거기에 더 주목적이 있다는 듯한 표정이다.

서산의 큰 전쟁 이래, 계축년(1253년)과 갑인년(1254년) 사이에, 두 성인의 진용과 두 개의 보물 구슬은 양주성으로 옮겼다. 대병이 와서 공격이 매우 심하고 성이 곧 함락될 것 같자, 주지인 아행(阿行) 선사는 은합에 두 보물을 가득 담아 가지고 달아나려 했다. 이때 걸승(乞升)이라는 절의 노비가 빼앗아 땅속 깊이 묻고 서원하였다.

"제가 전쟁에서 죽음을 면치 못하면, 두 보물은 끝내 세상에 나타나지 않아, 사람들이 알지 못할 것입니다. 그러나 만일 죽지 않으면, 두 보물을 꼭 나라에 바치겠습니다."

갑인년 10월 22일에 성은 함락되었다. 아행 선사는 죽었는데, 걸승은 살아났다. 군사들이 물러간 다음, 땅을 파고 꺼내어 명주도의 감창사(監倉使)에게 바쳤다.

『삼국유사』, '낙산의 두 성인 관음과 정취, 그리고 조신'조에서

서산의 큰 전쟁은 몽고의 침략을 말하고, 양주성은 지금의 강원도 양양이다. 여기에는 걸승이라는 한 노비가 등장한다. 물론 실화지만, 이 노비야말로 흥미로운 인물로 설정되어 있는데, 신분은 낮지만 보물의 값어치를 알고 있는 사람이다. 그는 보물을 매개로 부처님과 일종의 흥정을 하고 있다. 그러나 이것이 불경스럽지 않은 것은, 그만한 신분에 어울리는 차라리 순수한 신앙의 발로로 보이기 때문이다. 이에 비한다면 아행이라는 승려는 도리어 승려의 신분이 부끄러울 정도이다.

알다시피 전후 7차에 걸쳐 30여 년간 이어진 몽고의 고려 침략은, 우리 역사상 그 어떤 외적의 침략보다 가장 큰 피해를 남겼다. 당대 세계의 지배자 몽고에 대하여 이만한 저항을 한 예가 다른 지역에서 찾을 수 없거니와, 그것이 민족의 역사에서 자랑으로 남을 수 있겠으나, 이에 따른 피해는 너무 심하였다. 그것이 특히 힘없는 백성들에게 집중되었음에랴.

위의 인용에 나오는 1253년과 1254년 사이의 침입은 제5차와 6차에 해당된다. 이 무렵의 실권자는 최항(崔沆)이었다.

몽고는 끈질기게 강화도에 가 있는 정부를 개성으로 환도할 것과, 왕의 친정(親政)을 요구했다. 최항으로서는 결코 받아들일 수

없었다. "몽고군이 지나간 자리에는 풀도 다시 나지 않는다"는 악명이 이 침공 때에 생긴 말이다. 그것은 전국에 걸쳐 있었다. 그러기에 강릉과 양양 또한 이 피해를 벗어나기 힘들었을 것이다.

일연의 설명은 이어진다. 4년이 더 흐른 다음이다. 기림사의 주지 각유(覺猷) 대선사가 왕에게 청하여, 명주의 창고에 보관하고 있는 보물들을 개성의 궁중으로 옮기게 되었다. 이때 야별초가 출동하였다. 최씨정권의 마지막 승계자 최의(崔竩)가 죽임을 당하고, 길고 긴 무신정권이 막을 내리고 있었다. 왕은 친정체제를 갖추어 개성으로 돌아왔다.

앞서 갑인년(1253년)이라면 일연의 나이 48세 때이다. 경상도 남해에 있는 정림사의 주지가 되어 머물고 있었다. 4년 뒤라면 52세, 이때는 정림사의 주지에서 물러나, 남해의 한갓진 데서 머물며, 그의 또 다른 저술인 『중편조동오위』를 쓰고 있었다. 각유 대선사와의 교류가 있었을 것으로 보이는 이 무렵, 낙산사 보물의 행방에 대해서 그를 통해 자세히 들었을 수 있다.

청소년 시절의 땀과 눈물이 배어 있는 곳, 낙산사의 뒷소식을 일연은 그토록 궁금해하고 있었다.

관음상은
어떻게 되었을까

이후 관음상에 대해 전해 오는 이야기는 그다지 많지 않다. 찾을 수 있는 대로, 『삼국유사』가 아닌 다른 문헌이나 기록들을 참고하여 좇아가 보자.

송나라 스님 혜진(惠珍)은 고려 헌종 때에 낙산사 관음보살을 친견하러 찾아왔다. 그러나 그는 끝내 관음굴을 가 보지 못하였다. 『고려사』의 헌종 원년(1095년) 2월의 기록은 다음과 같다.

송나라 상인 황충 등 31명이 자은종(慈恩宗) 승려 혜진을 데리고 우리나라에 왔다. 왕이 근신 문익(文翼)에게 명령하여, 수레와 일산을 갖추어 가지고, 혜진을 보제사로 영접하게 하였다. 혜진은 늘 말하기를, "내가 보타락산에 있는 성굴(聖窟)을 참관하려고 왔으니, 가 보도록 허락해 달라"고 하였으나, 정부의 공의에 의하여 이를 끝내 허락하지 않았다.

이 기록대로라면, 고려 정부는 낙산사 관음보살과 굴에 대해 매우 엄중한 가치를 매기고 관리했다.

일연이 살아 있을 당시에, 낙산사의 두 보물을 전란을 피해 개성으로 옮겼다고 했거니와, 아마도 개성 가까운 곳에 '낙산사'라는 이름의 절을 지어 여기에 이것들을 보관했던 듯하다. 원종 14년(1273년)에는, "황후가 낙산사 관음 여의주를 보았다"고 하는데, 이때의 낙산사는 양양이 아님이 분명하다. 개성에서 양양까지 그렇듯 행차할 수 있겠는가. 충렬왕도 자주 개성의 낙산사를 찾았다.

신돈(辛旽)은 자신의 애첩에게서 낳은 아들을 공민왕의 양자로 들였다. 그가 곧 우왕이다. 승려 출신인 신돈은 낙산사를 아예 자신의 원찰로 만들었고, 이 아들이 아직 어렸을 때, 자신의 심복을 낙산사로 보내 관음보살 앞에서 빌게 하였다. 믿는 구석이 있었던 모양이다. 조선 태조 이성계의 할아버지 도조(度祖)는 아들이 없었다. 그는 부인과 함께 낙산사 관음굴에서 치성을 드려 아들 곧 이성계의 아버지 환조(桓祖)를 얻었다. 낙산사 관음보살에 얽힌 영험담은 이렇듯 끝이 없다.

관음상은 놀랍게도 조선조 초까지 남아 있었다.

세조가 낙산사를 수리한 해로부터 20년 뒤, 곧 1485년에 이곳을 유람한 남효온(南孝溫)은 기행문을 남겼는데, 의상이 손수 만든 관음소상이 관음전에 안치되어 있고, 그 앞 정취전에는 세 개의 금불상이 있다고 적었다. 관음굴에도 조그마한 동불(銅佛)이 모셔져 있었단다. 이것이 바로 홍련암의 전신일 가능성이 크다.

관음상은 아마도 임진왜란과 병자호란을 겪으면서 최후를 맞지 않았나 싶다. 전쟁으로 무너진 절을 다시 세웠다는 기록이 보이나, 의상의 관음상을 보았다고 적지는 않았다.

근년에 이르러 낙산사가 다시 융성한 시기는 1910년대이다. 원통전을 가운데 두고 왼쪽으로 용선전과 설선당, 오른쪽으로 영산전과 응향각을 세웠고, 빈일헌(賓日軒) 곧 '해를 맞는 집'이라는 뜻의 누각을 지어 일출의 장관을 구경했다. 1925년에는 의상대가 지금 자리에 섰다.

그러나 이런 절집 또한 6·25 한국전쟁 때에 모두 불타 버리고 말았다. 한두 번도 아니고, 전쟁의 참화는 관음보살의 불력(佛力)으로도 끝내 비켜 가지 못하였다.

조신의 꿈
관음의 꿈

조신이 눈물 흘리며 기도했다는 관음상도 바로 이것이다. 얼마나 마음 졸이며 갈구한 사랑이었겠는가. 부처를 따르는 이가 부처를 버리려는 각오였으니 말이다.

강릉 태수의 딸은 조신의 꿈속으로 찾아와, 그길로 고향에 같이 돌아가서 40년을 살았다. 그러나 알다시피 이 꿈은 해피엔딩이 아니다. 세상살이의 덧없음과 고통으로 몸서리치는 끔찍한 결말이다. 사랑의 결실로 낳은 아이들은 굶주림에 시달리고, 구걸을 나갔다가 개에게 물려 돌아와 신음하는가 하면, 팍팍한 고갯길을 넘다가 쓰러져 죽기까지 한다. 파산한 가장이 아이들과 함께 죽음의 길로 떠나는 소식을 접하는 요즈음, 조신의 가족이 당했을 고통이 그저 옛날이야기로만 들리지 않는다. 꿈이라도 끔찍한 꿈이다.

이야기를 통해 세상살이의 허망함을 보여 주자는 일연의 의도를 모르는 바 아니다. 다만 그 참담한 비극 앞에, 이것이 단지 허망함의 패러다임일까, 조용히 반문해 본다.

꿈에서 깨니 불상 앞의 등불은 여전히 깜박거리고, 밤은 고요히 깊어만 가고 있었다. 조신의 머리카락은 그사이 하얗게 셌다 하고, 꿈속에서 아이를 묻던 고개를 찾아가 그곳을 파 보니 작은 석불(石佛) 하나가 나오더라나? 이 대목이야말로 이야기의 눈이다.

낙산사를 둘러싼 이야기들은 일상 속에서의 깨달음과 초세속적인 깨달음의 서로 다른 접근방식을 보여 준다. 의상이나 원효가 프로의 경지에 이른 깨달음의 달인들이라면, 조신은 그저 평범한 우

의상대 해돋이 낙산사 바로 바깥의 의상대는 관동팔경의 하나로 동해안 일출을 보는 명소이다. 언젠가 학생들과 함께 낙산사에서 하룻밤 잘 때, 상당한 행운이 따라야 한다는 아침 해돋이를 실컷 누린 적이 있다. 낙산사 불나기 바로 전해 가을이었던 것 같다.

리네 심성의 대변자이다. 그러기에 조신의 이야기는 『삼국유사』에서 의상과 원효의 수행담에 한낱 곁다리처럼 붙어 있지만, 읽는 이에게 더 큰 감동으로 다가오고, 형언하기 힘든 절절함으로 가슴을 치는 것이다. 이야기꾼으로서 일연의 강점은 이런 데 있다. 달인의 이야기 뒤에 평범한 사람을 붙여, 이런 이야기의 주인공은 책을 읽는 바로 당신 누구든 해당된다고 넌지시 깨우친다. 관음의 꿈과 조신의 꿈이 다르지 않다.

강원도 길 1박 2일에서 두 번째로 찾아온 곳, 이제 낙산사를 떠날 시간이 다가왔다.

이 절 바로 바깥의 의상대는 관동팔경의 하나로 동해안 일출을

해수관음상 지난 1970년대 말에 점안된 동양 최대 높이의 바닷가 관음상(16m)이다. 한없는 시선으로 동해 바다를 그윽이 바라보는 이 관음보살상에도 아픈 사연이 있다.

보는 명소이다. 언젠가 학생들과 함께 낙산사에서 하룻밤 잘 때, 상당한 행운이 따라야 한다는 아침 해돋이를 실컷 누린 적이 있다. 낙산사가 불타기 바로 전해 가을이었던 것 같다.

의상대에서 해수욕장의 반대편으로 바라보면 해수관음상이 눈에 들어온다. 지난 1970년대 말에 점안된 동양 최대 높이의 바닷가 관음상(16m)이다. 한없는 시선으로 동해 바다를 그윽이 바라보는 이 관음보살상에도 아픈 사연이 있다. 불상을 짓기로 처음 발원(發願)한 것이 1972년 5월, 발원자는 다름 아닌 당시 대통령 부인 육영수였다. 그러나 2년 후, 불상의 완공을 보지 못하고 이 발원자는 총에 맞아 비운의 죽음을 맞이했다.

일연은 낙산사가 내려다보이는 설악산 밑 진전사에서 살았다. 낙산사는 그가 즐겨 찾는 마실 장소였다. 아직 소년이었을 당시 일연은 이 절에 전해 오는 관음과 조신의 이야기를 들었다. 어린 나이의 그에게 어떤 느낌이 들었을까.

그것을 『삼국유사』에 적고, "수고로운 일생 한순간이 꿈"이라 노래하기는 한참 뒤의 일이다.

3

범일과 정취보살
―강릉 굴산사 터

낙산사 이야기에서 한 가지 남겨 놓고 남쪽으로 발길을 옮겼다. 한 가지란 범일(梵日, 810~889년) 스님과 정취보살에 얽힌 이야기이다. 범일의 고향까지 가 본 다음에 꺼낼 심산이다.

강원도 길 세 번째로 들를 곳은 굴산사 터이다.

강릉의 범일이 태어난 고향이 바로 여기다. 속초에서 강릉까지 가는 길은 7번 국도. 동해 바다를 왼쪽에 두고 하염없이 이어진다. 많은 사람들에게 그렇겠지만, 내게도 7번 국도에는 수많은 추억이 누벼져 있다.

대학을 마치고 대학원에 들어가던 해, 친구들과 이 길을 따라 로드 무비처럼 폼을 잡아 본 적이 있다.

처음 묵은 곳은 속초에 이르기 전 송지호 해수욕장이었다. 해수욕장의 백사장에 누워 있는데, 깊은 밤이 되자 바람의 방향이 바뀌는 것이었다. 바람이 바뀌는 것처럼, 내 인생의 전환점이 몰려오는 것 같은 느낌, 마음에 두었으나 떠나 버린 한 여자를 생각하고, 동해 바다 검푸른 물결을 보며 그렇게 잊자 했지만, 못내 아쉬움으로 마음을 잡지 못하고 있을 때, 바람은 갑자기 바뀌어 부는 것이었다. 바람도 바뀌는데 마음은 왜 못 바뀌!

다음 날 묵은 곳은 주문진이었다. 일행이 승합차 한 대에 함께 타고 떠난 여행이었는데, 주문진에는 이 차를 만든 회사가 캠핑장을 서비스로 빌려 주고 있었다. 간이 디스코텍까지! 신나는 여름밤을 보내고 다음 날 낮 영진항의 허름한 횟집에 들러, 가난한 호주머니 형편에 회는 시키지 못하고, 어찌어찌 주인과 타협해 물회로 받은 점심상은 그야말로 환상이었다.

10여 년쯤 뒤, 기억을 살려 찾아간 그 집에서 드디어 회 한 접시 시켰는데, 주인은 알고 보니 고등학교 선배였다.

관동팔경을 거치는 동안 경월소주 한 병 차고 나는 기착하는 곳마다 한 잔씩 했다. 정철(鄭澈)의 「관동별곡(關東別曲)」을 떠올린 것이었다. 이 소주의 상표는 이미 사라졌으니 그냥 하는 소리인데, 이름을 거꾸로 읽어 가끔 악담하지만, 한 잔에 딱따구리 한 마리씩 들었는지 유독 머리 아픈, 두어 병쯤 마셨을 때 그래서 팔경을 다 마치기도 전에, 나는 승합차 안에서 나가떨어지고 말았다. 정철은 틀림없이 이 술을 마시지 않았다.

이야기를 잇자면 끝이 없다. 이쯤에서 본론으로 돌아가자. 이제 찾아가는 사람은 범일이요 찾아가는 곳은 굴산사 터이다.

그러기 전에 한 곳을 먼저 들러야 한다. 그곳은 대관령 옛길로 가야 한다. 고갯마루 정상에 있는 텅 빈 휴게소, 여름이면 차를 대기가 어려울 정도였건만, 여기가 언제 그토록 번성했던가 의아스럽다. 새로 고속도로가 뚫리면서 이 휴게소는 버려져 있다시피 하다.

옛길은 시대를 물려주고 옛이야기의 자리로 돌아간다. 시대에서는 물러서지만 세월은 묻어 있어서, 세월은 역사를 말한다. 역사라는, 인간이라는 이름으로 옛이야기를 듣는다. 그래서 지금 비록 버려졌지만 대관령 옛길로 가 보았다. 텅 빈 휴게소에서 준비해 온 차를 한 잔 마셨다. 커피 자판기도 버려져 있었다.

이곳에서 정상 쪽으로 난 샛길을 타고 올라가면 국사성황당이 나온다. 강릉 단오제가 열릴 때마다 성황신을 모시러 오는 곳이다. 음력 사월 보름에 사람들은 성황신을 찾아오는데, 단오제의 핵심은 사실 이 산신맞이에 있다고들 말한다. 1년에 한 번, 성황신은 강릉 나들이를 한다.

여기에는 김유신과 더불어 산신으로 자리 잡은 또 한 사람이 있다. 바로 범일이다. '국사성황'이라 이름이 붙은 것도 이 때문이고, 모시고 가는 이 또한 김유신이 아닌 범일이다.

사실 승려가 산신으로 모셔지기란 매우 희귀한 일이다. 어쩌다 이렇게 되었는지 알아보기 위해서는 이 고개를 내려가야 한다. 대

국사성황당 강릉 단오제가 열릴 때마다 성황신을 모시러 오는 곳이다. 음력 사월 보름에 사람들은 성황신을 찾아오는데, 단오제의 핵심은 사실 이 산신맞이에 있다고들 말한다. 산신으로 자리 잡은 사람은 범일이다.

관령에서 흘러 내려온 남대천 물이 국도와 함께 나란히 달릴 즈음, 오른편으로 관동대학 안내 간판을 따라 꺾어 들어갔다. 거기서부터는 너른 들판이 펼쳐진다. 이 들판을 보면 어떻게 강릉이 예부터 큰 마을로 명성을 떨쳤는지 알 수 있을 만하다. 그런 들판을 한가히 가로지르는 지방도로를 따라가다 보니, 아연 우뚝 선 당간지주 하나가 눈에 들어왔다. 옛 굴산사의 자취를 알려 주는 하나뿐인 표지이다.

강릉이라는
곳

강릉에 올 때마다 나는 내 선생을 생각한다. 바로 이곳 강릉 출신이기 때문이다. 나는 선생으로부터 강릉 이야기를 가끔 들었는데, 그 가운데 특히 생각나는 두 가지가 있다.

살림이 컸던 선생의 집안이 1930년대 어름에선가 한때 서울로 이사를 한 적이 있었다고 한다. 짐을 싣고 대관령을 넘어갈 차가 없어서, 주문진에서 배에다 싣고 한반도의 삼면 바다를 빙 돌아 서울의 마포까지 갔단다. 살림이 크기도 했지만, 대관령이 얼마나 크고 높은 고갯길이었는지 실감하게 한 이야기였다.

선생은 1960년대 초에 서울에서 대학 생활을 시작하였다. 신촌 근처에 하숙을 잡았는데, 집에 한번 다녀오기가 그야말로 큰일이었다. 아침 일찍 하숙집을 나서서 출발해도 밤늦게야 강릉 집에 도착했다. 물경 열여덟 시간은 걸렸다고 하니, 고개도 고개이지만, 구불구불 강원도 시골길을 덜컹거리는 버스의 차창에 기대어 가노라면, 속만 아니라 머리까지 울렁거렸다고 하니⋯⋯.

서울에서 세 시간이면 가게 된 지금 사정과는 너무 거리가 먼 이야기이다. 그렇게 세상이 좋아진 다음에도, 선생은 강원도의 옛집을 다녀올 일이 생기면, 지레 마음속에서, "거길 언제 갔다 오나." 한숨부터 나온다고 했었다. 몸은 옛 기억을 잊지 않고 있는 것이리라. 심 없이 그런 말씀을 하던 분인데, 홀연 세상을 버리고 이제는 주문진 가까운 연곡의 선산에 고이 잠들어 계신다.

양어지(養魚池)라 이름 붙인 연못에는 이런 이야기가 전해 온다.

한 선비가 이곳저곳 유람하며 공부를 하는데, 명주 곧 강릉에 와서 아름다운 여자를 만났다. 제법 글을 아는 여자인 줄 알아본 선비는 시를 지어 보내면서 은근히 마음을 전했다. 그러자 여자는, "여자는 제멋대로 남을 따르지 않습니다. 선비께서 과거에 뽑히고 나시면 부모님께 말씀드릴 수 있습니다"라고 하였다. 선비는 서울로 돌아가 과거시험 공부에 열중했다.

여자는 연못에 물고기를 기르고 있었다. 물고기들은 여자의 기침 소리를 들으면 반드시 몰려와서 먹이를 먹었다.

얼마 후, 여자의 집에서는 신랑을 맞게 되었다. 그 여자는 물고기에게 먹이를 주면서, "내가 너희들을 기른 지가 오래이니, 나의 뜻을 알 것이다" 하며, 비단에 적은 편지를 던졌다. 큰 물고기 한 마리가 펄쩍 뛰면서 그 편지를 삼키고 유유히 사라졌다.

선비가 서울에 있으면서, 하루는 부모에게 드릴 반찬을 마련하기 위해 고기를 사서 돌아왔다. 배를 가르는데, 비단에 적은 편지가 나왔다.

선비는 곧 비단 편지와 자신의 아버지가 쓴 편지를 가지고 여자의 집으로 달려갔다. 신랑이 막 그 집 문간에 와 있던 참이었다. 선비는 그 편지들을 여자의 부모에게 보였다. 그 부모도 이상하게 여기며, "이것은 정성이 고기를 감동하게 한 것이고, 사람의 힘으로 된 것이 아니다" 하고, 당초의 신랑을 돌려보내고 선비를 맞이하였다.

선비가 서울에서 강릉에 이르자면 그때는 도대체 얼마나 걸렸을까. 『신증 동국여지승람』에 실린 이 이야기를 읽을 때마다 나는 그런 엉뚱한 생각만 한다.

한 처녀가
낳은 아이

이야기는 좀 더 거슬러 올라간다. 굴산사 터는 지금 강릉 외곽에 자리 잡고 있는데, 이 절 까까운 마을의 한 처녀가 해가 뜬 표주박의 물을 마시고 임신을 하여 아이를 낳았다. 다름 아닌 범일의 어머니 이야기이다. 범일의 생애에 대해서 역사와 공식적인 전기는 엄연하다. 그러나 사람들 사이에서 전해지는 이야기는 그것을 아랑곳하지 않는다.

요 우에 굴산사라고 있넌데, 그 굴산사를 건설하기 전이지요. 고기에 인제 이씨가 살았넌지, 안씨가 살았넌지, 그건 모릅니다. 그 어머니 성은 모르는데, 그 어머니가 어느 촌가의 처녀인데, 아마 과년했던 모양이오.

그래 하루는 물을 일로 와서 물을 일라고서는 바가지다 물을 뜨니, 하늘서 동쪽에―말하자면 아침에 일찍 나갔던 모양이지요―해가 그만 그 바가지에 딱 당기거던요. 그래 이걸 먹은 뒤에 그래서 자연히 어린애를 뱄다 이거지요. 어린애 뱄지도 몰랐지요. 그래 열 달쯤 나니 옥동자를 낳거던요.

그래 동네 사람이, 하아 아무 처녀가 어린애 낳다, 이러니 그 부모도 대단히 불명예시럽고 하니까 말이요. 그 부모도 모두 합작을 해서 그 한 바우―거그 가 보면 큰 바우가 이렇게 예닐곱 게 있세요. 그 밑

이는 모두 가리여서 비도 안 맞고 이런 뎁니다. 저도 어려서 놀로 많이 가고 이랬넌데—그래 거기다 놔 놓고는, 참 집에 내레왔다가, 애기를 죽으라고 말이야 갖다 놨넌데.

한 사날 후에 생각해 보니까, 이왕 죽었시면 어듸 묻어 주드래도 가 봐야겠다 해서, 그 어머니가 올라가 봤단 말이요. 올라가니 학이 확 날러가넌데, 보니 그 밑에 어린애가 있거던. 그래 인제 학이 품고 있단 말이요.

품고 앉았는데, 그래 뭘 멕였는지 가 보니까, 어린애가 킥킥 웃고 말이여, 아조 건강하단 말이여. 하아 이거 사람 도리가 아니구나, 이거 귀한 어린애니까 핵이들이 보호했시니까, 반다시 후세에 훌륭한 사람이 된다. 이래서 그놈을 데레다 키웠거던요. 키워서 그 사람이 인제 장성해서 그래서 범일국사라는 훌융한 중이 됐어요.

굴산사란 절을 이룩한 것이 범일국삽니다.

임석재, 『한국구전설화 4』에서

해가 담긴 바가지와 임신—이것이 사실은 무엇인가 따지는 일은 부질없다. 선사들 가운데 비슷한 이야기가 많은데, 다만 여기서는 아버지가 없는 상태라는 점에서 다르다. 이 지점에서 좀 머리가 복잡해진다.

출가와 중국 유학 등 범일의 공식적인 기록은 조금 뒤로 미룬다. 마흔이 넘어 고향에 돌아온 그가 거처한 절이 굴산사이다. 지금은 희미한 자취만 남은 절터이지만, 대관령을 치어다보며 바다로 달려가는 들판에 덩그러니 서 있는 당간지주(보물 86호) 하나만으로도, 누구나 옛날의 위용을 떠올리기에 충분하다. 덩어리째 돌 하나를 온전히 써서 만든 이 당간지주는 우리나라에서 가장 크다.

여러 석재를 얼기설기 편집해 놓은 듯한 부도탑이 한쪽 언덕에 서 있고, 거기 가까운 데에 범일의 어머니가 물을 마셨다는 우물 또한 석천(石泉)이라는 이름으로, 학이 아이를 감싸고 있던 바위가 학암(鶴巖)이라는 이름으로 남아 있다. 거기서 그치지 않는다. 마지막에 이 아이는 대관령으로 올라가 산신이 되었다.

굴산사 당간지주 국내에 남아 있는 당간지주 가운데 가장 큰 규모를 자랑한다. 이제는 그저 서 있는 것만으로 이곳을 찾은 사람들에게 그늘을 제공한다.

아버지가 누구인지 모른 채 태어나 자란 범일은 강릉 사람들의 무엇이었단 말인가. 정말 처녀 잉태를 해서 이 세상에 왔더란 말인가.

범일의 생애에 대한 공식 기록

실재 범일의 모습은 조금 다르다고 앞서 말했다. 범일의 가계(家系)를 두고 오늘날 연구자들 사이에서는 김주원(金周元) 쪽의 후손으로 잇대는 데 큰 이의가 없는 듯하다.

범일 부도탑 여러 석재를 얼기설기 편집해 놓은 듯한 부도탑이 남아 있다. 범일의 부도탑이라고 전한다. 대관령으로 올라가 산신이 된 그는 세속의 많은 사연을 남겨 놓고 있다.

김주원은 바로 원성왕(785~798년)과의 왕위 다툼에서 진 다음, 강릉으로 그 터전을 옮긴 유력한 왕족의 한 사람이다. 『삼국유사』에서도 이 드라마틱한 왕위쟁탈전을 소개하고 있거니와, 김주원의 강릉 이주로 인해 이곳에 김씨 성이 대성을 이룬 계기가 되었다.

나아가 범일의 어머니 또한 토호 집안 출신으로 본다. 그런 배경으로 중국 유학을 마치고 돌아온 범일이 이 지역에서 크게 활동할 수 있었다는 것이다.

좀 더 구체적으로 살펴보자. 범일은 이름을 품일(品日)이라고도 하는데, 아버지는 명주 도독을 지낸 김술원(金述元)이고, 어머니는 문씨이다. 태양을 머리 위로 받드는 꿈을 꾸고 13개월 만에 낳았다고 한다. 15세에 출가하였고, 20세에 구족계(具足戒)를 받았으며, 이듬해인 831년 2월에 왕자 김의종과 함께 당나라로 갔다.

중국의 여러 고승을 찾다가 제안(齊安)을 만났다. 제안은, "도는 닦는 것이 아니라 더럽히지 않는 것이며, 부처나 보살에 대한 소견을 내지 않는 평상의 마음이다"라고 가르쳤다. 이 말에 범일은 크게 깨달았다. 제안의 문하에서 6년을 있었다.

그 뒤 유엄(惟儼)을 찾아가 선문답을 나누고 크게 깨달음을 얻었다. 845년에 당나라 무종(840~846년)이 법난을 일으키자, 산속에 숨어 반년 이상을 지내기도 하고, 소주(韶州)로 가서 육조 혜능(慧能)의 탑에 참배하기도 하는 등, 몇 년이 경과한 다음 847년에 귀국하였다.

무종의 법난은 흔히 중국에서 일어난 대표적인 법난을 가리키는 '삼무일종(三武一宗)의 법난' 가운데 하나이다. 북위의 태무제

(423~452년), 북주의 무제(560~578년), 후주의 세종(954~959년)과 함께 일컬어지는데, 회창(會昌) 연간에 일어났다고 해서 '회창의 폐불(廢佛)'이라고도 불린다. 불교뿐만 아니라 외지에서 전래된 경교, 조로아스터교, 마니교도 탄압을 받았다.

범일의 중국 체류 기간은 17여 년이다. 그 무렵 선사들의 중국 유학 기간으로 본다면 평균적인 정도이다. 아무래도 회창의 법난이 그의 공부를 17년에서 마무리 짓게 한 이유가 되지 않았을까 한다.

귀국한 범일이 명주 도독의 청을 받아 굴산사로 온 것은 851년이다. 귀국하고 4년 뒤의 일이거니와, 경주로 오라는 왕들의 간곡한 요청에도 응하지 않고 절을 지켰다.

구비전승과 정식 기록 사이의 갈등

그렇다면 거기에 무슨 처녀 잉태 따위야 개입할 여지가 없다. 그러나 그는 여전히 슬픈 전설 같은 이야기의 주인공으로 성황당 산신이 되어 있다.

설화 연구자들은, 어머니가 마셨다는, 해가 뜬 표주박의 물을 태양과 우물의 신화적 상징으로 해석한다. 처녀 잉태는 신성화의 고리이다. 그것으로 슬픈 전설은 위안을 받는다. 왜 그런 갈등이 생긴 것일까.

『삼국유사』에서 범일은 어떤 이야기의 뜻 깊은 조연으로 한 번 등장한다. 그리고 그 이야기에서 우리는 그가 어떻게 성황당 산신이 될 만큼 민중의 지지를 받게 되는가 짐작한다.

중국에 유학하는 동안, 범일은 명주(明州) 개국사(開國寺)에서 한쪽 귀가 잘린 어린 사미승을 만난다. 소년은 자신도 강릉 사람이라고 말하며, 고향에 돌아가거든 낙산사 앞 자기 집을 찾아 어머니에게 안부를 전해 달라 부탁한다. 앞서 소개한 '낙산의 두 성인 관음과 정취, 그리고 조신'조의, 범일이 정취보살(正趣菩薩)을 만나는 이야기는 이렇게 시작한다.

그러나 신라로 돌아온 범일은 무심하게도 소년 사미승과의 약속을 잊어버렸다. 사미승이 범일의 꿈속에 나타나 이를 원망한 것은 그로부터 8년이나 지난 다음이었다.

무슨 까닭으로 어린 아들을 중국 땅 먼 곳까지 보냈는지 아무런 설명이 없지만, 범일이 찾아갔을 때, 뜻밖에 이 여자는 사미승만 한 어린 아들 하나를 데리고 살고 있었다. 그러면 이 아이와 소년 사미승을 연결해 볼 수 있다. 그러나 꼭 그렇지는 않다. 아이는 개울가에서 늘 금빛 나는 동자와 함께 논다고 말한다. 불현듯 어떤 생각이 범일의 뇌리를 스쳤다. 『삼국유사』에서 범일에게 부탁하는 소년 사미승은, "돌아가거든 내 집을 한 채 지어 달라." 말했다. 원문을 직역하자면 이렇고, 이 말은 곧 자기 집을 찾아 달라는 뜻으로 의역할 수 있다. 의역이 아닌 직역으로, 집 한 채 지어 달라는 부탁을 범일은 그제야 깨달았다.

어린 아들이 말한 곳으로 달려가 모래를 파 보니 한쪽 귀가 잘린 정취보살상이 나왔다.

정취보살은 '정취(正趣)'라는 말 그대로 극락 또는 해탈의 길로 빨리 들어서게 한다는 보살이다. '다른 길로 가지 않는다', 또는

'목표를 향하여 묵묵히 걸어간다'는 뜻을 가지고 있다. 그래서 다른 말로 '무이행보살(無異行菩薩)'이라고 한다.

정취보살은 『화엄경』의 「입법계품」에서 나온다. 선재동자가 53명의 선지식을 만날 때 29번째로 등장하는 것이다. 이는 곧 관음보살을 만난 바로 다음이다. 선재동자가 보살의 길을 어떻게 갈 것인지 묻자, "선남자여, 나는 보살의 해탈을 얻었으니, 보문속질행해탈(普門速疾行解脫)이라고도 부른다"라고 대답하였다. 이는 자신이 해탈로 향하는 넓고도 빠른 길을 얻었다는 말이다.

넓고도 빠른 해탈의 길을 열어 주는 보살, 한번 정한 득도의 길을 결코 흔들림 없이 한길로 가는 보살─. 범일이 만나고자 했던 보살의 상을 그대로 갖추고 있다고 해도 무방하다.

그러나 문제는 거기서 끝나지 않았다. 그것만이라면 어느 보살이건 무슨 상관이랴.

범일이 만난 한쪽 귀가 잘린 소년 사미승과 한쪽 귀가 잘린 정취보살상─.

우리는 이 인연의 고리에서 문득 범일의 생애를 다시 떠올린다. 처녀의 몸으로 아이를 낳고 떳떳지 못했을 어머니, 그런 어머니와 함께 외딴 집에서 어린 시절을 보냈을 범일, 그러니 사미승의 부탁을 받고 나선 범일의 길은 꿈결같이 옛날의 자기를 찾아가는 그 자체는 아니었을까? 조신이 꿈에서 깬 다음, 꿈속의 죽은 아이를 묻었던 고갯마루에서, 자그마한 돌부처 하나를 캐내 갔다는 이야기와 절묘하게 이어진다.

삶의 고단함은 때로 사람을 깊어지게 한다. 그러기에 세상의 고락을 중생과 함께 지고 간다는 정취보살이 따로 있지 않다. 범일은 곧 그 보살의 길에서 중생과 만났다. 선사에서 그치지 않고, 대관령 깊고 높은 산중에서, 마루 아래 사람들을 보호하는 산신이 된 것도 이 때문으로 보인다.

굴산사, 이제 아무 자취도 없는

한겨울에 찾아간 굴산사 터의 들판이 끝난 자리 저 멀리에, 대관령은 첩첩이 봉우리마다 눈을 쓰고 있었다. 그런 때가 왠지 굴산사 터의 분위기와 어울렸다.

사실 범일이 중국에서 공부한 새로운 선종(禪宗)의 수행방법을 사굴산문(闍堀山門)이라는 이름으로 널리 퍼뜨린 본부가 바로 이곳 굴산사이다. 그런데 지금은 그야말로 깡그리 사라지고 없다. 그 까닭을 대기가 어렵다. 조선조 이후, 밀교적 성향을 가진 불교의 일문에 대해서 무자비한 파괴를 서슴지 않았던 정책 때문으로 추측할 따름이다. 범일이 그런 성향을 가진 승려였던 것이다.

고려 명종(1170~1197년)은 무인정권이 내세운 허수아비 왕이었다. 그런 시대를 살다 간 문인이었기에 김극기(金克己)는 생몰 연대도 잘 모르지만, 혼란스러운 정국을 피해 전국의 명승지를 다니며 쓴 시를 많이도 남겼다. 바로 그의 시 가운데 굴산사의 편린을 짐작할 만한 대목이 나온다.

용용한 굴산사의 종은	舂容崛山鍾
범일선사가 지은 것이다	梵日師所鎔
보고 놀라서 마음이 당황하고	駭看心懍悜
진중하게 경례하며 눈물을 흩뿌린다	珍敬淚橫縱
귀신은 다만 도를 행하고	鬼神但行道
새들은 발붙이기 어렵다	禽鳥難著蹤
그대는 행여 치지 말라	請君莫擊考
동해의 어룡이 놀랄까 한다	東海驚魚龍

동해의 용이 놀랄 만한 종을 가지고 있었던 절이라니, 지금 남은 당간지주와 함께 그 규모를 짐작하기 어렵지 않겠다. 절은 사라지고 없지만, 절을 바라보는 대관령만큼은 이 절을 거쳐 간 수많은 수행자들의 발걸음을 기억하고 있을 것이다.

그리고 범일은 저 산의 신이 되어 자리 잡고 있다. 사람들이 성황당 앞으로 부르러 갈 때마다 세월의 무게를 쓰고 느긋이 걸어 나오시겠지.

그러나 아들의 그만한 출세(?)에 비해 끝내 그의 어머니의 소식을 알 수 없는 것이 아쉽다. 그나마 어머니의 흔적을 알려 주던 우물은 2002년 수해 때 싹 쓸려 가고 없다. 그때의 강릉 수해는 익히 전해졌지만, 당간지주와 부도탑 사이를 흐르던 시냇물이 범람하여 물길을 달리해 놓을 정도였다. 흔적 속에 어머니의 흔적은 삼켜졌다.

돌아오는 길이었다. 대관령 굽잇길도 이제 옛이야기가 되었다.

하늘에 길이 뚫린 뒤, 다들 한 걸음이라도 빨리 목적지에 이르려 달음질치는데, 옛길을 찾는 일이야 한갓 호사에 지나지 않을 터다. 역사라는, 인간이라는 이름으로 옛이야기를 듣고 싶어 하기 전에는 말이다. 다시 국사성황당을 거쳐 가자고, 하늘에 난 길을 두고 옛길로 오르는데, 아흔아홉 굽잇길을 돌고 도는 동안, 옛날의 그 많던 차들은 하나도 보이지 않았다.

그럴 것이다. 새 길을 두고 헌 길을 가는 바보는 없다.

그러나 한편 그렇게 바보처럼 가는 길이 고적해서 아름다울 때가 있다. 아니 홀로 가서 아름다운 일을 이루어 낸 사람들의 이야기가 있어서 그렇다고 해야 실리주의자들의 귀에는 더 빨리 들어올지 모르겠다.

4

문수보살이 살아 있다
—평창 월정사

강원도 산길의 마지막 목적지를 향해 대관령을 넘었다. 이제 평창
의 월정사(月精寺)를 향해 간다.

어느 해 초겨울, 오대산(五臺山)의 상원사(上院寺)를 찾던 날, 소
담스레 그해 첫눈이 내렸다. 절 마당 한쪽 종각에는 이 나라에서
가장 오래되고 가장 기품 넘친다는 범종이 달려 있다. 종각도 눈을
맞았다.

들여다보는 것조차 허락하지 않을 듯, 벽에는 성긴 창살의 문을
내 놓았는데, 사람들이 그 사이를 비집어 가며 범종 가까이에다 동
전을 던져 수북이 쌓였었다. 그렇게 하며 빌었던 크고 작은 소망은
다 이루어졌을까? 종은 이제 새집이 지어져 걸렸지만.

상원사와 함께 월정사를 품에 안고 있는 오대산은 중국에서부터
그 산 이름의 연원을 찾을 수 있다.

출가(出家)의 보살이라 일컫는 문수보살(文殊菩薩)은 그가 죽은 다음 동북방의 나라에 봉우리가 다섯 개인 산에서 머물 것이라 예언한다. 중국인들은 이 예언에 맞는 산을 산서성(山西省)에서 찾았고, 거기를 오대산이라 불렀다.

그렇다면 신라 사람들이 강원도 오대산을 그렇게 이름 붙인 것은 일단 중국에서 수입한 결과라 할 수 있다. 문수보살이 계시는 산으로 동서남북 사방과 가운데를 포함한 다섯 봉우리를 상정한 일도 마찬가지이다. 그러나 신라 사람들은 그것을 수입이라 생각하지 않았다. 이 땅이 본디 문수보살이 예언한 그곳임을 마음 깊이 믿었다.

주체의 본질이란 무엇일까? 그것은 곧 주체를 만드는 경험을 하는 그 자체이다.

모로 가도 월정사

또 어느 해 여름 —.

토사가 무너져 내려 통행이 끊긴 서울 방면 영동고속도로의 진부 톨게이트 3km 전방에서 차를 멈춘 시간이 낮 12시 30분쯤이었다. 곧이어 지나온 뒤편에서도 설사하듯이 흙이 쏟아져 내렸고, 식구들이 탄 내 차는 꼼짝없이 중간에 갇혔다.

상황이 그렇다는 것을 안 것은 물론 나중 일이다. 그때는 사고의 규모가 얼마나 크며, 어느 정도 걸려야 지나갈 수 있는지, 아무런 정보도 아무런 대책도 없었다. 아내와 초등학교 4학년 그리고 1학년짜리 딸 둘이 동행하고 있었다. 우리는 그날 오전 11시쯤 휴가지였던 강원도 동해시를 출발했다. 아침부터 비가 내리기 시작했고, 영동고속도로 일부 구간에 토사가 흘러내려 통행이 어렵다는 소식도 전해졌다. 오후 출발을 당겨 오전으로 한 것은 그 때문이었다.

그러나 상황이 그토록 심각한 줄은 결코 몰랐다.

대관령을 넘어갈 때 비가 역수로 쏟아졌지만, 조금이라도 빨리 호우 지역을 벗어나려고 휴게소마저 다음으로 기약하고 지나쳤다. 차에는 마실 물도 먹을 음식도 하나 없었다.

그렇게 차를 멈춘 지 6시간이 지났다. 오락가락하는 비만 맞고 있었다. 날이 어둑어둑해지기 시작했다. 슬며시 불안이 엄습했다. 아이들은 이내 배가 고프다고 하소연이다. 정말 급하면 옆 사람에게 도움을 청해 볼 수 있겠지만, 상황은 저들도 마찬가지일 것 같았고, 그렇다면 어두워지기 전에 뭔가 대책을 세워야 할 것 같았다. 도로공사 직원이 탄 차가 한두 차례 지나쳤는데, 저들 또한 아무런 정보를 주지 않았다. 어둠과 정보 부재, 그것이 두려움의 실체였다.

이 또한 나중에 알았지만, 경찰이건, 도로공사건, 긴급구호 팀이건, 이곳 고속도로 위의 상황을 돌볼 틈이 없었다. 여기는 상대적으로 양호했다. 강원도 곳곳에서 집이 쓸려 나가고 도로가 완전히 잠기고 사람이 죽어 가고 있었다.

어떤 이들은 고속도로 위에다 자동차 캠핑용 텐트를 치기도 했고, 대형 화물트럭 기사들은 짐칸 뒤쪽을 지붕 삼아 차 밑으로 들어가 삼삼오오 모여 라면을 끓여 먹었다.

'진부 톨게이트만 빠져나가면 되는데……'

나는 속으로 중얼거렸다. 진부 톨게이트만 나가면 읍내에 식당이 있고, 거기서 월정사가 멀지 않다. 하룻밤 묵어갈 수도 있다.

그러나 고속도로 위에서 밤을 새워야 할 일이라도 벌어진다면 무엇보다 지금 당장 음식과 물이 필요했다. 어른은 그렇다손 치더라도 아이들을 굶길 수 없다는 생각뿐이었다. 도로를 벗어나 마을로 가서 마련해 와야 했다. 그런데 문제는 고속도로를 따라 양쪽으로 흘러가고 있는 개천이었다. 물은 불고 유속이 빨라 도저히 건널 수가 없었다.

새삼 도로공사에든, 경찰에든, 야속한 마음이 솟구쳤다. 무엇이 어찌 된 일인지 알려 주어야 할 게 아닌가. 그게 그토록 어려운 일이란 말인가.

천재지변으로 고속도로가 마비되는 일은 더러 있었다. 그렇다면 그동안의 경험을 바탕으로 비상상황에 대처하는 요령과 방법이 섰을 것이다. 요령은 간단하다. 먼저 알려 주는 일이다. 고립된 지역에 현재의 상황을, 사고처리 예정시간을, 그사이의 행동요령을 알려 주는 것이다. 다음은 응급환자를 먼저 실어 내고 구호물품을 나르는 일이다.

상황이 더 급한 지역에 투입되느라 인력과 장비가 모자랐다고 한다. 그러나 인력과 장비의 문제만은 아니다. 있는 자원을 어떻게 효과적으로 요령 있게 쓰느냐가 문제다. 그것은 무형적인 사회 인프라다.

급기야 밤 8시가 넘어 겨우 진부 톨게이트까지 길이 뚫렸다.

그사이 나는 개울의 얕은 곳을 겨우 건너 마을로 들어가 보았다.

무밭은 어디로 가고 농작물이 쓸려나간 밭을 지나오다 뽑힌 무 한 뿌리를 주워 왔었다. 언젠가 무밭 주인에게는 찾아가 갚으리라 생각했다. 그로부터 5년이 지나 찾아가 보니 이제는 무를 심지 않고 주인 또한 누구인지 모른단다.

마침 산사태를 당해 마을 사람이 목숨을 잃었다는 소식을 들었고, 가게도 없는 마을이라 약간의 과자와 물은 마음씨 고운 한 아주머니에게서 얻었다. 농작물이 쓸려나간 밭을 지나오다 뽑힌 무 한 뿌리를 주워 왔다. 언젠가 무밭 주인에게는 찾아가 갚으리라 생각했다.

차를 몰아 진부 읍내로 들어서자 온통 암흑이었다. 밤 9시 무렵이었다. 오전부터 정전이라 가게는 모두 문을 닫고, 비는 쉬지 않고 내리치는데, 읍내는 우왕좌왕 자동차의 헤드라이트 불빛만 난무했다. 국도로 빠져나왔지만 길이 끊기긴 마찬가지였다.

나는 월정사 쪽으로 방향을 잡았다. 가는 길에 어디서든 불빛만 보면 찾아 들어갈 심산이었다. 그때처럼 월정사 가는 길이 고적하고 두려웠던 적이 없다. 온통 깜깜한 길을 오직 자동차 헤드라이트에 의지할 뿐이었다.

월정사 입구에 이르렀을 때쯤, 멀리 반짝이는 불빛―.

낙향하여 식당을 한다는 주인은 자가 발전기를 마련해 놓고 있었다. 전직 영어교사 출신의 그이는 알고 보니 내 스승과 대학 동창이었다.

한껏 외롭게 내버려 두는
염불암

『삼국유사』에서는 상원사를 진여원(眞如院)이라 부르고 있다. 신라 신문왕(681~692년)의 두 아들 효명(孝明)과 보천(寶天)이 여기에 와서, 세속의 모든 욕심을 잊고 평생을 살아가리라 다짐하는데, 진여원을 중심으로 다섯 군데의 봉우리에 있는 암자를 찾아가며, 여러 보살에게 차를 끓여 바치고 정성을 다하였다. 그 자리들은 지금 그대로 남아 있다.

동쪽은 관음암이라 하고 남쪽은 지장암이라 한다. 이 두 군데는 월정사 뒤편에 자리 잡고 있다. 서쪽은 염불암이요 북쪽은 미륵암이다. 가운데는 적멸보궁이라고도 부르는 사자암이다. 오대산의 제일봉으로 해발 1,563미터인 비로봉 바로 아래 있다.

이 가운데서도 서쪽의 염불암이 가장 우리의 눈길을 끈다. 『삼국유사』에서는 미타방 또는 수정사(水精寺)라 하였는데, 그래서 요즈음 이곳을 수정암이라 하기도 한다.

사진작가 이지누는 "간섭하지 않고 한껏 외롭게 내버려 두는 염불암"이라 말한다. 아마도 그의 눈길이 주어진 이후 염불암이라는 존재가 사람들 사이에 입소문으로 가장 널리 퍼져 간 듯하다. 이지누는 그 첫 풍경을 이렇게 그리고 있다.

어둠만 가득한 장령산으로 오르는 치받이 길을 기신기신 사십여

분, 산마루 길을 다리 쉼 하며 걷는다. 너른 마당이 보이고 그 한편에
드문드문 맑은 물 위로 낙엽 서넛 떨어져 있는 우통수가 있다. 그곳에
서 스무 걸음 남짓, 고샅을 에돌듯 싸리문을 열면 소담한 염불암이다.
저것 봐라, 어찌 이리 좋을 수 있는가. 보고, 보고 또 보고 염불암은
턱턱 소나무를 쪼개 걸치고 '너시래'로 눌러 놓은 너와지붕을 이고 있
다. 나라 안에서 암자라는 글맛의 느낌을 고스란히 간직하고 있는 손
꼽을 만한 암자.

이지누, 『절터 그 아름다운 만행』에서

1960년대까지만 해도 이 산에는 화전민이 살았었는데, 염불암은
마치 그들이 살던 너와집 비슷한 모양새다. 이지누의 교시(?)대로,
'암자라는 글맛의 느낌을 고스란히 간직하고 있는' 이 암자의 마루
에 걸터앉아 심 없이 앞산을 바라보노라면, 하염없는 외로움도 그
대로 흘러가려니 싶다.

염불암 바로 아래 우통수라 불리는 샘이 있다. 예부터 한강의 발
원지라 생각했던 곳이고, 효명과 보천 태자가 차 끓일 물을 여기서
떴다고, 『삼국유사』는 기록하고 있다.

한암,
전설이 된 인물

그렇게 오대산에 가면 나는 비로봉 꼭대기부터 훑어 내려온다. 아
직 해가 있을 때 산꼭대기부터 보고 싶은 것이다. 적멸보궁으로 중
대암으로 그리고 이윽고 상원사에 이른다.

오늘날 상원사 하면 한암(漢巖) 중원(重遠) 선사를 떠올린다. 나이 50이 되던 1925년, "천고에 자취를 감추는 학이 될지언정, 봄날에 말 잘하는 앵무새의 재주는 배우지 않겠노라"라는 말을 남기고 오대산으로 들어가, 선종(善終)의 1951년까지 27년 동안 단 한 번도 산문을 나가지 않았다.

상원사의 한암 초상 나이 50이 되던 1925년, "천고에 자취를 감추는 학이 될지언정, 봄날에 말 잘하는 앵무새의 재주는 배우지 않겠노라"라는 말을 남기고 오대산으로 들어가, 선종(善終)의 1951년까지 27년 동안 단 한 번도 산문을 나가지 않았다.

그러나 나에게는 어릴 적 교과서에서 읽은 한 구절이 더 강하게 남아 있다. 이야기는 한국전쟁 때로 올라간다. 1·4후퇴로 전선이 밀릴 즈음, 월정사와 상원사를 모두 불태우라는 명령을 받는데, 지휘관이 부대원을 이끌고 상원사에 이르자, 한암은 가사 장삼을 모두 갖추어 입고 법당 안으로 들어갔다. "나는 부처님의 제자요, 법당을 지키는 것은 나의 도리이니, 어서 불을 지르시오." 이때가 1월 2일경이었다.

스님이 입적하신 것은 그로부터 두 달쯤 뒤였다. 상원사만큼은 전쟁의 참화를 무사히 건넌 것이었는데, 3월 21일, 아침으로 미음한 공기와 꿀물 한 잔을 드신 다음, 가사와 장삼을 갖춰 입고 평소 공부하던 자세 그대로 숨을 거두었다.

그러나 한암이 어찌 교과서의 울타리에 갇힐 위인이랴. 경허(鏡虛)를 스승으로, 만공(滿空)을 도반으로 두었다는 이력과 함께, 앉은 채 열반에 드는 이른바 좌탈입망(坐脫立亡)했다는 저 전설적인 선사. 그 모습을 찍은 사진은 지금 두루 알려졌다.

이 사진을 두고 두 가지 이야기가 남아 있다.

먼저 정훈장교 김현기가 사진을 찍기 위해 스님을 햇볕이 잘 드는 바깥으로 모시려 하니, 그 육신이 한없이 가벼웠다는 것. 또 하나는, 종군작가 선우 휘가 이 절에 들러 보니, 사람은 아무도 없고, 가사 장삼을 갖춘 스님이 단좌한 채 입적하여 계셔서, 바로 사진에 담아 두었다는 것.

나는 처음에 이 상황을, 정훈장교 김현기의 안내로 종군작가 선우 휘가 함께 왔던 것으로 이해했다. 전쟁의 와중에, 시봉 드는 이 하나 없는 산골 절에서, 노선사는 고적히 생애를 마쳤구나. 그렇게 생각했다.

그런데 최근에 밝혀진 바에 따르면, 이때 절에는 시자 희찬 스님과 공양간을 맡았던 평등성보살이 함께 있었고, 중대암의 스님 두 분이 피난 갔다가 길이 막혀 돌아와 있었다. 난장판이 된 세상과 달리 차라리 이곳은 섬처럼 저들만의 세계였고, 갈 데 없는 영혼 몇 점이 서로의 목숨을 위로해 주고 있었다. 거기서 한암은 그들의 전송을 받으며 눈감았다.

소식을 전해 들은 김현기가 와서 사진을 찍었다. 입적에 든 이틀 뒤, 군인들의 도움을 받아, 관대거리 밑 개울가에서 다비식을 치렀는데, 수없이 쏟아진 사리는 모두 계곡물에 흘려보냈다 한다.

선우 휘는 그 뒤 김현기로부터 이 같은 이야기를 전해 듣고 「상원사」라는 단편소설을 썼다.

운두령을
넘다

말머리를 잠시 돌리자. 지금은 대관령을 넘어 오대산으로 왔지만, 홍천에서 평창으로 가자면 또 다른 고개를 넘는다. 운두령, 어디서 많이 들어 본 듯한 느낌이다. 신록의 오대산을 보러 가는 길이었다.

작은 고개는 작은 마을 단위를 나누고, 큰 고개는 큰 마을 단위를 나눈다. 그러나 적어도 운두령에는 이 같은 원칙이 맞지 않는다. 유턴하듯이 핸들을 얼마나 꺾었을까, 해발 8백여 미터의 정상에 이르니 홍천군이 끝나고 평창군이 시작된다는 푯말이 아심찮다. 이런 정도면 도 단위가 하나쯤 바뀌어야 하는데…….

그러나 그것은 아직 시작에 불과했다. 내려가는 길은 더 심한 유턴의 연속이다. 그나마 운전을 하는 나는 다행이었지만, 함께 탄 일행은 멀미가 날 지경이라 했다. 정말이지 운두령 고개가 이렇듯 험하고 높은지 몰랐다.

아스팔트도 아닌 흙먼지 고갯길이었던 시절, 평창 사람은 무슨 일로 기어이 이런 고개를 넘어 홍천으로 갔더란 말인가. 목적지가 홍천만은 아니었겠지. 이 산골 지긋지긋하오, 대처로 나가 돈 벌고 사람 노릇 할라 그랬소……. 유턴으로 꺾을 때 눈앞에 펼쳐지는 골짜기마다 그런 목소리가 배어 있는 듯했다.

고개가 끝나는 곳이 평창군 진부면 속사리이다. 왼편으로 언뜻

운두령 정상 아스팔트도 아닌 흙먼지 고갯길이었던 시절, 평창 사람은 무슨 일로 기어이 이런 고개를 넘어 홍천으로 갔더란 말인가. 목적지가 홍천만은 아니었겠지. 이 산골 지긋지긋하오, 대처로 나가 돈 벌고 사람 노릇 할라 그랬소……. 눈앞에 펼쳐지는 골짜기마다 그런 목소리가 배어 있는 듯하다.

이승복 기념관이 보였다. 아차 싶었다.

전설처럼 내 오랜 기억을 사로잡는 사람, 이승복 —.

그래, 한번은 이곳에 와 보고 싶었다. 우리 세대 중에서 '이승복 신드롬'에 시달리지 않은 사람이 없다. 이승복은 나보다 나이로는 두 살, 학년으로는 하나 위이다. 1968년 12월 그의 죽음의 소식이 전해졌을 때, 그리고 아우성치는 반공교육에 실려 '나는 공산당이 싫어요'라고 말했다는 '장한 어린이'가 우리 앞에 나타났을 때, 나는 얼마나 큰 자괴감으로 하루하루를 살았는지 모른다. 이승복에 비하면 나 같은 애는 밥벌레에 지나지 않았다.

어지간히 반공교육의 깃발이 자취를 감춘 뒤, 사실은 '콩사탕이 싫어요'라고 한 것을 무장공비들이 잘못 알아듣고 죽였다는, 슬픈 코미디가 세상을 떠돌 때, 밥벌레 같은 철없는 소리를 한마디 더 붙이자면, 나는 차라리 통쾌하기까지 했다. 그것이 비록 만든 말이라지만, 정말 그랬을 것 같다 믿고 싶고, 그래서 저 오랜 자괴감으로부터 벗어나고 싶었다.

뒤이어, 이승복을 일약 반공소년으로 키운 근거가 어느 불확실한 신문 기사로부터 촉발되었다는 것이며, 실상 '공산당이 싫어요'라고 말했는지 어쨌는지 확인할 수 없다는, 살아남은 이들의 야속한 입씨름에 이르러서야.

가까운 메밀국숫집에 들러 점심을 했다. 내 또래의 여자와, 조금 더 나이 들어 보이는 남자가 손님을 맞았다.

손님을 남동생 다루듯 하는 주인 여자의 품새에 일행은 간간이 웃음을 날렸다. 허름한 시골 식당이건만 맛으로는 소문나 있는지 손님이 끊이지 않았다. 여자는 갈수록 손이 바쁜데, 그런 중에도 담배나 피우며 먼 하늘만 쳐다보는 남자에게 나는 자꾸만 신경이 쓰였다. 꽤나 마누라 부리는 사내였다.

문득 이런 생각이 들었다. 이승복이 살아 있다면 저 사내 정도 되었을 텐데…….

죽던 날은 이승복의 아홉 번째 생일이었다. 운두령 고개 밑 깊은 산골짝 외딴집에서 그날 변을 당하지 않았더라면, 그는 지금 무엇을 하며 지낼까. 저 사내처럼 여기 어디 맘 좋은 여자 얻어 메밀국숫집을 하고 있을까, 운두령 넘어 서울로 나가, 나 같은 사람처럼 쪽집 한 칸 차지하고 식구들 벌어 먹이느라 허리가 휘고 있을까.

남쪽에 대한 증오로 가득 찬 이의 어이없는 총칼에 죽은 소년—.

이승복은 그것으로 자연인인 이승복이고, 그렇게 죽었다. 나는 그것이 못내 슬플 따름이다.

그러나 반공으로 한몫 보겠다던 세력의 선전에 휘둘려 한 번 더 죽었고, 이 일로 우스갯소리를 만든 사람들에 의해 다시 한 번 더 죽었다. 시골 학교 운동장마다 동상으로 세워 눈비 맞힌 사람들에 의해 죽었고, 어느 정당의 연수원으로 쓰이는 분교에서 같은 동상에다 '전태일'이라는 이름이 붙여지면서 한 번 더 죽었다. 몇 년 전, 어느 정당의 연수회에서 있었던 일이다.

식당 앞에 서서 운두령 고갯마루를 올려다보니, 비를 머금은 구름이 정상을 가리고 있는데, 어느새 내 머리 위로도 작은 빗방울이 떨어지기 시작했다.

이승복을 들춘 데는 까닭이 있다. 상원사에 이르러 같은 시기의 일을 또 듣게 되었기 때문이다. 1968년 이승복의 죽음은 바로 그해 일어난 울진 삼척 무장공비 침투사건 때문이었는데, 그 피해는 상원사에까지 미쳤다. 이승복이 사는 동네로 가기 전 공비들이 상원사를 일시 점거했다. 이때 절을 지키던 보살 한 분이 이승복처럼 죽임을 당했다.

나는 여기서 그 이름을 적어 두고 싶다. 바로 한암 스님의 마지막을 지켰던 평등성보살 그이이다.

오대천과 세조
그리고 문수보살

상원사를 거쳐 월정사 앞으로 흐르는 오대천은 맑기만 하다. 그 골짜기를 두고 벌어졌던 현대사의 비극은 벌써 씻겨 내려간 듯하다.

이야기는 다시 『삼국유사』로 돌아간다. 진여원에 와서 속세를 잊었던 보천과 효명 두 왕자, 하지만 왕실에서는 그들을 그렇게 버려둘 수 없었다. 어느 날 신하들이 모든 차비를 차려 왕자들을 모시러 오대산을 찾아온다. 이제 돌아가 아버지에 이어 왕으로 오를 준비를 해야 한다는 것이다. 그러나 산이 깊어 어디에 있는지 알 수 없었다. 신하들은 산 아래에서 만세를 불렀다. 그러자 다섯 빛깔의 구름이 7일 동안 드리워져 덮였다. 신하들은 구름을 보고 찾아가 두 왕자를 만난다.

보천태자는 울면서 사양했다. 하는 수 없이 효명이 돌아가 왕위에 오르는데, 이이가 효소왕(692~702년)이다.

그로부터 보천은 오대산에서 50여 년을 더 살았다. 그가 얼마만큼 높은 경지에 이르렀는지를 『삼국유사』에서는 특이한 예화를 들어 일러 준다. 여러 신들이 보천의 설법을 들으러 모여들었고, 가지고 있는 지팡이가 하루에 세 번씩 소리를 내며 방을 둘러싸고 돌아 이에 맞추어 때를 삼았으며, 어떤 때는 문수보살이 물을 길어 이마에 부어 주기도 하였다. 오늘날 우리로서는 도저히 상상할 수 없는 일들이다.

그러나 『삼국유사』의 다른 곳에서 우리는 효명태자 곧 효소왕의 다른 모습을 발견하고 놀란다. 비록 왕명을 받아 궁중으로 돌아왔으나, 두고 온 형과 오대산을 못 잊어 하며 때때로 시주를 보냈다는 그이지만, 정작 결정적인 순간에 실수를 저지른다.

왕위에 오른 지 6년째 되던 해였다. 망덕사를 크게 짓고 스님들을 불러 낙성회를 열었다. 그런 말석에 초라한 승려 하나가 자리를 잡았다. 왕은 마뜩찮았다. 옷이라도 제대로 차려입고 올 일이지, 분위기 깨는구먼, 싶었던가 보다. 자리가 파할 무렵, 끝내 왕은 승려에게 다가가 불편한 심중의 한마디를 던지고 만다.

"어디 가서 임금이 손수 베푼 음식을 먹었다 말게."

그러자 이 승려에게서 나온 놀라운 한마디.

"임금께서도 진신석가께 공양하였다고 말씀하지 마소서."

이 이야기는 '진신이 공양을 받다(眞身受供)'조에 나온다. 사실은 그 승려가 남산으로 날아가 숨은 진신석가였다고, 왕이 부랴부랴 뒤쫓아 갔으나 만나지 못하였다고…… . 이야기는 그렇게 이어진다.

그런데 오대천에 얽힌 다른 이야기를 여기 와서 들으며 나는 무릎을 쳤다. 어쩌면 그렇게 똑같은 이야기가 상황을 달리하여 남아 있을까.

조선왕조의 세조는 살아서 영욕을 함께 맛본 비운의 왕이다. 왕이 되어서는 조카인 단종을 죽인 죄책감에 시달렸다. 단종의 어머니이며 형수인 현덕왕후가 자신에게 침을 뱉는 꿈을 꾸고 나서부터는 피부병에 걸리기도 했다. 세조의 피부병은 유명하다. 전신에 종기가 돋고 고름이 나는 등, 잘 낫지도 않고 견디기가 무척 힘들었다. 요즘 말하는 아토피인지 모른다. 온갖 처방으로도 효험을 보지 못하자, 오대산에 가서 부처님께 참회기도를 올리기로 하였다. 똑같은 이야기란 거기서 시작한다.

세조가 상원사에서 기도하던 어느 날, 오대천의 맑은 물이 너무 좋

오대천 세조가 상원사에서 기도하던 어느 날, 오대천의 맑은 물이 너무 좋아 혼자 몸을 담가 목욕하고 있었다. 그때 지나가던 한 동승에게 등을 밀어 줄 것을 부탁하였다. 오대천 맑은 물은 예나 이제나 다름없는 듯하다.

아 혼자 몸을 담가 목욕하고 있었다. 그때 지나가던 한 동승에게 등을 밀어 줄 것을 부탁하였다. 동승이 등을 밀자 몸이 날아갈 듯이 가벼워졌다. 목욕을 마친 세조는 동승에게, "그대는 어디 가든지 임금의 옥체를 씻었다고 말하지 말라"라고 하니, 동승은 미소를 지으며, "대왕은 어디 가든지 문수보살을 친견했다고 하지 마십시오." 하고는 홀연히 사라져 버렸다. 세조가 놀라 주위를 살피니 동승은 간 곳 없고, 어느새 자기 몸의 종기가 씻은 듯이 나은 것을 알았다. 이렇듯 문수보살의 가피로 불치병을 치료한 세조는 크게 감격하여, 화공을 불러 그때 만난 동자의 모습을 그리고, 목각상을 조각하게 하니, 이 목각상이 바로 상원사의 문수동자상이다. 지금은 문수동자의 화상은 없어졌으나, 목각상은 상원사 법당에 모셔져 있다.

월정사, 『오대산』에서

진신석가가 문수보살로 바뀌어 있을 뿐, 말하고자 하는 바는 효소왕의 경우와 같다. 이렇듯 같은 구조의 이야기가 남아 전하는 것은 설화의 유포 원리로 설명할 수 있겠으나, 패륜의 일생을 불교에 의지해 풀어 보려 했던 세조에게는 매우 절박한 일이 아닐 수 없었던 듯하다. 이야기는 이렇게 이어진다.

세조가 당시 친견한 문수보살의 모습을 그리려고 많은 화공을 불렀으나 잘 그리지 못했다. 그러던 중, 하루는 누더기를 걸친 노승이 와서 자신이 그려 보겠다고 했다. 세조가 이러저러한 모습을 설명해 주자, 노승은 자신이 알아 그리겠다고 설명도 듣지 않았다. 이윽고 그려 온 문수동자의 모습이 너무나도 똑같아, 세조는 놀라고 기쁜 마음에, "스님은 어디서 오셨습니까?" 하자, 노승은, "나는 영산회상에서 왔습니다." 하고는, 곧 구름을 타고 하늘로 올라갔다는 이야기가 전해 온다.

월정사, 『오대산』에서

결국 세조는 문수보살을 두 번이나 친견했다. 영산회상으로 올라가는 문수보살의 뒷모습까지 보면서 말이다.

그러나 세조에 얽힌 이 같은 전설이 일정 부분 사실인지, 『조선왕조실록』에는 다음과 같은 기사가 나온다. 곧 세조 8년 11월 5일조에, "임금이 상원사에 거둥할 때에, 관음보살이 현상(現相)하는 이상한 일이 있었기 때문에, 백관들이 전(箋)을 올려 축하하였다"라는 기록이다. 문수보살이 아닌 관음보살인 점이 다르지만, 부주의한 유학자들 사이에서는 관음과 문수의 차이가 굳이 괘념할 일은 아니었던 듯하다.

왕은 교서(敎書)를 내려, 반역 죄인이나 자손이 조부모와 부모를 죽인 일 등, 대죄를 제외하고는 용서해 주는 사면령까지 내리고 있다.

월정사 구층탑 앞의 보살좌상

월정사의 오늘날 모습은 모두 한국전쟁 이후에 만들어진 것이다. 앞서 말한바, 전쟁 통에 소개령(疏開令)이 내리고, 절 안의 모든 건물은 하나도 남김없이 불타 없어졌다. 그야말로 돌 위에 돌 하나

엎혀 있지 않은, 그렇게 일부러 하려 해도 어려울 만큼 깔끔하게(?)
부서졌다.

그런 와중에 오직 하나 팔각구층탑만이 의연히 살아남았다.
2005년 낙산사 화재 때 원통보전 앞의 팔층탑만 온전한 것과 어쩌
면 그리도 똑같은지. 한국전쟁 이후 폐허가 된 월정사 사진을 보면
탑은 정말로 '의연하다'는 말로밖에 묘사되지 않는다.

그래서일까, 월정사에 가면 나는 이 탑 주변을 심 없이 맴돈다.
그저 고맙다, 고맙다 이 말만 나온다. 적군의 은신처를 뿌리 뽑자
고 절집을 불태우라 했으니 거기서 이 탑이 제외된 것은 물론 당연
하다. 그러나 절집을 불태운다고 부산하게 오갔을 사람의 거친 발
자국을 피해, 더욱이 공습으로 폭탄이 떨어지기도 했다고 하는데,
그 혼란의 와중을 견뎌 낸 것이 나는 그저 의연할 따름이다. 고맙
다고 입 밖에 꺼내기가 경솔해서 의연하다고 말하는 것이다.

이 탑은 여래입상이나 탑파의 양식으로 보아 만들어지기는 10세
기를 올라가지 않을 것이라고 전문가들은 본다. 그러니까 고려시
대 초기 양식을 나타내는 탑이다.

그런데 탑 앞에 있는 석상이 나에게는 늘 의문거리였다. 언젠가
부터 탑보다는 이 석상의 정체를 아는 데 더 애를 썼다. 절에서 설
명하는 것은 다음과 같고, 이는 대체적으로 연구자들도 동의하는
바이다.

부처님의 진신사리를 모신 팔각구층석탑 앞에는 그 탑을 향하여 오
른쪽 무릎을 꿇고 두 손을 모으고 공양을 드리는 모습을 한 석조보살

좌상이 있다. 입에 부드러운 웃음을 머금고서 부처님을 바라보고 있는 이 보살상을 일명 약왕보살(藥王菩薩)이라고도 한다. 강원도 일대에서만 볼 수 있는 특이한 형태로 조성된 이 보살상은 턱이 약간 길고 눈두덩이 두껍고 뺨은 도톰하며 입가에 살짝 미소를 띠고 있어 복스럽게 느껴진다.

월정사, 『오대산』에서

약왕보살은 『법화경』의 「약왕보살본사품」에 나온다. 희견보살(喜見菩薩)이 환생하여 일월정명덕국(日月淨明德國)의 왕자가 되고, 왕자는 부처님의 사리탑을 세워 일생 동안 공양하였다. 이분이 바로 약왕보살이다.

그런데 보살좌상은 여성의 모습이다. 앞의 약왕보살은 일월정명덕국의 왕자였으니, 뭔가 맞지 않는다. 분명 기도하는 부인의 모습이기 때문이다.

신라 정토불교의 근거가 되는 『관무량수경(觀無量壽經)』에 위제희(韋提希) 부인 이야기가 나오는데, 혹시 바로 그가 아닌지 추측하는 학설이 있다. 위제희 부인은 아들 아도세(阿闍世)가 극악무도한 짓을 계속하여, 우수에 찬, 초조한, 나아가 슬픈 눈물을 흘리는 나날을 보낸다. 부인은 멀리 기사굴산(耆闍崛山)에 있는 석가세존을 향해, "세존이여, 무슨 죄가 있어서 이렇듯 악한 아이를 낳았단 말입니까. 다만 바라기는, 세존이여, 우리를 위해 널리 번뇌 없는 곳을 말씀해 주소서"라고 통절히 기도한다. 세존은 좌우에 목련과 아난존자를 데리고 부인 앞에 나타난다. 아우라가 빛나는 세존의 뒤로

탑 앞의 기도하는 부인 월정사 마당으로 가 보자. 구층탑은 37매의 부처님 사리를 품고 있다. 바로 부처님이다. 그 앞에 기도하는 모습의 석상은 위제희 부인이다. 그리고 그 뒤로 보이는 적광전은 시방제불이 계시는 정묘한 나라이다.

는 시방제불(十方諸佛)의 정묘(淨妙)한 나라가 그려져 있고……

이 학설은 메이지대학(明治大學)의 히나타 카즈마사(日向一雅) 교수가 그의 논문 「정토교 문화의 일한(日韓) 비교」에서 제기하였다.

월정사 마당으로 가 보자. 구층탑은 37매(枚)의 부처님 사리를 품고 있다. 바로 부처님이다. 그 앞에 기도하는 모습의 석상은 위제희 부인이다. 그리고 그 뒤로 보이는 적광전은 시방제불이 계시는 정묘한 나라이다.

그렇다면 월정사 마당은 현세의 악업이나 고통을 벗어나 극락에 가고자 하는 모든 이들을 위해 만들어진 유토피아의 공간이다.

전나무 숲길
그리고 풍경의 침묵

오대산에는 특히 전나무가 많다. 월정사로 들어가는 전나무 숲길의 위용이야 알 만한 이는 다 아는 사실이지만, 여기서 종자가 퍼져 산의 이곳저곳에서 자생하는 전나무가 만들어 내는 풍경을 이루 형용하기 어렵다. 그 풍경이 굳이 위압적이지 않다.

일지(一指) 스님의 글이 생각난다.

　아주 나이 어린 선객이었던 내가 오대산 상원사에 머물던 1979년, 월정사에는 희찬 스님이라는 분이 주지로 계셨다. 나는 몇 번이고 지팡이를 든 채 허름한 차림으로 이 전나무 숲길을 거닐던 그분과 마주치면서 '저 영감은 사람들이 나무를 베어 가는 것을 지키고 있구나'라고 어린 생각으로 짐작한 일이 있었다. 얼마나 유치한 짐작이었던가. 나는 세월이 훨씬 지난 어느 날 불현듯 전나무 숲길을 표표히 걷던 '그분의 뒷모습이 무엇을 사람들로부터 지키는 자의 모습이 아니었던 것'을 계시처럼 기억해 내고서야 그분의 행선(行禪)을 이해하게 된 것이다. 그 스님은 길을 걷는 자만이 빚어낼 수 있는 풍경의 침묵을 누리고 있었던 것이다. 그렇다. 동양과 서양의 수많은 성인들이 때로는 사막의 불모성이 감추고 있는 침묵 속으로, 때로는 인적 끊긴 황량한 해변의 침묵 속으로, 깊은 산림의 고독 속으로 조용히 걸어 들어갔던 것이다.

　　　　　　　　　　　　　　　　일지, 『월정사의 전나무 숲길』에서

　여기 나오는 희찬 스님이 누구인가. 바로 상원사에서 한암을 시봉하다 그 최후를 지켜보았던 그이다.

　어느 해 여름, 학생 몇 데리고 월정사 답사를 가서는, 일주문 앞에서 내려 주고는 그 숲길을 걸어오라 했다. 무더운 날 오후였다. 나는 차를 타고 이내 사천왕문 앞까지 내빼 버렸다. 그런데 좀체 학생들이 도착하지 않았다. 무더위에 지쳐 어디선가 늘어졌으려니

월정사 전나무 숲 일주문에서부터 우람한 전나무 숲은 시작한다. 누가 심자고 심고 기른 것이 아니다. 오대산은 이런 전나무가 온 산을 뒤덮으며 자란다. 이런 숲은 아마도 전국에서 여기 한 곳뿐일 것이다.

싶어, 길을 거슬러 찾아 나섰다. 그런데 웬걸, 아주 천천히 학생 일행은, 서로 쳐다보며 이야기도 하고, 잠시 서서 사진도 찍으며 오는데, 그러느라 시간이 걸렸겠지만, 더위를 타기는커녕 얼굴이 해맑기 그지없었다.

나는 속으로 '회찬 스님이 저기 있구나' 싶었다.

상원사 마당에서 첫눈을 맞던 그 겨울로 돌아간다. 비로봉을 오르는 좁은 등산로에서 잠시 멈추고, 전나무 가지 사이로 스치는 바람소리를 듣던 기억이 난다.

올겨울에도 저 나뭇가지에 눈이 많이 내려 쌓일 것이다. 염불암 우통수 물을 받아 다시 한 번 차를 끓이고, 깊은 밤을 홀로 새우며, 눈이 내리는 소리와 생애가 흘러가는 소리를 듣는 사람도 있을 것이다. 아니 우통수에서 출발한 물이 골짝 골짝을 지나 한강에 이르는 먼 꿈을 꿀지도 모르겠다.

그때 보천태자가 나타나 우리들 이마에 시원한 샘물을 길어 부어 주지나 않을까.

낙산의 두 성인 관음과 정취,¹⁾ 그리고 조신

의상이 낙산사를 창건하다

옛날 의상법사가 처음으로 당나라에서 돌아왔을 때, 부처님의 진신이 이곳 동해안 해변 굴 안에 계시다는 말을 들었다. 이 때문에 낙산(洛山)이라 불렀다. 대개 이는 서역에 보타락가산이 있는데, 소백화(小白華) 내지 백의(白衣)대사의 진신이 계시는 곳²⁾이라 하여 이 이름을 빌린 것이다.

의상은 7일 동안 재계(齋戒)하였다. 깔고 앉은 자리[座具]를 새벽녘 물 위로 띄웠더니, 용천팔부(龍天八部)의 시종이 굴 안으로 이끌어 들여 공중에 예를 갖추고, 수정으로 된 염주 한 관(貫)을 내어 주었다. 의상이 머리 숙여 받고 물러나는데, 동해용이 또한 여의보주 한 과(顆)를 바치자, 법사가 나가 받들었다.

다시 7일 동안 더 재를 올렸다. 이에 진신이 모습을 드러내며 말했다.

"앉아 있는 곳 위의 산 정상에 대나무 두 그루가 솟아 있을 것인즉, 그곳에 절을 지으면 좋겠다."

법사가 그 말을 듣고 굴에서 나오자, 과연 대나무가 땅에서 솟아 나와 있어, 금당을 짓고 불상을 만들어 모셨다. 불상은 둥싯한 얼굴과 미려한 바탕이었으며, 위엄이 하늘에서 낸 듯하였다. 그러자 대나무가 없어졌으니, 바로 이곳이 진신이 계셨던 곳임을 알겠다. 그래서 그 절의 이름을 낙산사라 지었다. 법사는 받아 온 두 보물을 성전에 잘 모셔 두고 갔다.

원효가 낙산사에 찾아오다

뒤에 원효법사가 발걸음을 따라와서 예를 드리고자 하였다.

---

1) [역주] 관음보살과 정취보살은 흔히 아미타보살의 좌우에 놓인다. 이를 아미타 삼존(三尊)이라 한다. 정취보살을 대세지(大勢至)보살이라고도 한다.

2) [역주] 소백화는 보타락가산의 한역(漢譯)이고, 백의대사는 관세음보살이다.

처음에 남쪽 교외에 이르렀는데, 흰옷을 입은 한 여인이 논에서 벼를 베고 있는 것을 보고, 법사는 희롱조로 그 벼를 좀 달라고 하였다. 그러자 여인은 말라붙은 벼를 희롱조로 주었다. 또 가다가 다리 아래 이르렀는데, 한 여인이 서답 빨래를 하고 있었다. 법사는 물을 좀 달라고 하였다. 여인은 더러운 물을 길어주었다. 법사는 엎어 버리고 다시 개울물을 떠서 마셨다. 그때 들 가운데 소나무 위에서 파랑새 한 마리가 이렇게 울었다.

"휴제 화상(休醍 和尙)[3]."

그러더니 홀연히 사라지고 보이지 않았다. 그 소나무 아래에는 가죽신 한 짝만이 놓여져 있었다.

절에 도착하여 법사는 관음상이 앉은 그 자리 아래 다른 가죽신 한 짝이 있음을 보았다. 그때서야 알 만했다. 앞서 만난 여자들이 바로 성녀(聖女)이며 진신(眞身)이라는 사실을. 이 때문에 그때 사람들이 '관음송(觀音松)'이라 불렀다.

법사가 굴에 들어가 진신의 모습을 보고자 했으나, 풍랑이 크게 일어 들어가지 못하고 갔다.

범일과 정취보살

한참 뒷날의 일이다. 굴산조사(堀山祖師) 범일(梵日)이 태화(太和) 연간(827~835년)에 당나라에 들어가 명주(明州)의 개국사(開國寺)에 이르렀다. 왼쪽 귀가 잘린 한 어린 스님이 여러 승려들의 말석에 앉아 있다가 범일 스님에게 말을 걸었다.

"저 또한 같은 향리 사람입니다. 집은 명주계의 익령현 덕기방인데, 스님이 다음에 본국으로 돌아가시거든 저희 집을 찾아가 주십시오. 그리고 제 집 한 채 만들어 주시겠어요?"

그 후 범일은 법회자리를 두루 돌아보고 염관(鹽官)에서 법을 얻었다.[4] 회창(會昌) 7년은 정묘년(847년)인데, 고향으로 돌아와 먼저 굴산사를 창건하고 가르

---

3) [역주] 빈자리에 '호(醐)'를 넣으면 될까 한다. '제호'의 본디 뜻은 뛰어난 스님이다. 아마도 이 새 울음은, "제호화상은 그만두시라"는 뜻일 것이다. 제호화상은 원효를 가리키지만, "잘난 스님은 그만두시오"라는, 약간 비아냥조로 받아들이면 될 듯하다.

4) 이 일은 본전(本傳)에 두루 실려 있다.

침을 전하였다. 대중(大中) 12년은 무인년(858년)인데, 2월 15일 밤에 꿈을 꾸었다. 옛날 보았던 어린 스님이 창밖에 이르러 말하는 것이었다.

"지난날 명주 개국사에서 스님과 약속하였습니다. 기꺼이 응낙을 하시고도 어찌 이렇게 늦으십니까?"

범일조사는 깜짝 놀라 깨었다. 제자 수십 명을 데리고 익령 근처에 이르러 그 거처를 찾는데 낙산사 아래에 살고 있었다. 이름을 물으니 과연 덕기였다. 그 여자는 아들 하나를 데리고 있었다. 나이 여덟 살인데, 마을의 남쪽 돌다리 가에 나가 놀았다. 아들이 어머니에게 말했다.

"제가 함께 노는 아이 중에 금색동자가 있어요."

어머니가 이 사실을 조사에게 말하니, 조사는 놀라 기뻐하며 아들과 함께 그가 논다는 다리 아래로 갔다. 물속에서 석불 하나를 찾아 꺼내 보니, 왼쪽 귀가 잘린 모습이 전에 보았던 어린 스님과 같았다. 곧 정취보살의 불상이었던 것이다.

간자를 뽑아 집 지을 곳을 점쳐 보았다. 낙산사의 위쪽이 좋겠다는 점괘가 나왔다. 이에 세 칸짜리 집을 지어 그 불상을 모셨다.[5]

관음상과 보물의 행방

백여 년의 세월이 흘렀다. 들불이 이어져 이 산에까지 번졌는데, 유독 두 성전만큼은 재앙을 면하였으나 나머지는 모두 타 버렸다.

서산의 큰 전쟁[6] 이래, 계축년(1253년)과 갑인년(1254년) 사이에, 두 성인의 진용과 두 개의 보물 구슬은 양주성으로 옮겼다. 대병이 와서 공격이 매우 심하고 성이 곧 함락될 것 같자, 주지인 아행(阿行) 선사[7]는 은합에 두 보물을 가득 담아 가지고 달아나려 했다. 이때 걸승(乞升)이라는 절의 노비가 빼앗아 땅속 깊이 묻고 서원하였다.

---

5) 옛 책에는 범일의 이야기가 앞에 실리고 의상과 원효 두 스님은 뒤에 있다. 그러나 의상과 원효의 일은 당 고종(649~683년) 때에 있었고, 범일은 회창(841~846년) 이후에 있어서 그 거리가 170여 년이다. 그러므로 여기서는 앞에다 편차했다. 어떤 이는, "범일이 의상의 문하이다"라고 하는데, 매우 잘못된 말이다.

6) [역주] 몽고와의 전쟁을 가리킨다.

7) 옛 이름은 희현(希玄)이다.

"제가 전쟁에서 죽음을 면치 못하면, 두 보물은 끝내 세상에 나타나지 않아, 사람들이 알지 못할 것입니다. 그러나 만일 죽지 않으면, 두 보물을 꼭 나라에 바치겠습니다."

갑인년 10월 22일에 성은 함락되었다. 아행 선사는 죽었는데, 걸승은 살아났다. 군사들이 물러간 다음, 땅을 파고 꺼내어 명주도의 감창사에게 바쳤다. 그 때 낭중(郎中) 이록수(李祿綏)가 감창사였는데, 받아서 감창고에 수장하고 대대로 전수하였다.

무오년(1258년) 11월에 이르러 불교계의 원로인 기림사의 주지 각유(覺猷) 대선사가 왕에게 청하였다.

"낙산사의 두 구슬은 국가의 신령스러운 보물입니다. 양주성이 함락될 때 절의 노비 걸승이 성 가운데 묻었다가 군사들이 물러나자 감창사가 거두어 지금은 명주의 창고에 수장하고 있습니다. 지금 명주성이 거의 지키지 못할 지경입니다. 마땅히 궁중으로 옮겨 모셔야 할 것입니다."

왕은 그렇게 하라고 윤허하였다. 야별초 열 사람이 걸승을 데리고 출발하여, 명주성에서 가지고 와 궁 안에 모셨다. 그때 일을 한 열 사람은 각각 은 1근과 쌀 5석을 상으로 받았다.

조신의 꿈

옛날 신라시대 때였다. 세규사(世逵寺)[8]의 장사(莊舍)가 명주의 내리군(㮳李郡)[9]에 있었는데, 본사에서 승려인 조신을 보내 책임자로 삼았다.

조신이 장사에 도착하여 일을 시작하였다. 그런데 강릉 태수 김흔공의 딸을 매우 좋아하게 되었다. 여러 번 낙산사의 부처님 앞에 나아가, 은근히 행운이 돌아오기를 기도하였다. 그러기를 여러 해였다. 태수의 딸은 배필을 정하고 말았다. 조신은 다시 낙산사에 가서 부처님이 자신의 소원을 이루어 주지 않았음

---

8) 지금의 흥교사이다.

9) 『지리지』를 살펴보니 명주에는 내리군이 없고 내성군(㮳城郡)만 있다. 본디 내생군(㮳生郡)으로, 지금의 영월이다. 또 우수주(牛首州)가 관할하는 현에 내령군(㮳靈郡)이 있거니와 본디 내사군(㮳已郡)이고, 지금의 강주(剛州)이다. 우수주는 지금의 춘주(春州)이다. 이제 내리군이 어디를 말하는지 잘 모르겠다.

을 원망하였다. 울며 눈물 흘리며 저물 무렵에 이르렀는데, 사모하는 정이 사무치다 못해 잠깐 사이 선잠이 들었다.

홀연한 꿈이었다. 김씨 아가씨의 모습이 문 안으로 들어와 나타나지 않는가? 눈부신 모습으로 입을 열어 말하였다.

"저는 일찍부터 그대의 모습을 훔쳐보아 왔습니다. 마음으로 사랑하였구요. 잠시도 잊어 본 적 없는데, 부모님께서 억지로 다른 사람에게 가게 하였습니다. 이제 그대와 한집에 살며 벗하고자 왔습니다."

조신은 엎어질 듯이 기뻤다. 함께 고향 동네로 가서 40여 년을 살았다.

그러나 식구는 다섯인데 집이라곤 네 벽뿐이요, 먹고살 양식조차 마련하지 못하였다. 혼이 나간 채 사방으로 호구책을 마련하러 다니기를 10여 년이었다. 들판을 떠돌아다니다 옷은 해져 누더기가 되어 몸 하나 가리지 못하였다. 마침 명주의 게고개를 넘어가다 열다섯 살짜리 큰아이가 굶주리다 못해 죽고 말았다. 통곡하며 길가에 묻었다.

남은 네 식구가 우곡현[10]에 이르러 길가에다 띠풀을 엮어 집을 지었다. 부부는 늙고 병들었다. 굶주려도 어쩔 방도가 없었다. 열 살짜리 딸아이가 구걸을 하러 다녔는데, 마을에서 개에게 물려 부모 앞에 누워 고통을 호소했다. 눈물이 줄줄 흘렀다.

창졸간에 부인이 눈물을 닦으며 말했다.

"제가 처음 당신을 만났을 때에는 얼굴색이 곱고 나이도 어렸으며 입은 옷도 예뻤습니다. 좋은 음식이 있거든 당신과 나누고, 얼마 안 되더라도 따뜻한 옷이면 당신과 함께 입었지요. 이렇게 살아온 지 50년, 정들어 가까워졌으며 사랑하기 그지없어 도타운 인연이라 할 만했습니다.

하지만 요 몇 년 사이, 쇠약하고 병들기 해마다 심하고, 춥고 배고프기 날마다 팍팍하기만 합니다. 곁방에 장종지 하나 구걸하자 해도 사람들은 받아들여 주지 않고, 집집마다 돌며 부끄러움의 무게가 산과 언덕만큼이나 되었습니다. 아이들은 얼어 죽고 굶어 죽으니 살아 나갈 겨를도 없는데, 부부간에 사랑이며 즐거운 마음이 들기나 하겠습니까?

———
10) 지금의 우현(羽縣)이다.

108

고운 얼굴 아름다운 미소도 풀 위의 이슬이요, 지란(芝蘭) 같은 약속도 바람에 날리는 버드나무 꼴입니다. 당신은 내가 있어 거치적거리고, 나는 당신 때문에 근심만 많을 뿐, 지난날의 기쁨은 적이 근심과 고통으로 자리를 내주었군요. 당신이나 나나 어찌 이다지 극심한 지경에 이르렀단 말입니까? 뭇 새가 함께 주리기보다 차라리 외짝 난새가 마주 볼 거울을 가지는 게 낫겠지요.

별 볼 일 없으면 버리고 됐다 싶으면 들러붙는 것이 사람 마음으로 감당 못할 일, 그러나 가고 말고 사람의 뜻대로 안 될 일이요, 헤어짐과 만남 또한 운수가 있으니, 청컨대 이쯤 헤어지자 합니다."

조신은 이 말을 듣고 매우 기뻐하였다. 각각 두 아이씩을 데리고 떠나려다 부인이 덧붙였다.

"저는 고향을 찾아가려 합니다. 당신은 남쪽으로 가세요."

손을 놓고 길을 가려다 조신의 눈이 떠졌다.

희미한 등불만 빛을 토하는데, 밤은 완연 깊어 있었다. 아침이 되어 수염이며 귀밑머리가 하얗게 센 것을 알게 되었다. 망망히 세상사는 뜻이 없어지고, 이미 수고로운 인생에 지쳐 마치 백년 고생을 다한 기분이었다. 그러나 탐욕스러운 마음은 얼음 녹듯 사라지는 것이었다. 잠잠히 부처님의 얼굴을 바라보았다. 참회하는 마음 끝이 없었다.

문득 게고개에 묻은 아이 생각이 나 가서 파 보니 돌 미륵상이 나왔다. 물로 깨끗이 씻어 가까운 절에 모셨다. 서울로 돌아와 장사의 직분을 내놓고, 개인 재산을 다 털어 정토사(淨土寺)를 창건하고, 부지런히 수행을 하였다. 뒤에 어찌 세상을 마쳤는지 아무도 모른다.

의론해 본다.

이 전기를 읽다가 책을 덮고 따져 보니, 이것이 어찌 조신에게만 있을 꿈이겠는가? 이제 모든 사람이 세상의 즐거움만 알아서 흥청거리기도 하고 뭔가 해 보려고도 하는데, 이는 특별한 깨달음이 없기 때문이다.

노래를 지어 경계해 본다.

　좋은 시간 금세, 마음은 어느새 시들고

근심은 슬며시 늙은 얼굴에 가득
이제 다시 메조밥 짓다 깨닫던 이야기 들추지 않아도
수고로운 인생 일순간 꿈인 걸 알겠네
제 한 몸 치장하는 데 먼저 정성을 들이지
홀아비는 아리따운 여자를, 도둑은 물건을 꿈꾼다네
가을이 오고 맑은 밤 꿈에
때때로 눈 감으면 청량 세계에 이르는 것만 할까

오대산의 오만 개 진신

자장과 문수보살 그리고 월정사

산중에 있는 『고전(古傳)』을 살펴보면 이렇다.

"이 산을 문수보살이 머문 곳이라고 처음 적은 이는 자장법사이다."

먼저 법사가 중국 오대산의 문수진신을 뵙고자 한 것은 선덕왕 때인 정관 10년 병신년(636년)[11]이다.

당나라에 들어가자마자 중국의 대화지(大和池)가 문수 석상이 있는 곳에서 경건히 7일간 기도를 드렸다. 문득 꿈에 부처가 나타나 4구(句)로 된 게(偈)를 주었다. 깨어나서 기억은 되는데, 모두 산스크리트어여서 어떻게 해독할지 몰랐다. 다음 날 아침, 홀연히 한 승려가 나타났다. 그는 붉은 비단에 금점이 박힌 가사한 벌과 부처의 바리대 하나, 부처의 머리 뼈 한 조각을 가지고 법사의 곁으로 와서 물었다.

"무슨 일로 그렇게 멍하니 계시는가?"

"꿈에 4구 게를 받았으나 산스크리트어라 해석하지 못하고 있소이다."

승려는 다음과 같이 번역해 주었다.

"가라파좌낭시(呵囉婆佐曩是)는 '모든 법을 알았다', 달예치거야(達隷哆佉野)는 '본디 성품은 아무것도 가진 게 없다', 낭가희가낭(曩伽呬伽曩)은 '이와 같이 법성

---

11) 당나라 승전(僧傳)에는 12년이라 하였다. 여기서는 삼국의 본사에 따른다.

(法性)을 풀면', 달예노사나(達隸盧舍那)는 '곧 노사나불을 보게 되리라'는 뜻이오."

그러면서 가지고 왔던 가사 등을 주면서 부탁했다.

"이것은 본디 우리 스승 석가모니께서 쓰시던 도구들이오. 그대가 잘 지키시오."

또 말했다.

"그대 나라의 북쪽 명주 경계에 오대산이 있소. 만 명의 문수보살이 거기에 늘 계시지. 그대는 가서 뵙도록 하시오."

말을 마치자 보이지 않았다. 두루 찾아보았으나 빈 자취뿐이었다. 동쪽으로 돌아오려 할 때 대화지의 용이 나타나 재를 올리기를 청하므로, 7일간 공양하였더니 알려 주었다.

"지난번 게를 번역해 주던 승려가 곧 문수진신입니다."

부탁을 받아 절을 짓고 탑을 세운 일은 다른 전기에 모두 실려 있다.

법사가 진관(眞觀) 17년(643년)에 와서 이 산에 이르러 3일 동안 진신을 뵙고자 했으나, 어둡고 흐려 이루지 못하고 돌아갔다. 다시 원녕사(元寧寺)에 있으면서 드디어 문수를 뵈었다. 그러다 칡덩이가 얽힌 깊은 산으로 갔으니, 지금 정암사(淨嵓寺)가 바로 그곳이다.[12]

뒷날이다. 신의(信義) 스님은 곧 범일(梵日)의 제자인데, 자장법사가 쉬던 곳을 찾아와서 암자를 짓고 살았다. 신의가 죽자 암자 또한 오래도록 버려져 있었다. 수다사(水多寺)의 장로 유연(有緣)이 다시 지어 살았다. 바로 지금의 월정사(月精寺)이다.

보천과 효명 태자

자장법사가 신라로 돌아온 정신대왕(淨神大王) 때, 태자 보천(寶川)과 효명(孝明) 두 형제[13]가 하서부(河西府)[14]에 이르러 세헌(世獻) 각간(角干)의 집에서 하루를 머물고, 다음 날 대관령을 넘었다. 각각 1천 명씩의 무리를 이끌고 성오평(省烏坪)에 이르러 며칠간 놀며 다녔다.

───
12) 별전(別傳)에도 실려 있다.

그러던 어느 날 저녁이었다. 형제 두 사람이 은밀히 이 세상에서 벗어날 뜻을 약속하더니, 다른 사람이 알지 못하게 빠져나와 몰래 오대산[15]으로 들어갔다. 모시던 사람들은 어디로 갔는지 알지 못한 채 서울로 돌아갔다. 두 태자가 산중에 이르자 푸른 연꽃이 피어났는데, 그곳에서 형은 암자를 짓고 머물렀다. 여기를 보천암(寶川庵)이라 한다. 이곳에서 동북쪽을 바라보고 6백 보쯤 간 곳이 북대(北臺)인데, 남쪽 기슭에도 푸른 연꽃이 핀 곳이 있었다. 동생 효명태자가 암자를 짓고 머물렀다.

제각기 부지런히 수련하면서 하루는 다섯 봉우리에 올라가 예불을 드렸다. 동대(東臺)는 만월산인데 1만 명의 관음진신이 나타나고, 남대(南臺)는 기린산인데 여덟 분 큰 보살을 우두머리로 1만 명의 지장보살이, 서대(西臺)는 장령산인데 무량수여래를 우두머리로 1만 명의 대세지보살이, 북대는 상왕산인데 석가여래를 우두머리로 5백 명의 대아라한이, 중대(中臺)는 풍로산 또는 지로산인데 비로자나불을 우두머리로 1만 명의 문수보살이 있었다. 이와 같은 5만 명의 진신에게 일일이 예불을 드렸다.

매일 아침 인시(寅時)에 문수대성이 지금 상원사(上院寺)인 진여원(眞如院)에 이르러 서른여섯 가지 종류의 모습으로 변하여 나타났다.

어떤 때는 부처의 얼굴로 나타나고, 어떤 때는 보배스러운 구슬로, 부처의 눈

---

13) 『국사』를 살펴보니, 신라에는 정신, 보천, 효명 3부자가 분명히 실린 글은 없다. 그러나 이 기록의 다음은 이렇다. "신룡 원년에 터를 닦아 절을 세웠다." 신룡은 곧 성덕왕 즉위 4년 을사년(705년)이다. 성덕의 형 효조(孝照)는 이름이 이공(理恭)이고, 이홍(理洪)이라고도 하는데, 신문왕의 아들이다. 신문 정명왕은 자가 일조(日照)이니, 정신은 정명 신문왕의 잘못인 듯하다. 효명은 곧 효조 또는 효소(孝昭)의 잘못이다. 「기(記)」에서, "효명이 즉위하던 신룡년에 터를 닦아 절을 세웠다"는 것도 자세히 살핀 말은 아니다. 신룡년에 절을 세운 이는 성덕왕이다.

14) 지금 명주에도 하서군이 있는데 이곳이다. 어떤 이는 하곡현(河曲縣), 지금 울주군이라 하나 잘못이다.

15) 『고기』에서, "태화 원년은 무신년(648년)인데, 8월 초에 왕이 산중에 숨었다"고 하나 이 글은 크게 잘못된 것이다. 효조 또는 효소왕을 살피건대, 천수 3년 임진년(692년)에 즉위할 때 나이가 16세였고, 장안 2년 임인년(702년)에 돌아가실 때 나이가 26세였다. 성덕왕은 이해에 즉위하였거니와 나이는 22세였다. 그렇다면 '태화 원년 무신년'은 효조왕 즉위 갑신년보다 앞서는데 무려 45년이나 지나치니, 곧 태종 문무왕 때이다. 이 때문에 이 문장이 잘못된 것을 알 수 있어서 채택하지 않는다. [역주] 여기서 '태화'는 진덕여왕 때 쓰던 신라의 연호로, 원년은 정미년(647년)이다.

형태로, 부처의 손 형태로, 보배스러운 탑의 형태로, 부처의 머리 형태로, 온갖 등의 형태로, 금빛 나는 다리 형태로, 금빛 나는 북의 형태로, 금빛 나는 종의 형태로, 신통한 모습으로, 금빛 나는 누각의 형태로, 금빛 나는 바퀴의 형태로, 금강저(金剛杵)의 형태로, 금빛 나는 옹기 형태로, 금빛 나는 비녀의 형태로, 다섯 빛깔의 광명 형태로, 다섯 빛깔의 원광 형태로, 길상초(吉祥草)의 형태로, 푸른 연꽃의 형태로, 금빛 나는 밭의 형태로, 은빛 나는 밭16)의 형태로, 부처의 발 형태로, 번개 치는 형태로, 여래가 솟아오르는 형태로, 지신(地神)이 솟아오르는 형태로, 금빛 나는 봉황의 형태로, 금빛 나는 새의 형태로, 말이 사자를 낳는 형태로, 닭이 봉황을 낳는 형태로, 푸른 용의 형태로, 흰 코끼리의 형태로, 까치의 형태로, 소가 사자를 낳는 형태로, 어린 돼지의 형태로, 푸른 뱀의 형태로 나타났다.

두 사람은 매번 계곡의 물을 떠다 차를 끓여 공양을 바치고, 밤에는 각자 암자에서 수련했다.

정신왕의 동생이 왕과 자리를 다투니 나라 사람들이 쫓아냈다. 장군 네 사람을 보내 산에 이르러 맞아 오려 했다. 먼저 효명의 암자에 이르러 만세를 부르자, 다섯 빛깔의 구름이 7일 동안 드리워져 덮었다. 나라 사람들이 구름을 찾아 모여들어, 왕의 의장을 벌여 놓고 두 태자를 모셔 가려 했다. 보천은 울면서 사양했다. 그러자 효명을 모시고 돌아가 왕위에 오르게 했다.

나라를 다스린 지 몇 년이 되었다.17) 신룡(神龍) 원년18)은 을사년(705년)인데, 3월 초나흗날에 처음으로 진여원을 다시 짓고, 왕이 몸소 뭇 신하들을 데리고 산에 이르러, 전당을 짓고 진흙으로 만든 문수대성의 소상(塑像)을 당 안에 모셔 두었다. 선지식을 갖춘 영변(靈卞) 스님 등 다섯 사람에게 돌아가며 화엄경을 독송케 하고, 이어 화엄사(華嚴社)를 결성하게 했다.

---

16) [역주] 금빛이나 은빛 나는 밭이란 곧 사찰을 뜻한다.

17) 「기(記)」에서는, "왕위에 20여 년 있었다."라고 하지만 아마도 죽었을 때 나이 26세를 잘못 말한 것 같다. 재위 기간은 다만 10년이었다. 신문왕의 동생이 왕위를 다투었다는 일은 『국사』에 글이 없어 잘 모르겠다.

18) 곧 당나라 중종이 복위한 해이다. 성덕왕 즉위 4년이다.

오래도록 공양할 비용으로, 매년 봄과 가을 각각 산 아래 가까운 주(州)와 현(縣)의 창고에서 쌀 1백 석과 좋은 기름 1석을 내도록 했다. 이것은 언제나 지켜야 하는 규칙이었다. 진여원에서 서쪽으로 6천 보쯤 가서 모니점(牟尼岾) 고이현(古伊峴) 밖까지 땔나무 할 15결(結), 밤나무 밭 6결, 그리고 좌위(坐位) 5결로 새로 장사(壯舍)를 만들었다.

보천태자는 늘 그 영험스러운 골짜기의 물을 길어다 마셨으므로, 늘그막에는 육신이 공중으로 날아가, 유사강(流沙江) 밖 울진국(蔚珎國)의 장천굴에 이르러 멈추었다. 『수구다라니경(隨求陁羅尼經)』을 외는 것으로 하루 일과를 삼았더니, 굴의 신이 나타나 말했다.

"내가 굴의 신으로 지낸 지 2천 년이오. 오늘에야 비로소 수구진전(隨求眞詮)을 들었는데, 보살계를 받고자 하오."

보살계를 주고 난 다음 날, 굴은 자취도 없이 사라졌다. 보천은 놀라며 20일을 머물다, 오대산 신성굴로 돌아와 또 50년을 수련했다. 도리천(忉利天)의 신이 하루 세 번에 걸쳐 설법을 들었고, 정거천(淨居天)의 무리가 차를 끓여 바쳤으며, 40명의 성인은 10척(尺)쯤 공중에 떠서 언제나 지켜 주었다. 가지고 있는 지팡이가 하루에 세 번 소리를 내며 세 번씩 방을 둘러싸고 돌아 이것을 종과 경쇠로 삼고 때를 따라 수련했다. 어떤 때는 문수보살이 물을 길어 보천의 이마에 붓고, 「성도기별(成道記莂)」[19]을 주었다.

보천이 입적하던 날에 기록을 남겼다고 한다. 뒷날 산중에서 나라에 도움을 줄 만한 일들이었다.

오대산의 큰 절들
"이 산은 곧 백두산의 큰 맥이다. 각각의 대(臺)는 진신이 늘 계시는 곳이다.

푸른색 방향인 동대의 북쪽 모서리 아래, 북대의 남쪽 기슭 끝에 관음방(觀音房)을 두고, 둥근 모습의 관음보살과 푸른 바탕에 1만 관음상을 그려 모셔 두라. 복전(福田)[20] 다섯 사람이 낮으로는 8권의 『금경』·『인왕경』·『반야경』·『천수주』

를 읽고, 밤으로는 『관음경』 예참(禮懺)을 염송하라. 원통사(圓通社)라 부른다.

붉은색 방향인 남대의 남쪽 방향에 지장방(地藏房)을 두고, 둥근 모습의 지장보살과 붉은 바탕에 8대 보살을 그려, 1만 지장상의 우두머리로 삼아 모셔 두라. 복전 다섯 사람이 낮으로는 『지장경』·『금강경』·『반야경』을 읽고, 밤으로는 『점찰경』 예참을 염송하라. 금강사(金剛社)라 부른다.

흰색 방향인 서대의 남쪽 방향에 미타방(彌陀房)을 두고 둥근 모습의 무량수불과 흰색 바탕에 무량수 여래를 그려, 1만 대세지보살의 우두머리로 삼아 모셔 두라. 복전 다섯 사람이 낮으로는 8권의 『법화경』을 읽고, 밤으로는 『미타경』 예참을 염송하라. 수정사(水精社)라 부른다.

검은색 방향인 북대의 남쪽에 나한당(羅漢堂)을 두고, 둥근 모습의 석가와 검은 바탕에 석가 여래를 그려, 5백 나한의 우두머리로 삼아 모셔 두라. 복전 다섯 사람이 낮으로는 『불보은경』·『열반경』을 읽고, 밤으로는 『열반경』 예참을 염송하라. 백련사(白蓮社)라 부른다.

노란색 방향인 중대의 진여원에 진흙으로 만든 문수보살의 부동상을 모시고, 또 뒷벽에다 노란 바탕에 비로자나불을 그려, 36화형(化形)의 우두머리로 삼아 모셔 두라. 복전 다섯 사람이 낮으로는 『화엄경』·『육백 반야경』을 읽고, 밤으로는 문수보살 예참을 염송하라. 화엄사(華嚴社)라 부른다.

보천암을 다시 화장사(華藏寺)라 이름 짓고, 둥근 모습의 비로자나 세 분과 대장경을 모셔라. 복전 다섯 사람이 『문장경』을 읽고 밤으로는 화엄신중을 염송하며, 매년 1백 일간 화엄회(華嚴會)를 열라. 법륜사(法輪社)라 부른다.

이 화장사를 다섯 군데 사(社)의 본사로 삼고 굳건히 지켜라. 정행(淨行) 복전에게 시켜 길이 향불을 피우게 하면, 국왕은 오래 사시고 백성은 편안하며, 문무가 화평하고 백곡이 풍성히 열리리라. 또 하원(下院)에 문수갑사(文殊岬寺)를 마련해 절이 모두 모이는 장소로 삼고, 복전 일곱 사람이 밤낮으로 화엄신중 예참을 행하라.

이 일의 서른일곱 사람이 쓰는 비용과 옷값은 하서부 안 여덟 주의 세금에서

---

20) [역주] 부처님과 부모를 공경하고, 임금의 덕을 칭송하며 가난한 이를 도우는 목적으로 복전을 한다. 이를 맡은 승려가 복전승이다.

충당하여 네 가지 일의 자금으로 써라. 대대로 군왕이 잊지 않고 지켜 준다면 다행이겠다."

제 2장

경주에서 1박 2일

▲ 포항

⑦

925

▲ 포항

⑭

925

● 무장사 터

▲▲
경주국립공원
소금강지구

김유산 장군묘

대릉원

● 분황사

보문관광단지

첨성대   황룡사지

● 진평왕릉

경주세계문화
엑스포공원

④

무열왕릉

● 신무왕릉

④

● 포석정

▲▲
토함산

● 석굴암

IC 경주

① 경애왕릉

▲▲
남산

⑦

卍
불국사

㉟

▲▲
금오산

▼ 언양·부산

▼ 울산

경주 1박 2일 코스

분황사 우리는 분황사에서 분황사가 아니라 분황사의 사람을 만난다. 가만 귀를 기울이면 이야기로 담긴 저들의 말소리가 들려온다. 다가오는 발자국 소리가 가뿐하다. **왕릉** 안으로는 왕릉의 위용과 기품을 잃지 않으면서도, 소담하고 온화하고 유순한 사람의 인품이 우러나오는 듯한 정서가 있는 왕릉. 시인 박노해가 진평왕릉을 두고 한 말이다. **남산** 남산에서 만나는 마애불. 간단한 선으로 얼굴과 옷 주름을 그린 것들에서 점차 입체성을 띤 쪽으로 나아가는 마애불까지 다양하다. **무장사 터** 무장사 가는 길은 험한 데가 더러 있고, 크고 작은 돌들로 뒤덮여 걷기가 쉽지 않다. 그러나 아름다운 숲길은 어디서도 보기 힘든 절경이다.

I

경주를 여는 첫 단추
─분황사

경주에 갈 때마다 먼저 찾는 곳이 분황사다. 절도 절이지만 분황사 정문에서 황룡사 터 쪽을 바라보는 즐거움과 그 뜻이 각별하기 때문이다.

신라 천년의 수도 경주의 일곱 가람 가운데 하나였던 곳이다. 왕족 출신의 승려 자장(慈藏)이 중국 유학을 마치고 돌아와 선덕왕의 후원 아래 한껏 멋 부려 지은 절이다. 그러나 그 같은 위용이 분황사를 찾게 하는 까닭은 아니다. 칠대가람(七大伽藍)으로 꼽히던 분황사의 위용은 사라진 지 오래다.

언제였을까, 처음 분황사를 찾았을 때, 겨우 흔적을 남기려 힘겹게 서 있는 모전석탑과, 추녀 끝에 물도 떨어뜨리지 못할 휘어진 지붕의 가녀린 절집 몇 채만이 내 눈을 초라하게 하였다. 이것이 정녕 칠대가람의 위용이란 말인가.

지금도 분황사는 초라한 내 첫 경험의 거기에서 하나도 달라진 바 없다. 경주의 시가지와 낮은 집들이 이어지는 주택지를 벗어나, 보문관광단지로 가는 큰길의 초입, 잠깐 한눈 팔고 있으면 거기가 분황사인 줄도 모르게 지나치고 마는 작은 절이다. 꽤나 신경 써야 하고, 혹 일행이라도 있으면 그들의 눈총까지 받아 가면서 머물러야 하는 곳이다.

그럼에도 불구하고 분황사는 경주를 여는 첫 단추이다.

반월성에서 시작하는 옛 경주는 그 앞으로 주거지가 형성되었고, 한가운데 황룡사를 두었다. 그 축의 마지막이자 시작이 분황사다.

빈터에
서서

아쉽게도 반월성과 황룡사가 이제 터만 남은 채이다. 그러나 다행히 분황사에는 거듭 짓기를 되풀이하다 이제 본디 모습에서는 아주 멀어졌을 몇 간 절집이라도 서 있고, 구운 벽돌처럼 돌을 깎아 쌓아 올린 특이한 석탑도 요행히 3층까지는 남았다. 그래 거기 서서 옛 서울 경주의 희미한 자취를 다시 그려 보는 출발점으로 삼는 것이다.

반월성과 황룡사 터, 그리고 분황사는 경주를 관광하는 사람들에게 자칫 실망을 안겨 줄지 모른다.

허허벌판에 들어서자면 심심하고 무덤덤할 뿐이다. 그런데 거기에 신라 서울의 고갱이가 있다. 아는 만큼 보인다 하지만 본 만큼 알게 된다는 말이 도리어 맞을 듯하다. 이곳이야말로 적어도 그렇다.

분황사 당간지주 허허벌판에 들어서자면 심심하고 무덤덤할 뿐이다. 그런데 거기에 신라 서울의 고갱이가 있다. 아는 만큼 보인다 하지만 본 만큼 알게 된다는 말이 도리어 맞을 듯하다. 이곳이야말로 적어도 그렇다.

또 한 번 참담해질 마음을 억누르고, 건물로든 탑으로든 무엇 하나 성하지 않은 분황사부터 들러 보자.

나는 거기서 쓰러진 전각을 세우고 탑을 일으키고 담을 둘러친다. 내 마음의 스카이라인을 그려 거기에 끝내 어떤 형상이 떠오르는지 스스로에게 묻는다. 설계도도 없는 이 공사는 위태롭기 짝이 없다. 그러나 참고 기다려 서서히 드러나는 모습을 보는 안개 걷히는 상쾌한 아침이 있다.

그리고 마지막 남은 일 하나.

거기에 옛 신라 사람들이 오가는 것을 상상한다. 우리에게는 이 사람들을 찾을 수 있는 일연의 『삼국유사』가 있다. 이 책에 의존한

모의 **황룡사 탑** 구층탑은 선덕여왕 5년 곧 636년에 세워졌다. 신라가 신라로서 격을 갖추어 가고, 덩그마니 건물만인 황룡사가 안팎 두루 풍성한 절로 거듭나는 데 결정적이었다. 경주 엑스포 전시장에 세워진 모의 황룡사 탑.

두 번째 1박 2일은 이렇게 시작한다.

　분황사에 서면 향가 가운데 「천수대비가(千手大悲歌)」로 알려진, 눈먼 어린 딸의 빛을 찾기 위해 몸부림치던 희명(希明)의 모정(母情)이 메아리쳐 들려올 듯하다. 또 설총(薛聰)이 아버지 원효(元曉)의 얼굴 조소를 만들어 이 절에 모셔 놓고 때때로 예불을 드리러 갔더니, 어느 날 그 얼굴이 아들을 향해 살짝 돌아보더란다.

　이런 이야기로 하여 분황사는 한낱 사찰이 아니라 삶의 현장으로 우리에게 다가온다.

　분황사에서 나와 바로 앞으로 펼쳐지는 황룡사 터를 산보 삼아 쉬엄쉬엄 걸어 본다. 세상의 빛을 찾아 간구하던 모녀의 노랫소리를 다시 새기면서, 그들이 본 것은 세상이 아니라 세상 너머의 빛이었으며, 아비의 상을 모시며 예불하던 아들의 가슴은 뜨거운 아비의 정으로 요동쳤으리라 상상해 본다. 한없이 낮은 곳에서 한없이 높은 데를 경험한 그들은 얼마나 행복했을까.

이 문을 나서면 그들에게는 황룡사 구층탑이 보였으리라. 이제는 분황사 당간지주만이 집 잃은 아이처럼 서서 우리를 맞지만, 거기 서린 천년 세월의 남은 향기를 맡기란 어려운 일이 아니다.

마침 해가 진 다음이다. 하루 종일 해를 받아 적당히 데워진 구층탑 주춧돌 위에 앉거나 누워도 보면서, 푸른 하늘 저편 아스라이 떠 있었을 탑의 꼭대기를 떠올려 본다. 신라는 저렇게 파란 역사를 지닌 나라이다.

황룡사를 채운 문화콘텐츠

황룡사가 처음 지어진 것은 진흥왕 때이다. 즉위한 지 14년 곧 계유년(553년) 2월의 일이었다. 『삼국유사』에서는, "용궁의 남쪽에 자궁(紫宮)을 지으려 하는데, 황룡이 거기 나타났다. 이에 고쳐서 절을 삼고 '황룡사'라 이름 지었다"라고 저간의 사정을 말해 준다. 그리고 기축년(569년)에 이르러 주위에 담을 쌓고 17년 만에 마쳤다. 대역사(大役事)였다.

우리는 이 기록을 진흥왕과 당시 신라인의 순수한 불심의 발로로만 볼 수 없다. 이토록 거대한 절을 짓자고 마음먹은 배경에는 무언가 있다.

진흥왕 14년에서 30년에 이르는 기간에 신라는 비약적인 발전을 거듭하였다. 선왕인 법흥왕이 불교를 공인하고 율령을 반포하는 등 국가로서의 체계를 갖추었다면, 이를 이어 진흥왕은 고구려와 백제에 맞먹는 크기의 나라로 신라를 일으켜 세웠다. 진흥왕은 이 것을 한껏 자랑하고 싶었다. 거창한 토목 공사의 배후에는 언제나 자랑하고 싶은 무언가가 있다.

이런 추정을 가능하게 하는 일이 하나 더 있다. 이른바 진흥왕 순수비이다.

지금까지 발견된 순수비는 모두 4개이다. 북한산비가 555년(16년), 창녕비가 561년(22년), 황초령과 마운령비가 568년(29년)에 세워졌다. 황룡사를 짓기 시작한 이태 뒤부터, 완성되기 바로 한 해 전까지 있었던 일이다. 이것은 결코 우연이 아니다. 진흥왕의 정복 욕과 과시욕이 한창 물오른 때의 소산이었다.

오늘날 역사학자는 말한다. '정복 집단의 신통한 능력과 정복사업의 위업을 자랑하고 정복지의 백성을 편안하게 해 줄 수 있다고 선전'하기 위해 순수비는 세워졌단다. 한마디로 피정복민을 회유하는 고대사회의 이데올로기라는 것이다. 맞는 말이다. 안으로는 황룡사라는 거대한 절을 짓고, 밖으로는 정복의 상징으로 순수비를 세웠다. 어느 것이나 신라의 발전을 뽐내는 일 아님이 없다.

그러나 황룡사는 왠지 허전하다. 거창한 건물은 섰으나 콘텐츠가 없었다. 마치 오늘날 지역마다 문화회관이니 박물관이니 도서관이 웅장하게 올라가도, 건물만 지었지 그 안에 채울 콘텐츠가 없어서 텅텅 비는 것과 같다.

황룡사에 채워진 콘텐츠는 네 가지였다. 일연은 『삼국유사』에 이 네 콘텐츠를 소개하려 바삐 손을 움직였다. 연좌석, 구층탑, 장륙존상, 종이 그것이다.

장륙존상이 만들어진 해가 574년, 진흥왕이 죽기 2년 전의 일이다. 인도의 아쇼카 왕도 이루지 못한 일을 '단번에 마쳤다'고 자랑스럽게 썼지만, 『삼국유사』의 이런 기록 뒷면에는 진흥왕이 완공을 위해 얼마나 서둘렀는가 짐작하게도 한다. 텅 빈 절을 채우는 한 가지 콘텐츠만이라도 진흥왕은 그의 생전에 마무리 짓고 싶었을 것이다.

구층탑이 세워지기로는 그로부터 60여 년 뒤이다. 선덕여왕이 즉위한 5년, 곧 636년이었다. 종은 다시 120여 년이 지난 경덕왕 때인 754년에야 만들어졌다.

이렇듯 세 가지 콘텐츠가 마련되는 데에 2백여 년의 세월을 필요로 했다. 이 세월은 신라가 신라로서 격을 갖추어 간 시기와 맞물리고, 덩그마니 건물만인 황룡사가 안팎 두루 풍성한 절로 거듭나는 데 필요한 시간의 길이였다. 그렇게 이룩한 공간을 신라의 다른 무엇과도 비교할 수 없어서, 일연은 『삼국유사』 안에 가장 자세히 가장 호들갑스럽게 적어 넣고 있는 것이다. 그 마음 충분히 헤아릴 만하다.

분황사에서 만난 사람 하나, 희명

황룡사가 콘텐츠라면 분황사는 스토리텔링이다. 우리는 분황사에서 분황사가 아니라 분황사의 사람을 만난다. 비록 옛 모습은 아스라하나, 가만 귀를 기울이면 이야기로 담긴 저들의 말소리가 들려온다. 다가오는 발자국 소리가 가뿐하다.

분황사 앞에서 먼저 만난 사람이 희명이라는 여자다.

신라 경덕왕 때 살았다고 할 뿐, 일연은 여자의 신분과 처지를 알려 주지 않는다. 아니 알려 줄 만한 사실이 없다는 쪽이 옳다. '빛을 바란다'는 뜻을 가진 이름조차도 『삼국유사』에 이 이야기를 싣자고 지은 가명이라 보는 이들도 있다. 외증조 할아버지가, 호적 올리러 읍사무소에 도착해서야 이름을 지었다는 우리 할머니와 다르지 않다.

다섯 살짜리 딸이 사단이었다. 멀쩡하던 아이가 갑자기 시력을 잃고 만 것이다.

그러나 한 여자에게 닥친 불행한 전말을 전하는 『삼국유사』의 기록은 뜻밖에 간단하다. "어미는 아이를 안고 분황사 왼쪽 전각의 북쪽 벽에 그려진 천수대비 앞으로 갔다. 노래를 지어 아이에게 기도하게 하였더니 드디어 눈이 떠졌다"는 것이다.

천수대비는 천 개의 눈과 천 개의 손을 가지고, 두루 세상을 살펴보면서 어려운 곳에 구원의 손길을 내민다는 관음보살이다. 볼 사람 많고 할 일 많으니 눈도 손도 천 개씩이나 필요했다. 희명은 그런 혜택을 입은 사람 가운데 하나이다.

기록이 그렇달 뿐 그 안에 담긴 절절한 사연이야 간단하지 않다. 희명이 눈먼 딸을 안고 분황사 전각 북쪽 벽으로 찾아간 까닭을 그의 순전한 불심(佛心)으로만 볼 수 없다. 그에게 부처님은 절박한

분황사 탑 앞의 우물 황룡사가 콘텐츠라면 분황사는 스토리텔링이다. 우리는 분황사에서 분황사가 아니라 분황사의 사람을 만난다. 비록 옛 모습은 아스라하나, 가만 귀를 기울이면 이야기로 담긴 저들의 말소리가 들려온다. 다가오는 발자국 소리가 가뿐하다.

순간에 찾아야 할 절박한 대상이었다. 아이의 눈이 뜨이기를 간절히 바라기만 할 뿐 그에게는 다른 방법이 없었기 때문이다. 분황사의 '왼쪽 전각 북쪽 벽'은 가여운 어미가 찾아낸 오로지 한 군데 의지할 곳이었다.

한 개 무심한 벽화를 바라보며, 눈먼 딸에게 오직 이 길밖에 없다고 울고불고했을 어미. 영문도 모르는 채 어미가 불러 주는 노래를 따라 했을 시련의 딸. 그때 불렀다는 노래가 「천수대비가」라던가.

간절한 모정이 겹쳐지는 광경 앞에 나는 잠시 말문이 막힌다.

무릎이 헐도록
두 손바닥 모아
천수관음 앞에
빌고 빌어 두노라

일천 개 손 일천 개 눈
하나를 놓아 하나를 덜어
둘 없는 내라
한 개사 적이 헐어 주시려는가

아, 나에게 끼치신다면
어디에 쓸 자비라고 큰고

눈먼 딸의 손을 잡고 분황사에 들어서는 어미는 북쪽 벽으로 간

──
분황사 탑 천수천안대비상이 그려져 있었다는 분황사의 '왼쪽 전각'은 지금 남아 있지 않다. 비록 반 이상 제 모습을 잃었지만 탑만이 자리를 지킨다. 석가탄신일을 맞아 단 등불이 외로움을 달래 줄 뿐이다.

다. 거기에 천 개의 눈과 천 개의 손이 그려진 관음보살상이 있다. 어미는 지금 천 개의 눈 가운데 단 하나가 탐날 뿐이다. 딸에게 부르게 한 노래 가운데, "일천 개 손 일천 개 눈 / 하나를 놓아 하나를 덜어" 달라고 애원하는 대목이 바로 그 마음이다.

그런데 관음보살은 저 많은 눈으로 세상을 두루 보고, 저 많은 손으로 두루 구제한다 했지, 정작 눈을 준다 하지는 않았다. 그러나 지금 희명에게는 바로 그 눈이 필요하다.

그리하여 노래는 이어진다.

"둘 없는 내라 / 한 개사 적이 헐어 주시려는가."

넘어설 수 없는 선만 그어 놓은 채, 어미의 마음은 이미 제 손으로 벽화에서 눈 하나를 떼 오기 직전이다. 자비라면 어디에 쓰려고 나를 외면하시냐는 마지막 부분에 이르면 이미 절규에 가깝다.

다행히도 이 절규의 끝은 행복하다. 딸이 빛을 다시 찾았기에 그렇다.

어미는 딸의 광명을 바라고 왔으므로 이름마저 희명이 되었지만, 어미와 딸이 손잡고 피눈물 흘린 자리 끝에, 그들은 세상의 빛만 얻지는 않았을 것 같다. 어쩐지 마음의 눈까지 달고 제 집으로 돌아가는 모녀의 그림자가 어른거린다.

천수천안대비상이 그려져 있었다는 분황사의 '왼쪽 전각'은 지금 남아 있지 않다. 그 자리쯤일까, 절의 스님들이 심어 놓은 야생화가 철마다 제 꽃을 피운다.

분황사에서 만난 사람 둘, 설총

분황사에서 한 사람만 더 만나자면 원효의 아들 설총이다.

설총이야 앞서 만난 희명에 비한다면 지체도 높고 이름도 널리 알려져 있어 긴 소개가 필요치 않다. 그는 무슨 일로 분황사를 찾은 것일까?

마구간이 탄생의 자리였던 이는 저 유대 나라의 구세주였거니와, 밤나무에 지아비의 옷을 걸어 놓고 그 안에 들어가 몸을 푼 지어미를 어머니로 둔 이가 원효다. 출생도 그렇게 지극히 낮더니, 승려의 신분으로 과부가 된 공주와 동침하여 아들을 낳은 다음부터 그의 발걸음은 언제나 아래를 향하여 있다. 그리하여 독 짓는

132

옹기장이에다 심지어 원숭이 무리까지 나무아미타불을 외우게 했다고, 일연은 『삼국유사』에서 원효에 대해 극찬을 서슴지 않았다. 세상의 낮은 자리로 와서 낮은 자리의 사람들과 함께한 생애였기에 그를 뜻 깊게 본 것이다.

원효는 일세를 풍미하였으나 파란만장한 세월 속에 살다 갔다.

그런 생애를 누구보다 잘 안 사람이 아들 설총이었다. 설총은, 아버지가 죽자 유해를 잘게 부숴 얼굴 모양 그대로 만들고, 바로 이곳 분황사에 모셨다. 원효 소상(塑像)은 그렇게 만들어졌다.

그런데 이게 웬일―.

아들이 예불을 드리러 오자 소상은 홀연 돌아보았다. '지금도 바라보는 모습 그대로'라고, 일연은 마치 본 것처럼 『삼국유사』에 적었다. 누가 얼굴을 돌려놓은 게 아니라 저절로 그렇게 되었다고 믿는 태도가 확연하다.

아비는 아들의 무엇을 보고 싶었던 것일까? 아들에게 전할 무슨 애틋한 사연이 남았더란 말일까?

어떤 해석을 두고도 우리의 눈에는, 천하를 제 안방으로 알고 호령했던 한 사나이 또한 세상에 홀로 남긴 아들 앞에 평범한 아버지로 돌아갔다는 광경으로밖에 보이지 않는다. 실인즉 설총에게는 파계승의 아들이라는 꼬리표가 내내 따라다녔을 것이다.

일찍이 하루는 스님이 거리에서 소리 질러 노래 불렀다.

누가 자루 빠진 도끼를 주려나

내가 하늘 괴는 기둥을 자를 터인데

사람들은 뜻을 알지 못했다. 그때 태종 임금이 듣고는 말했다.

"이것은 스님이 아마도 귀부인을 얻어 현명한 아들을 낳겠다는 말일 게야. 나라에 큰 현인이 있으면 이보다 더 큰 이익이 있을라구."

때마침 요석궁에는 과부로 지내는 공주가 있었다. 임금은 궁궐 관리에게 원효를 찾아 데려오라 명하였다.

궁궐의 관리가 원효를 찾아 나섰다. 이미 원효는 남산에서 내려오다 문천교를 지나는데, 관리를 만나자 거짓으로 물속에 떨어졌다. 위아래 옷이 몽땅 젖었다. 관리는 스님을 궁으로 데려가 옷을 갈아입히고 빨아 말리게 하였는데, 그러자니 자고 가게 되었고, 이어 공주는 태기가 있었으며, 설총(薛聰)을 낳게 되었다.

『삼국유사』, '원효는 무엇에도 얽매지 않다'조에서

이것은 너무 잘 알려진 이야기이다. 당시 경주 사람치고 아니 신라 사람 누구나 이 일을 모른 이 없었겠다. 어쨌건 왕의 외손자이니 앞에 놓고 입을 열지 못했겠지만, 뒤에서 쑤군대는 소리를 이 총명한 이 또한 몰랐을 리 없다.

집을 떠난 아비는 얼굴 한번 보여 주지 않았는지 모른다. 죽어서야 비로소 아들이 만들어 준 얼굴로 아비는 아들의 얼굴을 정답게 바라보았는지 모른다.

진정으로 아비와 아들이 만나는 이 선연한 순간 ―.

분황사 마당의 약사불 새로 만들어 마당 한쪽에 모신 조그마한 약사불의 병 위에 누군가 백 원
동전 하나를 올려놓았다. 희명이 왔다 간 것일까? 장난으로만 보이지 않았다.

지금 분황사에는 요즈음 만든 원효의 영정이 모셔져 있다. 물론 설총이 만들었다는 소상은 언제 없어졌는지 소식을 알 길이 없다. 그렇다고 사무친 부자간의 정이야 사라졌겠는가.

황룡사 승려
정수 이야기

나는 『삼국유사』 가운데서 정수(正秀) 스님의 이야기를 좋아한다. 그다지 길지도 않은 이야기이다.

제40대 애장왕(800~808년) 때였다. 정수는 황룡사에서 지내고 있었다. 겨울철 어느 날 눈이 많이 왔다. 저물 무렵 삼랑사에서 돌아오다 천암사를 지나는데, 문밖에 한 여자 거지가 아이를 낳고 언 채 누워서 거의 죽어 가고 있었다. 정수가 보고 불쌍히 여겨 끌어 안고 오랫동안 있었더니 숨을 쉬었다. 이에 옷을 벗어 덮어 주고, 벌거벗은 채 제 절로 달려갔다. 거적때기로 몸을 덮고 추운 밤을 지새워야 했다.

「감통(感通)」편의 맨 마지막에 나오는 '정수 스님이 얼어 죽을 뻔한 여자를 구하다(正秀師救氷女)'조의 앞 대목이다.

구차한 설명을 붙일 것도 없다. 원체 감동스러운 모습은 우리에게 바로 다가오는 까닭이다. 이론으로서 받아들인 철학을 넘어 생활 속에서 움직이는 실천원리로 불교가 신라 사회에 자리 잡았음을, 우리는 이같이 짤막한 삽화에서 읽는다. 이것은 가장 감동적인 황룡사 스토리텔링이다.

애장왕 때라면 9세기가 막 시작할 무렵이다. 저물어 가는 나라의 분위기가 여기저기 감지되고, 정치적으로는 더욱 혼란스러워지는 때였다. 나는 앞선 책에서 이 대목에 이런 해설을 붙였었다.

> 그런 사회를 지탱해 주는 것은 저 잘난 사람들이 아니었다. 여분의 옷 한 벌 없이 살아가는 한 승려가, 돌아가 덮을 이부자리 하나 없는 처지에, 입고 있던 옷을 몽땅 벗어 주고 알몸으로 달려가거니와, 그 순간이 바로 신라 사회의 고갱이였다고 말한다면 어떨까? 기록에 나타난 '우리나라 첫 번째 스트리퍼'라고, 나는 이 대목을 농담처럼 설명하곤 한다. 그러나 그 농담 속의 진담을 아는 사람은 다 알리라.
>
> 고운기, 『우리가 정말 알아야 할 삼국유사』에서

정수는 황룡사 이 큰 절의 존재 없는 '일개 승려'였다. 조정에 나가 힘깨나 쓴다는 큰스님이 즐비하고, 절 안 곳곳 방은 얼마나 많은지, 벌거숭이로 돌아와 거적때기 덮고 잠자리에 들어도 누구 하나 알아차리지 못한다. 그런 처지에 벗어 준 옷 한 벌이었다.

오른손이 한 일을 왼손이 모르게 하라는 말은 기독교의 성서에 나온다. 그러나 세태는, 오른손이 하기도 전에 왼손이 알아주기를 바란다.

정수에게는 몰라줄 왼손조차 없었다. 그런데도 오른손이 했다.

문득 이즈음의 시민운동이 떠오른다. 그 운동을, 나는, 진솔한 인간성의 구현에 다름 아니라고 생각하고 있다. 그런 운동이라면 이미 정수 스님 같은 신라 사람이 했었다. 거기에는 그다지 많은 돈을 필요로 하지 않는다. 본디 돈을 필요로 하지 않는 것이 아니라, 시민운동은 돈이 없는 상태에서 일할 수 있는 방법을 찾아 가면서 하는 것이라고 해야 옳겠다.

정수 스님은 제가 입은 옷 한 벌을 벗었다. 그것은 그의 재산 전부였다. 모르긴 해도 그해 겨울은 유난히 추웠을 것이다.

2

산 자와 죽은 자가 어울리는 곳
—왕릉

어느 도시나 그곳을 대표하는 동네가 있다. 부산은 광복동을, 대구
는 동성로를, 광주는 충장로를 떠올리게 한다. 대전은 선화동과 은
행동이다. 군대 시절, 대전 가까운 곳에서 근무하던 내게, 일과가
끝난 다음 찾아가던 선화동의 커피 전문점을 잊을 수 없다.

　그렇다면 경상북도 경주는 어디일까?

　경주 하면 황남동이고, 황남동 하면 황남빵이다. 경주 다녀오면
서 황남빵 한 봉지 들고 오지 않으면 허전한 것이다.

　1930년대부터인가, 황남동에서 시작한 경주 특유의 빵을 일컬어
황남빵이라 하지만, 이는 사실 황남동에 빵집을 가지고 있었던 탓
에 붙여진 이름일 뿐, 신라 천년의 세월만큼이나 전통적인 먹거리
는 아니다. 그러나 이제는 경주 법주만큼 이 지역을 대표하는 상품
이 되었다.

이런 신문 기사까지 본 적이 있다.

수학여행 때에, 특정 숙박업소를 이용하는 등의 조건으로, 업자에게 금품을 받은 교장, 교감 및 교사 등이 무더기로 경찰에 적발됐다. 그런데 그들을 조사해 보니, "업주로부터 법주와 황남빵, 향응 등 130만 원 상당의 금품을 제공받은 것"이었다. 황남빵은 드디어 뇌물의 반열에 올라 있다.

그러나 황남동을 빵으로만 기억해서는 곤란하다.

황남동은 천마총 때문에 이름을 날린 대릉원의 입구가 있고, 대릉원은 경주 시내 크고 작은 왕릉들의 출발점처럼 보이는 곳이다. 적어도 황남동은 신라 왕릉의 자존심과 함께 살아 있다.

경주의 왕릉이 특이하게 다가오기로는 무엇보다 사람 사는 거리의 한가운데서 마치 산 사람과 함께하듯 서 있는 모습 때문이다. 풍수지리와 중국식 예제(禮制)가 자리 잡는 신라 중대 이후에는 왕릉이 도성에서 멀어지거나 산으로 올라가지만, 초기의 왕릉일수록 반월성을 둘러싸고 있어서, 지금은 주거지와 왕릉이 뒤섞여 있기까지 하다. 대릉원은 물론이려니와, 고분공원은 더욱 그렇다.

반월성을 출발하여 미추왕릉을 저만치 두고 걸어 본다. 낙타 등처럼 보이는 황남대총이 가을 햇살을 받아 더욱 빛난다. 그 능의 곡선은 지극히 평안하다.

박노해와 경주교도소 그리고 진평왕릉

대릉원과 고분공원에 앞서 낭산 아래 고분군을 묶어 먼저 돌아보

왔다. 이 고분군은 경주 시내에서 동쪽으로 위치한다.

시내에서 보문관광단지로 가는 4번 국도를 따라가다, 단지에 못 미쳐 지방도로로 접어들면 먼저 진평왕릉이 나온다. 이곳을 거쳐 낭산을 돌아 7번 국도를 만나게 되는데, 울산 쪽으로 조금 가다 보면 사천왕사 터가 나오고, 이 근처에 선덕여왕릉, 신문왕릉, 효공왕릉 등이 모여 있다.

시인 박노해가 진평왕(579~631년)의 능을 보고 쓴 글이 떠오른다.

안으로는 왕릉의 위용과 기품을 잃지 않으면서도, 소담하고 온화하고 유순한 사람의 인품이 우러나오는 듯한 정서가 있는 왕릉.

박 시인이 경주교도소에서 수감 생활을 하고 있을 때였다. 그에게 가해졌던 정신적·육체적 고통을 우리는 온전히 이해할 수 없다. 혁명을 꿈꾸는 소박하고 낭만적인 시인이었다고는 하나, 그의 활동이 그토록 불순하고 위협적이었다고는 생각되지 않았다. 형이 확정되고 경주로 이감되었을 때, 주변 사람들은 대부분 그의 미래를 장담하지 못했다. 그토록 서슬 푸르던 사회 분위기, 아주 못 잡아먹어서 안달이 나 있다는 느낌뿐이었다.

그는 저 담장을 걸어 나올 수 있을까. 밖에 있는 우리가 그러했으나 본인의 심정은 어떠했을지 짐작하기 어렵다.

그런 그가 옥중에 있는 동안, 면회 온 이들을 통해 한 편 두 편 새로 쓴 시를 건네주었고, 마침내 그것을 중심으로 묶어 『참된 시작』이라는 시집이 나온 것은 1993년의 세밑이었다. 구속된 지 2년 만의, 특별사면으로 풀려나기 6년 전의 일이었다. 앞서 인용한 글은 이 시집의 후기에 실려 있다. 경주 남산 자락의 형무소에 들어와, 사방에 보이는 것이라곤 흉흉한 벽뿐이거늘, 어쩌다 담 너머로 멀리 눈에 들어온 왕릉 하나가 그의 마음을 이렇게 사로잡았다.

사상범과 경주의 왕릉 —.

왠지 어색한 느낌이 없지 않다. 진평왕이라면 바야흐로 전성기 신라의 서막을 알린 왕이고, 그런 만큼 높이와 크기에서 적잖이 위세를 부렸다고 보이는데, 이 민중시인은 엉뚱하게도 딴소리를 한 것인가. 아니면 갇힌 자의 지나친 자기 연민이었을까.

미리 말하지만 나는 그의 인격과 눈을 의심하지 않는다. 위용과 기품을 잃지 않으려 했던 것은 왕과 그 측근들이었겠으나, 소담하고 온화하고 유순한 능의 스카이라인은 사람들이 만들어 준 것이다. 오랜 세월 이 능을 두고 살았을 경주 사람들이 그렇게 만들었고, 길을 가던 나그네들이 그렇게 만들었고, 갇힌 자의 마음이 그렇게 만들었다. 박노해는 그런 능을 본 것이었으리라.

그것이 어디 진평왕릉뿐이겠는가. 초가지붕의 곡선을 닮은 완만한 기울기의 왕릉들을 스쳐 지나가 보라. 경주의 왕릉은 어디나 왕이 만든 위용과 사람들이 만든 온화한 기품이 넘친다. 그러기에 능은 능이 아니라 역사의 표현이다.

경주교도소에 갇혀 있을 때의 암울한 심정을 감안하며 이 글을 곱씹어 읽어 보면, 사실 박노해는 진평왕릉을 빌려 스스로의 마음을 다잡아 보고 있었다는 느낌이다.

개에 물려 죽은
아버지의 아들

그리하여 나 또한 진평왕릉을 좋아한다. 왕릉이 아니라 사실은 왕릉 주변이다. 특히 봄에 좋다. 들판의 선연한 흙 빛깔을 배경으로 봄풀에 물이 오른다.

왕릉이야 어디나 다 그렇고 그런 크고 둥근 봉분뿐이지만, 왕릉 주변은 왕릉마다 제각기 독특한 풍경을 가지고 있는데, 진평왕릉은 한적한 보문동 들판의 한가운데 앉아 편안하기 그지없다. 멀리 강선 마을 일대 야트막한 산으로 울타리를 치고 말이다.

그런 진평왕에 대해 잠시 알아본다.

진평왕은 신라 제26대 왕이고, 열세 살에 왕위에 올라 54년을 재

임한, 신라 천년 역사에서 가장 오래 왕 노릇을 한 이이다. 할아버지 진흥왕으로부터 바야흐로 신라가 삼국의 주도권을 잡아 가는 때, 패권국가의 결정적인 주춧돌을 놓은 이이다. 그러나 왕위에 오르는 과정에서 마지막에 왕위를 딸에게 물려주기까지 파란 많은 일생을 산 이이기도 하다. 신라의 첫 여왕을 자신의 손으로 올려놓아야 했을 그의 정치 인생이 순탄할 리 없었다. 그 딸, 그러니까 신라의 첫 여왕 선덕의 왕릉은 진평왕릉에서 멀리 바라다보이는 강선 마을 쪽에 있다.

진평왕의 아버지는 개에 물려 죽었다. 진흥왕의 큰아들이요 이미 태자에 책봉된 동륜이 그의 아버지이다. 아버지를 잃었을 때 진평왕의 나이 겨우 다섯 살이었다.

동륜의 죽음을 전하는 기록은 『삼국사기』와 『화랑세기』에 나란하다. 다만 『삼국사기』가 진흥왕 33년(572년), "3월에 왕태자 동륜이 죽었다"라고만 간단히 적은 데 비해, 『화랑세기』는 세세한 과정을 우리에게 전해 준다. 이 책의 진위 여부가 아직 논란 가운데 있으므로 어느 정도 감안한 채 받아들여야 하지만, 동륜이 보명궁의 담을 넘다 큰 개에게 물려 죽었다는 것이다. 그는 왜 '담치기'를 했던가?

　사실 보명궁은 진흥왕의 후궁 보명궁주가 사는 곳이었다. 태자는 이 여자에게 반해 있었다. 아버지의 여자를 연모한 가련한 태자는 휘하 몇 사람을 데리고 담을 넘어 들어가 끝내 제 욕심을 채웠다. 그 사랑의 향기가 짙었을까, 다시 일주일 뒤 이번에는 혼자 담을 넘다 봉변을 당하고 말았다.

　태자의 죽음은 진흥왕에게 당장 정치적인 짐으로 부과되었다. 벌써 33년을 왕 노릇한 진흥왕은 지쳐 있었다. 대정복의 열화 같은 젊은 시절을 보내고, 이제 편안한 노후를 꿈꾸던 노왕으로서는 후계자를 다시 세워야 하는 골치 아픈 일에 맞부딪혔다. 순서로 치자면 손자가 있으니 그대로 올리면 되지만, 손자는 이제 겨우 다섯 살이다. 복잡한 계산 끝에 결국 둘째 아들 금륜에게로 후계 자리가 돌아갔다.

　아마도 거기서 가장 불행하기로는 뒷날의 진평왕 곧 어린 백정이었을 것이다. 아무 일 없었으면 자연스레 왕위에 오를 후계자 일순위의 그는 간데없고, 그야말로 '개죽음'당한 아버지의 아들일 뿐이었다.

진평왕에게 행인지 불행인지, 자신의 아버지가 죽은 뒤 태자가 된 삼촌은 행실이 밝지 못했다. 복잡한 정치적 이해관계 속에 삼촌은 왕위를 계승하지만, 불과 4년 만에 폐위되고 20대 후반의 아직 젊은 나이로 세상을 마쳤다. 이 삼촌이 바로 25대 진지왕이다.

진지왕에게도 어린 아들이 있었다. 그러나 왕위는 이 아들에게 이어지지 않고 진평왕에게 돌아왔다. 조카를 두고 삼촌이 왕위에 오르는 모양새가 두 번 반복된 셈이다.

놓칠 뻔했다 다시 찾은 왕위, 진평왕에게는 그런 우여곡절이 있다. 열세 살 때인 579년의 일이다.

왕의 나이가 어리자 할머니인 사도부인이 수렴청정을 했다. 그리고 다시 『화랑세기』의 기록을 살짝 들여다보면 미실이라는 전무후무할 여장부가 이 무렵의 신라 왕정을 주무르고 있었다. 기실 동륜의 죽음 이후 동생 금륜이 진지왕이 된 것도, 진지왕을 폐위시킨 것도, 동륜의 아들을 올려 그다음 왕을 잇게 한 것도 미실의 손에서 나온 작품이었다. 미실은 사도부인의 힘을 교묘히 이용하며 권력을 누렸다.

그러나 진평왕이 언제까지나 사도부인과 미실에 의해 농락당했다고 보면 오산이다. 사도부인이 진평왕에게는 비록 할머니이지만 권력은 비정한 법이다. 미실은 나이가 많았다. 권력의 정점에 올라 있었던 것이 분명해도 그것은 곧 내리막의 시작이었다.

열세 살 진평왕은 왕위에 오르자마자 동생들을 활용했다. 백반

(伯飯)을 진정갈문왕으로, 국반(國飯)을 진안갈문왕으로 삼은 것이다. 흔히 갈문왕은 왕이 되지 못한 왕의 아버지를 이르는 명칭으로 알려져 있다. 조선시대의 대원군 같은 존재이다. 이들이 갈문왕이 된 데는 사도부인의 허락이 떨어진 다음이었겠지만, 둘은 형의 좌우에서 형의 말을 충실히 듣는 심복으로 자라 갔고, 자연스레 사도부인이나 미실을 견제하는 역할을 해냈다.

제왕의 길에 빛나는 한 가지

진평왕 54년의 재위를 한 가지 이야기로 요약하는 일연의 솜씨는 놀랍다. 『삼국유사』「기이(紀異)」편의 '하늘이 내려준 옥대'조이다. 긴 재위 기간만큼이나 진평왕은 많은 업적을 쌓았는데도 모든 것을 생략한 채 한 가지 짧은 이야기만 들려주는 일연의 집필 의도는 따로 있다.

키가 무려 11척, 제석궁(帝釋宮)에 갔을 때 돌계단을 밟는데, 돌 두 개가 쪼개지는 것이었다. 진평왕은 주변의 신하들에게, "이 돌을 움직이지 말고 뒤에 오는 사람들에게 보여 주라"고 하였다. 그가 얼마나 거구이며 얼마나 힘이 셌는지 보여 주는 삽화이다. 이것을 전제한 다음 하늘이 내려 준 옥대 이야기가 이어진다.

왕위에 오른 첫해에 하늘의 사신이 궁전 뜰에 내려와 왕에게 말했다. "상황께서 나에게 옥대를 전해 그대에게 내리라 하였소." 왕이 몸소 무릎 꿇고 받자 그 사신은 하늘로 올라갔다. 교외나 종묘의 큰 제사 때 모두 이 옥대를 찼다.

『삼국유사』, '하늘이 내려준 옥대'조에서

이런 이야기가 의미하는 바는 명확하다. 왕이 하늘로부터 절대적인 권위를 부여받고 있다고 말하고 싶었겠다. 집권의 정당성인 것이다. 신라는 나라가 커 가는 만큼 내부의 권력구조도 복잡해지고 있었다. 반전에 반전을 거듭하며 왕이 된 진평으로서는 자신이 왕이 된 정당성 위에 튼튼한 권력의 구축이 필요했다. 이에 맞춤하듯 하늘이 내려 준 옥대가 등장하는 것이다.

일연은 이 이야기 하나만으로 진평왕 54년을 요약했다.

고구려의 왕이 신라를 치려다 신라의 세 가지 보물 때문에 중단하였는데, 황룡사 장륙존상과 구층탑 그리고 진평왕이 하늘로부터 받은 옥대를 들고 있다. 앞의 두 가지가 불교의 힘을 말한다면, 옥대는 신라 스스로 자랑해 마지않던 신국(神國)의 상징이다. 신국을 장악하고 비약의 발판을 마련한 왕은 옥대 하나로 저간의 모든 것이 설명된다는 것이다.

진평왕은 딸에게 왕위를 물려주고 54년의 긴 왕 노릇을 마쳤다. 다른 딸 하나는 김춘추를 낳았다. 비록 『삼국유사』에만 나오기는 하나, 셋째 딸 선화는 백제 무왕의 부인이 되었다. '딸 농사' 잘 지은 왕이었다.

삶과 죽음이
하나 된 곳

진평왕의 딸이 선덕여왕(632~646년)이거니와, 『삼국유사』에서 널리 알려진 「선덕여왕이 절묘하게 알아차린 세 가지 일」 가운데, 비교적 덜 알려진 다음과 같은 이야기를 들어 보면, 신라인들은 죽은 다음 그들이 누구이고 무엇을 하려 했는지 알게 된다.

'왕이 아직 병이 없을 때'였는데, '도리천(忉利天) 가운데 묻어 달라'고 한다. 도리천이라니, 하늘에다 묻어 달라는 말인가? 왕은 빙그레 웃으며 '도리천은 낭산의 남쪽에 있다'고 덧붙인다. 그래서 낭산 양지바른 곳에 묘를 만들었는데, 문무왕(661~680년)이 즉위하여 바로 아래 사천왕사를 짓는다.

사연인즉 이렇다. 사천왕 하늘 위에 도리천이 있다고 불경(佛經)에서는 말한다. 그러므로 선덕여왕은 자기 무덤 아래 사천왕사가 지어질 줄 알았다는 것이 된다. 정작 중요하기로는 도리천 하늘에 있으면서 후손들을 지키려는 왕의 그 정신이겠지만 말이다.

무덤 잘 써서 잘된 나라가 신라이다. 무슨 풍수지리를 말하는 게 아니다. 신라 사람들은 풍수지리에 괘념하지 않았었다. 사실 풍수지리라고 해 봐야 무덤이 말을 하고, 죽은 이가 살아 나와 도와주는 것은 아니다. 그런데 신라의 무덤에서는 소리가 울리고, 사람이 걸어 나오고, 엄청난 보물이 나오기도 했다.

아마도 가장 대표적인 이야기가 미추왕릉에서 만들어지지 않았나 싶다.

미추왕은 신라 제13대 왕이다. 김씨 성을 가진 첫 번째 왕이기도

미추왕릉 무덤 잘 써서 잘된 나라가 신라이다. 무슨 풍수지리를 말하는 게 아니다. 신라 사람들은 풍수지리에 괘념하지 않았었다. 신라의 무덤에서는 소리가 울리고, 사람이 걸어 나오고, 엄청난 보물이 나오기도 했다.

하다. 이 왕이 살아서 세운 공은 『삼국사기』에서건 『삼국유사』에서 건 별로 보이지 않는다. 도리어 죽어서 더 엄청난 일을 했다.

미추왕 다음인 제14대 유례왕(儒禮王) 때였다. 이서국(伊西國) 사람들이 금성으로 쳐들어왔다. 이서국은 지금의 경상북도 청도를 중심으로 자리 잡고 있던 나라였다.

> 신라 쪽에서 힘을 다해 막았으나 버티지 못하였는데, 갑자기 기이한 병사들이 달려와 도와주었다. 그들은 모두 귀에 대나무 잎사귀를 꽂고, 신라군과 힘을 합하여 적을 쳐부쉈다.
>
> 군사들이 물러간 다음 어디로 갔는지 알 수 없었으나, 다만 대나무 잎사귀가 미추왕의 능 앞에 쌓여 있는 것이었다. 그래서 선왕의 음덕이 공을 이루었음을 알았다.
>
> 『삼국유사』, '미추왕과 죽엽군'조에서

이런 기이한 일을 적은 끝에 일연은 미추왕릉을 죽현릉(竹現陵)이라 부른다고 부기해 놓았다. 제목 또한 '미추왕과 죽엽군'이다.

지금은 이름도 가물가물한 이서국한테 그렇게 혼쭐나는 나라가 신라였다는 사실이 뜻밖이지만, 후손의 위기를 가만두고 보지 못해, 대나무 잎사귀 꽂아 출병시킬 군사를 죽은 왕이 제 무덤에 마련해 놓았다는 이야기는 못내 신기하기까지 하다. 사실 그렇다면 군사는 귀신이 아니라 모종의 실체일 터이다.

미추왕릉의 이적은 여기서 끝나지 않았다.

죽은 김유신이 제 무덤에서 뛰쳐나와 미추왕릉을 찾아가기도 했다. 죽엽군 이후 한참 뒤인 제37대 혜공왕 때였다.

서력 779년 4월, 갑자기 회오리바람이 김유신의 무덤에서 일더니, 거기서 장군과 같은 모습을 한 사람이 말을 타고 나타났다. 뒤따라 갑옷에다 무기를 든 40여 명이 좇아 나와 죽현릉으로 들어갔다. 얼마 있다 능 안에서 울부짖는 소리가 한바탕 무덤 안을 소란하게 했다. 실인즉, 김유신의 후손이 가혹한 벌을 받아 이에 억울함을 호소하는 것이었고, 이제 다시는 이 나라를 위해 일할 마음이 없어 떠나려 한다는 것이었다.

왕은 대답했다.

"오직 내가 그대와 더불어 이 나라를 지키지 아니하면 백성들은 어디로 가란 말이오? 그대는 다시 이전처럼 힘을 다해 주시오."

왕의 간청을 들은 김유신은 마음을 돌렸다. 이렇게 미추왕은 결정적인 역할을 하였다. 후손이 당하는 고통에 단단히 '삐친' 김유신의 혼령을 달래기로는 이 왕밖에 없었다.

779년이라면 미추왕이 죽은 지 500여 년이 지난 다음이다. 미추왕 살아서 그다지 공이 없더라도, 이만하면 성군의 반열에 두어도 좋으리라. 삶과 죽음이 통합된, 풍수지리는 여기에 갖다 댈 수 없을 기묘한 이야기이다.

상상력의 무한한 범위

사실 왕릉만의 이야기가 아니다. 『삼국유사』의 이야기는 저 평민의 세계로까지 무덤을 이어 놓고 있다.

주인공은 경주 망덕사의 승려 선율(善律)—.

그는 시주 받아 『육백반야경』을 만들고자 하였으나, 공덕을 다 이루지 못했는데, 갑자기 저승에 불려 가게 되었다. 저승지기가 좋은 뜻이 남았으므로 다시 세상으로 보내 주겠다 하여 선율은 살아났다.

다시 살아난 것도 기이하지만, 살아나는 풍경이 재미있다.

> 그때는 선율이 죽은 지 벌써 10여 일이 지나, 남산의 동쪽 기슭에 장례를 치른 다음이었다. 무덤 안에서 3일간 외쳤는데, 목동이 이를 듣고 본디 지내던 절에 와서 알렸다. 그 절 승려가 가서 무덤을 헤치고 꺼내자, 앞서 있었던 일을 모두 설명했다.
>
> 『삼국유사』, '선율이 살아 돌아오다'조에서

무덤 안에서 3일을 외치는 자의 심정이 어땠을까. 나는 살아 있다 믿었던 것일까, 죽어 헛것을 본다고 생각한 것이었을까. 그런데 이 모든 일이 가능했던 때가 신라였다. 신라 사람의 삶과 죽음에 대한 상상력의 무한한 범위였다.

선율이 돌아오는 사이에 더 기막힌 일이 있었다. 이 일이 있어 무덤 이야기는 뜻을 가진다.

저승을 벗어나 돌아오는 선율의 후들거리는 발걸음을 더 흔드는 일이 아닐 수 없었다. 저승의 어느 모퉁이에서 한 여자가 나타나 서럽게 울며 말했다.

> 저 또한 신라 사람입니다. 부모가 절의 논을 몰래 가로채는 바람에

잡혀와 오래도록 고통을 받고 있습니다. 이제 스님께서 고향에 돌아가시거든 제 부모에게 빨리 그 논을 돌려주라고 일러 주소서.

『삼국유사』, '선율이 살아 돌아오다' 조에서

저승지기 마음이 바뀌기 전에 돌아가기도 바쁜 판에, 지금 누가 누구의 부탁을 들어줄 처지가 아니었다. 그러나 여자의 집이 어딘가 물어 꼼꼼히 기억하고 돌아오는 선율이었다. 그래서 이 이야기는 불교를 포교하기 위한 예화라고 말해도 좋다. 다른 땅도 아니고 절의 논을 가로채선 천벌을 받는다는 교훈쯤으로 말이다.

그러나 이야기는 교훈에서 그치지 않는다. 아무리 교훈이라 할지라도 이야기하는 방법과 품에 따라 그 격은 달라지는 법이다. 적어도 신라 사람의 상상력 속에는 이승과 저승을 넘나드는 변환기(變換機)가 달려 있었다.

왕들의
노심초사

그러나 뭐니 뭐니 해도 무덤이 후손을 도운 가장 극적인 이야기는 문무왕에게서 나온다. 문무왕은 아버지 김춘추를 도와 삼국통일의 위업을 완성한 이였다. 김유신의 누이동생 문희가 낳은 아들이다.

그러나 나이 겨우 50대, 왕이 된 지 20년 만에 세상을 떴다.

문무왕의 업적은 살아서도 위대하지만 죽어서는 더욱 빛난다. 그가 죽음을 앞두고 지의법사와 나눈 이야기가 『삼국유사』에 실려있다.

"짐은 죽은 뒤에 나라를 지키는 큰 용이 되겠소. 그래서 불법을 높이 받들고 나라를 지키겠소."

"용은 짐승인데 어찌하시렵니까?"

"나는 세상의 영화를 싫어한 지 오래되었소. 만약 추악한 업보 때문에 짐승으로 태어나더라도 짐이 평소에 가진 생각과 맞는다오."

『삼국유사』, '문무왕 법민'조에서

불가(佛家)에서는 내세에 짐승으로 태어나는 것을 지극히 꺼린다. 윤회의 고통에서 벗어나지 못한 것이라 생각해서이다.

왕의 무덤을 유언에 따라 동해 바다 큰 바위에 만들었다는 기록은 『삼국사기』와 『삼국유사』가 같다. 거기에 덧붙여 『삼국사기』는 '서역의 법식에 따라 불로 태워 장사 지냈다'는 기록을 덧붙이고 있다. 문무왕의 생각이나 장례절차가 불교식인 것을 분명히 알 수 있다. 그런데 문무왕은 불가가 꺼리는 짐승 환생마저 마다하지 않고 있다.

왕은 왜 자신의 마지막 길을 이렇게 택했을까? '불법을 높이 받들고 나라를 지키겠다는 것'인데, 무덤 쓰는 일을 후손의 길흉과 연결시킨 보다 적극적인 경우를 우리는 여기서 본다. 그리고 문무왕은 죽은 뒤 다시 나타났다. 아들 신문왕이 아버지의 대상(大喪)을 치르기 직전, 바닷가 왕릉에서 아버지의 심부름 나온 작은 용을 통해서였다. 신문왕은 거기서 만파식적을 받았다.

살아서만 아니라 죽어서까지 후손을 도운 신라의 왕들, 그 방법이 참으로 즉응적(卽應的)이어서 흥미롭다.

이렇게 후손을 걱정하는 왕들의 노심초사는 릴레이처럼 이어진다. 용이 되어 나라를 지키겠노라고 바다에 장사 지내 달라고 한 문무왕처럼, 육체는 비록 하늘로 바다로 사라지면서도, 혼은 끝내 자손과 그들이 사는 나라 옆에 있었다. 그들이 신라의 왕이었다.

천마총은
말 무덤이 아니다

천마총(天馬塚)은 1973년에 발굴되었다. 이제는 대릉원의 중심 역할을 톡톡히 하고 있는 이 능이 발굴되던 때로 돌아가 보면, 겨우 30여 년 전이지만 마치 발굴의 원시시대를 보는 듯하다.

당시 전문가들이 전하는 말에 따르면 천마총은 '시험용' 발굴이 '대박' 발굴로 나타난 대표적인 경우이다. 신라 무덤 가운데 가장 규모가 큰 쌍분인 98호분(황남대총)을 발굴 조사하기 전, 발굴자들이 예비지식을 얻고 실습해 보기 위한 것이었다.

실은 그로부터 2년쯤 전이었다.

박정희 대통령이 불시에 경주를 방문했다. 이때의 경주는 인구 불과 10만 명이 채 못 되는 중소도시. 박 대통령은 평소 경주에 대해 강한 애착을 지니고 있었다. 불국사와 석굴암을 겨우 치장하기는 했으나, 이보다 나아가 종합적인 경주관광개발계획을 마련하라고 비서에게 지시했다.

무소불위의 권력을 행사하던 때였다. 누가 감히 그의 명령을 어기겠는가. "신라 고도는 웅대·찬란·정교·활달·진취·여유·우아·유현한 느낌이 살아날 수 있도록 개발하라"라는 것이 대통령의 지시 내용이었다나. 좋은 말은 다 가져다 붙였으니, 아랫사람들의 머리가 복잡할 만도 했겠다.

어쨌건 그런 계획 아래, 98호분을 발굴 조사하고 내부를 공개해 관광자원으로 삼겠다는 안이 마련되었다. 이 98호분은 봉분이 두 개여서 부부묘(夫婦墓), 쌍분(雙墳), 또는 겉모습이 마치 표주박처럼 생겼다고 해서 표형분(瓢形墳)이라고 했다. 그런데 이렇게 큰 무덤을 발굴하기 전에, 가까이 있는 155호분을 시험 발굴, 경험을 축적한 다음 98호분을 본격적으로 발굴한다는 계획이었다.

그런데 여기서 대박이 터진 것이다. 무엇보다도 어느 누구의 손이 먼저 미치지 않은 처녀분이었다. 사실 왕릉의 경우 그 규모나 부장품의 내용보다 도굴된 적이 없었느냐가 더 중요하다.

이 고분에서는 금관이 나왔다. 그러나 이보다 더 인상적인 것은 바로 말다래에 그려져 있는 천마도(天馬圖)였다. "마치 천마가 환생해 후다닥 튀어나오는 느낌을 받았다"고, 이 그림을 본 조유전 선생은 말한다. 2009년 국립중앙박물관 전시 때에 나는 처음으로 천마도를 보았다. 조 선생의 말이 실감되었다. 발굴 1년 뒤인 1974년 9월 23일, 문화재위원회에서는 삼국 특히 신라시대의 회화 수준을 알 수 있는 유일한 그림인 천마도가 발견된 큰 무덤이란 뜻에서 능의 이름을 천마총이라 지었다.

문제는 이 소식을 들은 경주 김씨 집안의 반응이었다.

경주 김씨야말로 신라 왕조의 빛나는 후손이다. '천마총'이라니, 그렇다면 말 무덤이라는 말인데, 우리 조상이 말이냐고 항의한 것이었다. 집안사람들이 연명으로 항의서를 만들어 국회에 재심을 요구하는 청원까지 했다. 1980년대 초반의 일이다.

　웃지 못할 소동이었으나, 최근 학계에서는, 이름이 주는 뉘앙스도 그러려니와, 그림 자체도 말이 아니라는 주장이 제기되고 있다. 조 선생의 설명을 들어 보자.

　　최근에 이르러서 천마총의 천마 그림이 말이 아닌 기린의 그림, 즉 기린도(麒麟圖)라는 주장이 제기되어 논란이 일고 있다. 기린은 성인 (聖人)이 세상에 나올 징조로 나타난다고 하는 상상의 짐승을 말한다. 몸은 사슴과 같고 꼬리는 소의 꼬리에, 발굽과 갈기는 말과 같으며 빛깔은 5색이라고 알려져 있다. (중략) 천마총에 보이는 천마의 그림을 자세히 보면 머리에 뿔이 표현되어 있고 입에서 신기(神氣)를 내뿜고 있다. 이는 기린 그림에 나타나는 공통점이며 뒷다리에서 뻗쳐 나온 갈기의 표현은 기린이나 용 등의 신수(神獸)에서 나타나는 공통된 표현이라는 것이다. 따라서 전반적으로 볼 때 말보다는 오히려 기린을 표현한 것으로 보아야 한다는 주장이다.

　　　　　　　　　　　　　　　　조유전, 『고대사의 수수께끼』에서

　설명대로라면, '몸은 사슴과 같고 꼬리는 소의 꼬리에 발굽과 갈기는 말과 같으며 빛깔은 5색'인 데다, '뒷다리에서 뻗쳐 나온 갈기의 표현'까지, 아무래도 말보다는 기린 쪽이 맞겠다는 생각이다. 그렇다고 천마총이라 널리 알려진 무덤의 이름을 이제 와서 기린총으로 바꾸어 부르기는 어렵겠지만 말이다.

　믿거나 말거나, 이 천마총과 관련한 전설적인 이야기가 하나 있다.

발굴 조사가 한창 진행 중이던 그해 여름은 전국적으로 심한 가뭄이 들었다. 다른 지역 사람들은 몰라도 경주 사람들만큼은 이것이 멀쩡한 왕릉을 파헤친 재앙이라 믿었다. 경주 김씨 종친회 노인들이 발굴 중단을 요구하는 사태까지 벌어졌다.

드디어 7월 26일 오후―.

한 조사원이 흙더미 사이에서 금관을 발굴했다. 1,500여 년의 세월을 뚫고 금관은 세상에 빛을 토했다. 조사원들이 놀랍고 벅찬 가슴으로 금관을 담은 상자를 무덤 밖으로 옮기려 하는 순간, 뙤약볕이 이글거리며 내리쬐고 있던 서쪽 하늘에서 갑자기 먹구름이 몰려왔다. 하늘은 암흑천지로 변했다. 이어 요란한 천둥 번개를 동반한 폭우가 쏟아졌다.

쿠르릉 쾅.

놀란 조사원들은 발굴이고 뭐고 다 팽개치고 달아났다. 현장 사무실에 모여든 그들은 비가 그치기를 기다렸다.

이런 이야기를 어디까지 믿어야 하는지는 각자 몫이다. 어쨌거나 조사원들은 하늘이 노한 것으로 알았고, 그래서 순간적으로 기겁을 했고, 그러나 덕분에 가뭄이 해갈되어서 흉흉하던 민심도 가라앉았다는 이야기―. 불과 40여 년 전에 있었던 일이다.

스웨덴의 황태자가 찾아온 까닭

봉황대가 있는 노동동과 노서동 일대의 고분공원 쪽으로 발걸음을 옮겨 본다. 이곳이야말로 경주 왕릉 자체만 아니라 그 발굴의 역사를 웅변한다. 실로 신라의 역사는 이 조그만 지역 안에 그 정수(精髓)를 담고 있다.

대릉원이 지나치게 깔끔하게 보수되어 있다면 고분공원은 다소 방치된 느낌을 지울 수 없다. 크고 작은 봉분들은 주변 동네 아이들이 미끄럼 타는 놀이터요, 봉황대 봉분 위 여기저기에는 느티나무가 우람차게 제자리인 양 자라나 서 있다. 하기야 옛날 사진을 보면, 봉황대는 능이 아니라 작은 동산처럼 나무로 뒤덮였고, 어떤 봉분은 민둥산처럼 버려져 있었다. 그에 비하면 그나마 나아진 것이다.

고분공원은 처음으로 금관이 나와서 이름 붙인 금관총과, 스웨덴의 황태자가 발굴에 참가했다고 해서 이름 붙인 서봉총이 대표적이다.

1921년 9월의 일이었다. 당시 주소로는 경주군 경주읍 노동리. 금관총에서 처음으로 신라 금관이 발굴되던 광경을 조유전 선생은 다음과 같이 그린다.

봉황대 주변에서 주막을 운영하던 박 아무개는 장사가 무척 잘되었다. '사세확장'을 해야 했다. 그는 주막을 늘리기로 하고 뒤뜰의 조그마한 언덕을 파기 시작했다. 그런데 9월 23일 이상한 유물들이 발견되기 시작했다. 말하자면 박 아무개는 자기 집이 원래 신라 무덤이 평탄하게 돼 버린 자리에 세워진 것을 모르고 있었던 것이다.

소문이 꼬리를 이어 경주 전역에 삽시간에 퍼졌다. 당시 경찰서 순경(미야케)이 이 풍문을 듣고 곧바로 소문의 진원지를 찾아 나섰다. 곧

내막을 알게 되었다. '보통 사람의 무덤이 아니야. 신라 귀족이거나 아
니면 왕족?' 심상치 않은 유물임을 직감한 미야케는 당장 터파기 작업
을 일단 중지하게 한 후 상관인 경찰서장에게 보고했다. 바로 1,500여
년의 긴 잠에서 깨어나 우리 눈앞에 나타난 최초의 신라 금관이었다.

조유전, 『고대사의 수수께끼』에서

발굴은 우연에 기대는 경우가 많으나, 거기가 뻔히 신라 고도의
왕릉이 즐비하다는 사실을 알고서도, 이렇듯 우연은 우리에게 말
못할 큰 선물을 가져다준다. 나아가 일개 순경의 침착하고 정확한
일 처리가 경이롭기도 하다. 덕분에 우리는 신라 금관을 처음으로
보게 되었지만.

그런데 더 많은 이야깃거리를 가지고 있는 쪽은 서봉총이다.

서봉총은 경주의 고분군 일련번호로 노서동 129호분이다. 1926년
에 발굴되었다. 스웨덴의 황태자 구스타브는 마침 일본을 방문하
고 있었다. 신혼여행 길이었다. 구스타브는 진행 중인 서봉총 발굴
소식을 들었다. 고고학자인 그는 일부러 경주까지 와서, 출토되는
금관을 손수 꺼냈고, 이 금관의 관에 세 마리의 봉황 모양이 장식
되어 있으니, 이름을 '봉황총'이라 붙이자고 제안했다. 결국에는
이 제안을 받아들이되, 스웨덴(瑞典)의 '서(瑞)'자와 봉황의 '봉
(鳳)'자를 따서 서봉총이라 하게 된다.

아돌프 구스타브 6세—.

이 황태자는 나중에 왕위에 올랐고, 1930년대 이후 스웨덴이 복
지국가로 발돋움하는 시기의 국왕으로서 많은 공을 세웠다. 특히

요석궁 자리 신라시대에는 요석공주가 살던 궁이 있었고, 조선시대 이후에는 경주 최 부잣집이 있던 동네에 이제는 요석궁을 딴 전통 음식점이 생겼다.

1932년에 실시된 총선거에서, 국민 절대 다수의 지지를 얻은 사회민주당이 농민당과 연립정부를 구성하여, 공익사업을 계획하고 농민소득을 보조하며 어린이를 위한 양육비를 책정하는 등, 사회보장제도의 기초를 확립할 때에 적극적으로 도왔다.

한편 제2차 세계대전이 끝난 다음, 덴마크와 노르웨이는 전후의 불안한 국제 정세와 소련(지금의 러시아)의 위협에 불안을 느낀 나머지 1949년 4월에 미국의 주도로 발족한 북대서양조약기구에 가입했으나, 스웨덴은 중립을 지키기 위해 들어가지 않았다. 전통적인 중립정책을 버리지 않은 것이다.

1970년대에도 스웨덴은 사회민주당이 계속 정권을 장악했다. 그러나 1973년 9월에 실시된 총선거에서 사회민주당과 비사회민주당 간의 의회 세력이 비슷해졌다. 왕과 사민당 간의 오랜 동반관계에 금이 갔지만, 도리어 이것이 스웨덴의 이상적인 복지국가 완성을 입증하게 되었다. 그들이 결별한들, 굳건하게 선 스웨덴의 복지국가 체제는, 이제 무너지지 않을 만큼 완숙해진 것이다.

바로 그때 덕망 있는 학자 출신의 왕 아돌프 구스타브 6세가 서

거하였고, 그의 손자인 칼 구스타브 16세가 왕위를 물려받았다.

1973년 9월이라면 어떤 때인가? 그로부터 두 달 전, 경주에서는 '발굴 대박'의 소식을 전 세계에 알렸었다. 구스타브 왕도 소식을 들었으리라. 아흔이 다 된 노왕은 그로부터 50여 년 전, 동양의 조그마한 나라, 그것도 경주 시골까지 찾아가서, 떨리는 손으로 금관을 꺼내던 황태자 시절을 그려 보았으리라. 그래서 자신의 나라 이름을 따서 붙여진 서봉총을 그리며 숨을 거두었으리라.

스웨덴을 우리는 가장 모범적인 복지국가로 말하지만, 그 저변에는 역사를 사랑하고, 유물을 귀하게 다룰 줄 아는 한 국왕의 마음 씀이 깔려 있었기에, 그래서 만들어진 고매한 인품을 나라 안 사람 모두가 사랑하였기에 이룩된 것은 아니었나, 나는 상상한다.

지난 2001년 5월, 신라 문화재 발굴보존에 힘써 온 경주의 고고학자 석당 최남주 선생의 업적을 기리는 추송비가 건립되었는데, 스웨덴 왕실에서는 이를 축하하는 특사를 보냈다. 석당은 아돌프 구스타브 6세 황태자와 함께 서봉총을 발굴, 신라 금관을 찾아낸 사람이다.

지난 2004년 아테네 올림픽 때였다. 탁구의 달인으로 불리는, 그러면서 참가자 가운데 가장 연장자인 유럽의 한 선수가 우리의 젊은 유승민 선수와 준결승전을 치렀다. 바로 스웨덴의 발트너이다. 그날 중계방송을 보다 보니 아나운서가, "스웨덴 구스타브 국왕 부처가 참관하고 있다"고 말한다. 이미 지난 대회인 시드니에서도 발트너의 결승전을 보았다 하고.

귀가 번쩍 띄었다. 이 국왕은 바로 서봉총의 손자인 칼 구스타브

16세인 것이다. 사실 그는 한국을 벌써 두 번이나 방문하였고, 그 때마다 경주를 찾았다.

문밖에 나서면
왕릉

왕릉마다 나온 금관이 특이하기로는 제각각이지만, 서봉총의 금관 또한 이채롭다. 둥근 테의 앞면에 '출(出)'자 형태의 나무 모양 장식 세 개를 세우고, 뒷면에는 두 개의 사슴뿔 모양 장식을 세운 것은 신라 금관의 일반적인 양식이다. 그런데 이와 별도로 안쪽에 내모형(內帽形)의 골격을 마련한 것은 다르다.

곧 안쪽 모자와 바깥쪽 모자로 분리하여 썼던 것은 아닐까 추측하게 된다. 평상시에는 안쪽 모자만 쓰고, 즉위식 같은 큰 행사에는 바깥쪽 모자까지 쓰는 것이다.

그러나 이 금관이 고구려에서 왔다느니, 더 먼 외부로부터의 전래품이라느니, 신라에서 직접 만든 작품이라느니, 아직도 풀리지 않은 수수께끼와 더불어 말이 많다. 특히 바깥 모자의 형태가 독특하고 꾸며 놓은 면면이 호화로우며 보는 사람으로 하여금 신비로운 느낌까지 들게 해서, 조형의 상징성과 실용성 등이 풀리지 않는다.

학자들은 '영원히 수수께끼로 남을 수밖에 없을 것'이며, '아무리 학문이 발전한다 해도 해결할 수 없는 이것이 바로 고고학의 한계인지 모른다'고까지 말한다.

얼마 전 김병모 선생이 『금관의 비밀』에서, "순금관은 김씨가 초기 신라왕계를 이뤘던 박씨와 석씨를 누르고 왕위를 장악한 이후에 모두 나왔어요. 이전에는 없던 양식이므로 외래적인 것이라고 할 수 있죠"라며, 이 외래란 다름 아닌 중앙아시아 알타이산맥 주변 민족들이라고 밝혔다. 그들이 금을 무척 좋아했을 뿐만 아니라, "성산(聖山)으로 여기는 알타이산조차 금을 뜻하는 말"이라고 설명했다.

나아가 김 선생은, 금관 장식인 나무나 새도 중앙아시아나 북방 기마민족의 더 오래된 유물에서 발견된다는 점, 신라 김씨계 왕의 시조인 김알지의 '알지'도 금을 의미하는 '알트', '알타이'가 변한 점 등을 더 들었다. 그러면서 금관 장식을 통해 천마총은 지증왕, 서봉총은 지증왕의 어머니 조생 부인 부부의 무덤으로 보았다.

속이 어쨌거나 나는 고분공원의 능들의 그 넉넉한 스카이라인이 좋다. 이 스카이라인은 왕이나 왕을 모시는 사람들이 만든 것이 아니다. 권력자의 것이 아니다. 숱한 세월을 두고 능들의 스카이라인은 변해 왔다. 그 선은 각각 그 시대 사람들의 감각이고 소망이었다. 20여 년 전만 해도, 거대한 봉분은 아이들의 미끄럼틀이었다. 왕들은 그것만으로도 결코 외롭지 않았으리라.

이 동네에서는 문밖에 나서면 왕릉이다. 옛 왕들이 어디 가지 않고, 이제껏 그 시절 사람들의 염원을 모두 안은 채 우리를 지켜보고 있다.

3

그리움이 만든 큰 바위 얼굴
—남산

남산은 서울에도 있고 경주에도 있다. 아니 어느 동네에나 있는 남산은 앞산이다.

풍수지리로 말하자면 남산은 집 앞을 지켜 주는 담이나 마찬가지이다. 산 하나로 담을 삼았으니 통도 컸다. 그런 담에 자기들이 보고 싶은 보살상을 새겨 놓은 옛 경주 사람들은 멋지기까지 하다. 경주 남산의 그 숱한 마애불을 가리켜 하는 말이다.

시멘트로 쌓은 정체불명의 담들이 판치는 이즈음은, 경제적인 윤택과 달리, 아무런 멋도 모르고 살아가는 천박한 어떤 것의 집합인지 모른다. 정체불명이 어디 이것 하나인가. 하나가 그렇다는 것은 나아가 그런 천박함의 정체불명이 겹쳐 있다는 말의 다름 아니다.

그러기에 경주 남산은 더 소중하게 다가온다. 전국의 마애불이 여기 한 군데뿐인 것은 아니지만, 이렇듯 집중적으로, 이렇듯 다양하게 한자리에 모인 경우를 찾기 어렵다. 이것은 일종의 설치미술이요 환경조각이다. 흔한 바위 하나가 예술품으로, 생활의 윤택한 표현으로 바뀐 예이다.

이 땅 어디서나 볼 수 있는 흔한 바위에다, 그들이 그리워하던 세계를 새긴 경주인들은 한 사람 한 사람이 소박한 예술혼의 소유자들이었다.

그리움이
길을 만들고

작은 덩치라고 하나 경주 남산에는 골짜기도 많다. 하루에 한 골짝만 돌더라도 두 달은 넘게 걸릴 정도이니, 웬 작은 산 하나에 사연이 그토록 많아 구구절절이 주름이 잡혔는가 싶다.

목적이 있어서, 어쩌다 우연히 들르고 싶어서 경주 남산을 오른 지 20년이 넘었다. 처음에 무작정 오르다가, 이제는 작고한 경주에서 '남산 할아버지'라 불린 윤경렬(尹景烈) 선생의 조언을 듣기도 하다가, 골짜기마다 혹은 봉우리의 정상에 설 때마다, 산을 등 뒤로하고 먼 산이나 먼 들판을 바라보다 보면, 신라 경주인들의 마음을 함께 숨 쉬게 되고, 그들 삶의 한 구석에 섞여 들어가는 느낌을 받곤 했다. 그리고 다시 몸을 돌려 산을 마주하며, 저 숱한 생령들의 눈길과 하나가 되어, 하늘과 구름과 멧새들을 무심히 보기도 하였다.

시인 정일근(鄭一根)은 나와 시의 길을 같이 가는 듬직한 도반이다. 나이는 나보다 위이지만 문단의 나이인 등단 연도는 내가 한

해 빨라서, 형이라 부르기 싫고 동생이라 여기기 어려운, 일종의 난형난제(難兄難弟) 간이다. 그런데 7차 교육과정의 중학교 국어 교과서에 그의 시가 실리면서 판정은 싱겁게 끝나고 말았다. 어디 감히 '교과서 시인'을……

함부로 입에 올릴 수 있겠는가만, 그와 내가 시적으로 공감하는 한 곳이 바로 경주 남산이다.

더욱이 그는, 말로만 하는 나에 비한다면, 벌써 '경주 남산'이라는 제목의 시집을 1998년에 냈다. 사실 그때 그는 청춘의 절정기이자 낙백기(落魄期)를 함께 맛보고 있었다. 본디 부지런한 성격에다 일도 많아서 속으로 모든 이의 부러움을 샀지만, 그것이 지나쳤다. 과로로 뇌혈관이 터지는 절체절명의 순간을 맞았던 것이다. 죽는다 싶었던 고비를 넘긴 것만으로 위안을 삼고, 그는 경주 남산을 찾았다.

마음이 길을 만드네
그리움의 마음 없다면
누가 길을 만들고
그 길 지도 위에 새겨 놓으리
보름달 뜨는 저녁
마음의 눈도 함께 떠
경주 남산 냉골 암봉 바윗길 따라
돌 속에 숨은 내 사랑 찾아가노라면
산이 사람들에게 풀어 놓은 실타래 같은 길은

달빛 아니라도 환한 길

눈을 감고서도 찾아갈 수 있는 길

사랑아, 너는 어디에 숨어 나를 부르는지

마음이 앞서서 길을 만드네

그 길 따라 내가 가네

정일근의 『경주 남산』에 실린 첫 작품 「길」이라는 시이다. 생의 절정이 아니라 낙백의 순간에, 아니 절정이면서 낙백의 자리에서 부른 노래─. 노래는 곧 그만의 노래가 아니다. 그리움의 길을 찾아갔던 나의 노래이고, 그런 우리를 있게 한 남산의 저 숱한 발자국들의 노래이다.

어른 키만 한
좌대에 앉힌 까닭

삼릉골을 따라 그 골짜기 끝에 가파른 벼랑처럼 서 있는 정상으로 오른다. 가을이 익을 대로 익은 숲길을 지나자 용장사(茸長寺) 자리라는 조그마한 터가 나온다.

이 터에서 북쪽으로 남산의 다른 한 줄기인 금오산이 보이는데, 조선 초기의 문호 김시습(金時習, 1435~1493년)이 여기에 머물며 몇 편의 소설을 짓고는 '금오신화'라 이름 했다는 곳이다. 김시습은 15세기 후반을 대표하는 문인일 뿐만 아니라, 우리 역사상 가장 기이한 천재로 알려져 있다. 새로운 사상과 학문에 호기심을 가지고, 새로운 세계를 열어 보고자 했으나, 김시습은 시대의 틀에 안주하기를 거부하여 늘 배척을 받거나 소외된 삶을 살았다. 그런 삶을 한마디로 방외인(放外人)으로 표현하기도 한다.

서른한 살, 세상의 풍파를 이미 경험하고, 방외인의 길을 걸으며 남산에 와서 썼다는 글이 한 편 남아 있다.

> 쪽박 물과 찬밥을 먹을지언정 거저먹지 말며
> 한 그릇 밥 받으면 걸맞은 힘을 써서 의리를 지켜야 하리
> 하루 닥칠 근심보다는 종신토록 근심할 일 근심하고
> 파리함을 병으로 여기지 말고 뜻 바꾸지 않는 즐거움 누리리

이른바 「북명(北銘)」이라는 글의 첫 대목이다. 자신이 사는 집의 거실 북쪽 벽에 써 붙였다는 일종의 좌우명인데, 『논어』에 나오는 안연(顔淵)의 모습, 『맹자』에 나오는 순 임금의 모습처럼 청렴과 인의를 배우겠다는 다짐이다. 다소 비장하기까지 하다.

이곳에 지금은 삼층석탑과 마애여래좌상 그리고 석불좌상이 남아 옛 모습을 희미하게 전해 주고 있다.

먼저 우리의 눈길을 끄는 것은 머리 부분이 날아간 엽기적인 모습의 석불좌상이다. 세월의 상처일 것이다. 그러나 그보다 어른 키 높이만큼이나 되는 특이한 좌대가 더 인상적이다. 왜 좌대를 이렇듯 높이 만든 것일까? 용장사 터만 해도 남산에서는 꽤나 높은 곳인데, 얼마나 더 높아지고 싶어서.

이런 의문은 석불상이 향하고 있는 방향으로 더불어 눈길을 주어 보면 풀린다. 석불상은 서쪽을 바라보고 있다. 서방정토를 그리

는 이 한결같은 마음一. 그런데 그쪽으로는 금오산의 한 줄기가 내려와, 절터에 서 있자면 눈길 너머를 가린다. 그렇게 시야가 가리는 곳에 보살상을 세워 둘 수 없었던 것이다. 자리는 그대로 두되 능선 너머 서방정토를 바라보게 하려면 좌대를 높이는 수밖에 없었다.

그것은 곧 좌대 높이만큼이라도 우리의 이상과 정신을 높이라는 불상의 무언의 메시지 같기도 하다. 땅에 코를 박고 이익에 따라 마음이 흔들리는 우리는 속세의 한 무리에 불과하나, 어쩌다 한번쯤 새로운 꿈에 눈길을 주자면 조금만 이 땅과 떨어져야 한다. 조금만 이 땅에서 발을 재게 올라서 보아야 한다. 높은 좌대 위의 보살상은 그렇게 말하는 듯하다.

남산에 새겨진 불상들은 하나하나 이렇듯 자기 메시지를 가지고 있다.

저물 무렵 노을이 비칠 때 가장 아름답게 보이는 방향으로 세워 놓은 것이며, 마치 그것을 조각한 이의 얼굴을 닮은 듯 투박하게 생긴 것이며, 남산을 빙빙 둘러 그렇게 많은 마애불이 어느 하나 제 얼굴을 가지지 않은 것이 없으니 신기할 따름이다.

마애불과 경주
그리고 남산

마애불은 바위에 새긴 불상을 뜻한다. 기원은 물론 고대 인도나 중국으로부터 오지만, 우리나라의 자연 여건에 맞는 형태로 변화 발전한다.

흔히 흙으로 이루어진 산을 육산(肉山), 바위가 많은 산을 골산(骨山)이라 한다. 이처럼 몸에 비유한 산의 모양새에서 골산이 곧 마애불의 무대가 되는 것은 물론이다. 우리나라에는 예쁘장한 모양의 골산이 많다. 금강산의 겨울 이름인 개골산(皆骨山)을 보자. 1만 2천봉 모든 바위가, 특히 겨울이 되면 더욱 뚜렷이 드러나서 붙인 이름이었으리라.

게다가 바위는 대개 화강암이다. 화강암의 담백한 질감은, 거기에 직접 불상을 새겼을 때 얻을 미적 효과가 뛰어나다.

전국적으로 많은 마애불이 널려 있으나, 특별히 경주 남산을 말하는 것은 마애불의 총집합 같은 다양성 때문이다. 비록 작은 덩치의 산이지만, 골짜기마다 봉우리마다 온통 바위덩어리인 데다, 적당한 높이에 위치해 있어서 접근이 쉬운 점, 그리고 더 나아가 바로 앞에 경주라는 큰 도시를 두었기에 가능했으리라 본다. 아니 불심 깊은 경주 사람이 있은 덕분이다.

그래서 골짜기를 따라 돌며, 새긴 수법에 따라 만들어진 역사를 대충 짐작해 볼 수도 있는데, 가장 간단한 선으로 얼굴과 옷 주름을 그린 것들은 비교적 초창기의 마애불로 보이고, 이는 점차 입체성을 띤 쪽으로 나아간다는 사실을 어렵잖게 짐작한다. 아예 굴처럼 파고 그 안에 제법 입체성을 띤 불상을 놓는 감실마저 나타난다.

물론 이것을 시대 순으로만 이해해선 안 된다. 그보다는 거기 놓인 바위의 결과 여러 조건에 따라 손댄 제작기법이라 보아야 옳겠다.

예를 들어 바위 전체를 하나의 몸통으로 삼고, 그 위에 작은 바

남산 **마애불** 간단한 선으로 얼굴과 옷 주름을 그린 것들에서 점차 입체성을 띤 쪽으로 나아가는 마애불까지 다양하다. 아예 굴처럼 파고 그 안에 제법 입체성을 띤 불상을 놓는 감실마저 나타난다.

위를 하나 올려 머리를 삼는다. 그러다 보면 깎아지른 능선을 이루던 바위 하나 전체가 불상으로 바뀌어 버린다. 영화 스크린처럼 넓적한 바위가 서 있는 곳에는 선만으로 온갖 종류의 보살상을 새겨 넣는다. 이런 것들은 바로 바위의 조건에 따라 달라지는 마애불의 형태이다. 다만 얼굴 모양이 도드라지게 하기 위해 조각해서 입체감을 띤 것들은, 신심(信心) 깊은 어느 가난한 경주 사람이 지천에 널린 돌을 소재로 자신의 소망을 풀어 본 것이리라. 돈이 없으니 정식으로 불상을 세우지는 못하고 말이다.

그러자면 아무래도 웬만큼 기술이 있은 다음 가능할 일이기는 하다. 평범하고 가난한 사람들의 소박한 솜씨라고 하나로 묶어서 말하고 말 일이 아니다.

삼릉골을 따라 오르자면 만나는 선각여래좌상은 마치 그것을 조각한 이의 얼굴을 닮은 듯 투박하게 생겨 있고, 신선암 마애보살반가상은 바위를 약간 파 들어가며 새긴 품이며 아늑함이 어디에 견줄 수 없다. 남산에서 가장 인기가 높다는 냉골의 마애관세음보살상은, 해가 저물 무렵, 석양 노을을 받은 냇물의 빛 그림자가 얼굴에 비치면 그 자태가 절정에 이른다.

어디 그뿐이랴. 바위 전체를 하나의 몸통으로 삼고, 그 위에 작은 바위를 하나 올려 머리를 삼으려 한 듯한 약수골의 마애불로 눈을 돌려 보자. 깎아지른 능선을 이루던 바위 하나 전체가 어느덧 불상으로 바뀌어 있다. 영화 스크린처럼 넓적한 바위가 서 있는 곳에는 선(線)만으로 온갖 종류의 보살상을 새겨 넣는다. 삼릉골의 선각육존불이다.

경주 남산의 예순이 넘는 골짜기를 어느 하나 택해 올라가더라도, 세월에 깎였지만 오히려 이제는 뒷사람에게 넉넉한 마음으로, 사실은 불상이 아닌, 그것을 새긴 이의 얼굴을 희미하게 전해 주는 마애불의 한바탕 잔치를 만끽하게 된다.

효소왕과 남산에서 온 손님

이 많은 마애불을 만든 이들은 누구였을까? 아마도 '경주에 사는 온갖 사람'이라 말해야 옳을 듯하다. 마애불의 가짓수가 많은 만큼, 새긴 모양이 제각각인 만큼.

그런데 오늘 남산을 오르며 곰곰 생각해 보니, 누가 와서 만들었건, 그것은 신라 사람들에게 다름 아닌 '큰 바위 얼굴'이었으리라 싶다. 경주 사람들은 부처의 얼굴을 스승으로 알고 바위에 그려, 자신과 후손들에게 귀감이 되게 한 것 같다. 세월이 흐르면서 부처는 곧 자신들의 얼굴이 되었고.

효소왕과 남산에 얽힌 이야기를 한 번 더 해야겠다. 『삼국유사』의 '진신이 공양을 받다' 조에 나오는 한 승려가, "왕도 진짜 부처님을 공양했다고는 말하지 마소서"라고 하는 대목이다.

말을 마친 승려가 몸을 날려 남산 쪽으로 사라졌다는 것이며, 왕의 신하들이 부랴부랴 쫓아가 보니 '삼성곡(參星谷)의 대적천원(大磧川源)'에 이르러 바위 속으로 숨어 버리더라는 것이며, 거기 지팡이와 바리때가 남아 증거물이 되었다는 것이며, 놀란 왕이 절을 지어 승려가 남긴 물건을 간직했다는 이야기는 그냥 사족으로 치고 말아도 좋다.

우리는 이 한 장면에서 무엇이 진정한 믿음이며 올바른 삶의 태도인가를 보며 가슴을 쓸어내린다.

봉사도 점수로 환원하는 천박한 세상이다. 방송과 신문의 카메라 앞에서만 미소 짓는 우리다. 그래서 우리는 분명코 효소왕의 거들먹거림과 사촌 간이다. 그러다 효소왕은 부처를 만나지 못했지만, 이러다 우리 시대의 사람들은 무엇을 놓칠까. 부처만큼 소중한 무엇이리라.

승려는 바위 속으로 숨었다고 한다. 바위는 민간신앙의 표본인데, 어느새 신라 불교는 민간의 바위신앙과 어울렸다는 것이므로,

사실 이 승려는 본디 바위를 신으로 알고 모시던 신라인의 마음에 만들어진 큰 얼굴인지 모른다. 윤경렬 선생은 이 바위가 잠늠골에서 이어지는 비파골에 있다고 했다.

바위신앙과 미륵

바위가 어떻게 민간신앙의 표본이 되며, 이것이 어떻게 불교와 만나는가는 여러 갈래로 설명해 볼 수 있다. 여기서는 참고 삼아 그 가운데 한 가지만 들어 본다.

서울의 인왕산에 가면 기자암(祈子巖) 곧 아들을 비는 바위인 손바위라는 것이 있다. 인왕산은 일제 강점기에 남산으로부터 옮겨진 국사당이 있는 곳이다. 일제는 본디 국사당 자리에 자기네 신궁을 지었고, 해방 이후 지금은 남산 식물원이 자리 잡았다. 그런데 인왕산 국사당 꼭대기에, 아들을 내려 주는 것으로 이름 높은 손바위가 있고, 거기에 아들을 바라는 사람들의 참배가 이어졌었다.

같은 서울의 부암동에 가도 기자암이 있다. 아들을 빈 다음에 손으로 돌을 잡고 바위에 문지르고, 파인 구멍에 그 돌을 올려놓아 꼭 맞으면, 기도한 사람의 소원이 이루어지는 것으로 여겼다. 이 때문에 파인 곳이 지금 가도 삼십여 개소나 보인다. 모여드는 사람들은 부근 사람들만이 아니었다. 서울과 그 밖의 먼 곳으로부터도 왔다. 심지어 모유가 적은 이들도 같은 식으로 빌면 효험이 있다고 믿었다.

바위에 기댄 이런 신앙이야말로 가장 원초적인 우리 민속이라

서울 인왕산의 **기자암 손바위** 인왕산은 일제시대에 남산으로부터 옮겨진 국사당이 있는 곳으로 알려져 있지만, 이곳의 꼭대기에는 아들을 내려주는 것으로 이름 높은 손바위가 있고, 지금도 아들을 바라는 사람들의 참배를 볼 수 있다. 1920년대에 무라야마 지준이 찍은 사진.

할 수 있다. 그런데 이런 의식이 언제부터인가 불교와 만난다.

사람들은 바위 앞의 참배만으로 효험을 보지 못하였을 때, 절에서 기도하여 복을 받으려 했다. 그 때문에 하는 것이 수륙재(水陸齋)이다. 그런데 이런 수륙재를 절에서도 행하고 무당도 한다. 더욱이 제주도에서는 꽤 비용을 들이는 '불도(佛道)맞이'라는 굿도 하였다.

보다 노골적인 사례를 들어 보자. 경기도 개성군 대성면 구읍리에 있는 높이 일장 육척의 미륵불을, 사람들은 아들을 내려 주시는 미륵이라 믿었다. 미륵이 어디 아들 얻는 데나 쓰일 존재이겠느냐만, 전통시대에 여성들에게 아들은 모든 존재의 근원이었다. 한 일본인 학자는 그런 우리네 풍습을 다음과 같이 분석하고 있다.

서울 부암리의 **기자암** 아들을 빈 다음에 돌을 손으로 잡고 바위를 문지르고, 돌이 그 파인 구멍에 꼭 맞으면 소원이 이루어지는 것으로 여긴다. 이 때문에 파인 곳이 삼십여 개소나 보인다. 1920년대에 무라야마 지준이 찍은 사진.

여성은 부모의 집에서 나와 있다는 뜻에서 '출가외인'이라 말한다. 그리고 '시집간다'가 곧 '결혼한다'는 것이었다. 며느리는 시집에서는 약한 처지로, 그 지위를 확보하기 위해서는 아들이 필요하였다. 여자들이 지내는 공간인 안방은 아들이 있는 것으로 하나의 독자적인 세계가 되었다.

안방은 남자들이 들어서지 못하는 방이다. 거기서 아들의 예의범절이나 공부 같은 교육도 어머니가 꽤 많은 부분을 맡았다고 한다. 또 며느리는 아들이 있어서야 비로소 시집 쪽의 족보에 그 존재가 적히며, 죽은 뒤에 치르는 제사도 받았다. 거꾸로 말해 아들이 없으면 여성은 생가는 물론 시집에서도 잊혀지고, 그 영혼은 떠돌며 잡귀잡신이 될 수밖에 없다.

노무라 신이치, 『무라야마가 본 조선민속』에서

여자에게 아들은 자기 존재의 증명이었다. 물론 이것은 조선 중기 이후 심화된 현상이었다. 아들을 반드시 얻어야 하는 여자가 믿을 곳은 저 말 없는 바위밖에 없었다. 그러기에 유치환은 바위를 일러, "억년 비정의 함묵(緘默)에 / 안으로 안으로만 채찍질하여" 왔다고 노래하였던가.

한편 좀 더 구체적인 존재로 미륵이 있다. 미륵은 민중이 가장 쉽게 받아들이는 구원의 상징이다. 그러므로 미륵이 바위를 만나 거기 새겨졌을 때 더욱 신뢰를 주었던 것 같다. 이것이 본디 있는 바위신앙과의 결합이다.

우리 주변에서 크고 작은 석불은 흔히 미륵이라 불린다. 그 코를 긁어내 마시면 아들을 내려 준다고 말하는 신앙은 보편적이어서, 코가 헐린 석불은 오늘날에도 각지에서 수없이 발견된다. 심지어 경주 석굴암의 석불은 미륵이 아닌데도, "배 안에 든 여자를 남자로 변하게 해 준다"라고 하여 특히 받들어졌다. 각지로부터 기도하는 이들이 몰려들었다.

큰 바위
얼굴

남산은 결코 이렇게 한 번으로 끝날 이야기가 아닌 줄 안다. 여기서는 소박한 나의 생각을 남산 서쪽을 중심으로 해 보았다.

남산 서쪽은 반월성을 출발해 포석정 쪽으로 가면 좋겠다. 중간에 박혁거세와 알영부인의 탄생지를 들를 수 있고, 포석정에서 다시 1km쯤 더 가 삼릉골로 오르기 전에 경애왕릉과 배리삼존불상을 볼 수 있다. 이 주변은 아름다운 소나무 숲이어서 쉬어 가기에 좋다.

포석정과 경애왕릉. 역사 속의 비극적인 현장이 아닌가. 고려 왕건과 가까이 지내려 하는 신라를 치러 후백제 견훤이 들이닥쳤을 때, 경애왕은 포석정에서 놀다 변을 당했다. 그래서 포석정이 노는 장소로 알려졌지만, 단순한 놀이터 이상의 의미를 가진 곳이라 보는 쪽이 더 맞겠다.

드디어 삼릉골의 완만한 능선을 따라 남산에 올라 걷다 보면 굳어 있던 다리가 슬슬 풀리는 느낌을 받을 것이다. 남산을 사랑하는 이들은 이 묘한 기분을 무어라 설명하지 못할 신비로 받아들인다. 그냥 산이 아니라 어떤 영험이 서린 성지로까지 생각한다.

삼릉골에서 금오산 정상에 오를 때까지 앞서 소개한 마애불들과 기타 다른 여러 유적을 곳곳에서 볼 수 있다.

금오산에 올랐다가 조금 지나 용장사 터에 이르게 되는데, 그 터에서 동쪽으로 바라보자면 남산에서 가장 높다는 고위산(수리산이라고도 한다)이 넉넉한 모습으로 눈에 들어온다. 산의 크기를 떠나, 작지만 어떤 위엄이 있음을 실감하는 곳이다.

용장사 터와 고위산 사이에는 크고 작은 골짜기가 얽혀 있는데, 고르란다면 비파골과 용장골로 좁혀진다. 어느 계곡으로 내려가면 좋을지 망설이게 할 만큼, 한번에 해결 못할 유혹이 따라온다. 더 이상은 고를 수 없다.

삼릉골 중턱쯤, 시인은 길 잃은 사람들이 만들어 놓은 바윗길 곁에, 누구인가 작은 돌을 쌓아 만든 촛불 밝힐 만한 집을 발견한다. 이 집은 누가 만들어 놓았는가. 아무도 모를 그 주인공을, 시인은 상상하기를, 밝혀 놓은 촛불 한 자루에 세상의 소망을 비는 한 가녀린 영혼이라 여긴다. 그런 영혼이 어디 21세기에만 있겠는가. 우리들의 생각은 달리고 달려, 저 먼 신라 천년의 하늘 아래까지 간다.

그들의 소망은 이제 여기서 사는 우리들과 다를 바 없다. 그러나 그 소망이 우리들 육신의 안락만을 향하지 않았다. 그러기에 시인은 노래한다.

> 쌓여진 돌과 돌 사이 작은 틈새로 빠져나오는 불빛
> 남산이 뿜어내는 자비의 눈빛 같은 그 불빛 만날 때마다
> 어둔 밤길 걸어 남산 돌부처 찾아오는 눈먼 그믐달 위해
> 나도 기름진 살을 태워 불 밝히고 싶어집니다
>
> 정일근, 「니르바나의 불빛」 부분

어둔 밤길 걸어오는 눈먼 그믐달이 있다. 그런 존재들이 있다. 그때 정녕 나는, 그리고 그대는 눈먼 그믐달을 위해 우리들 기름진 살을 태울 수 있는가.

어린 시절에 읽은 미국 작가의 소설 가운데 「큰 바위 얼굴」이 있다. 두루 아는 내용이리라. 마을의 산 중턱에 새겨진 큰 바위 얼굴, 사람들은 모든 지혜와 용기를 갖춘, 저 바위를 닮은 그가 언젠가 나타나리라 믿었다. 그런 그를 기다리는 소박한 믿음이 소년인 주

인공에게도 있었다. 때때로 그럴 만한 사람이 나타났다. 그러나 속 내는 그렇지 못했다. 그들은 자신들의 욕심을 채우는, 그래서 순진한 마을 사람들에게 마음의 상처만 남기고 떠나는 이들이었다. 그럴수록 마을 사람들의 마음에는, 그리고 이 소년의 마음에는 더욱 간절한 기대가 인다.

그러나 정작 큰 바위 얼굴은 이 소박한 믿음의 사람들 사이에서 나왔다. 바로 이 소년이 그 주인공이다. 아무런 욕심 없이, 소중한 사람의 본성을 깨끗하고 바르게 지키고 살아간 이 소년이야말로 사람들이 고대해 마지않던 큰 바위 얼굴이었다.

이제 보니 '큰 바위 얼굴'은 결코 먼 남의 나라 이야기가 아니다. 저 묵묵히 바위의 위용과 무게를 스승으로 알고, 거기서 가르침을 얻으려 했던 신라인이 있었으니 말이다.

4

무기를 감춘 땅에 남은 것들
—무장사 터

무장사(鍪藏寺) 터를 찾아가면서 학생들에게 단단히 일렀다. 산길은 가파르지 않으나, 길인지 계곡인지 모를 험한 데가 더러 있고, 크고 작은 돌로 뒤덮여 걷기가 쉽지 않다고. 그러나 아름다운 숲길은 어디서도 보기 힘든 절경이니 충분히 갈 만한 가치가 있다고. 남학생에게는 라면과 버너를 준비하라고도 일렀다. 계곡 가에서 끓여 먹는 라면 맛을 어디 가서 맛보겠느냐고.

무장사 터 가까이에 이르러 길을 잃은 적이 있었다. 산등성을 바라보며 한 시간 넘게 걸어 왔을까? 가을비가 아침부터 차갑게 내렸다.

경주의 보문관광단지에서 출발하여 덕동호수를 오른쪽에 두고 암곡동이라는 곳을 찾았었다. 자동차로 겨우 10분쯤 달리는 거리였다. 더 이상 오를 길 없는 골짜기의 입구에 차는 버려두고, 도대

무장사 터로 가는 길 산길은 가파르지 않으나, 길인지 계곡인지 모를 험한 데가 더러 있고, 크고 작은 돌들로 뒤덮여 걷기가 쉽지 않다. 그러나 아름다운 숲길은 어디서도 보기 힘든 절경이니 충분히 갈 만한 가치가 있다.

체 어디서 갑자기 이런 골짜기가 나타났는지 의아스럽기만 한데, 그사이에 난 거짓말같이 평탄한 산길로 발걸음을 옮겼었다.

깎아지른 듯한 골짜기가 이어지는 산길의 끝, 돌연 확 트이는 터가 나타나는가 했더니, 안개비가 빠르게 퍼져 내려와 삽시간에 어디가 어딘지 모르게 주변을 감춘다. 잠시 잠깐일까, 여기에 오직 하나 남아 있는 삼층석탑이 환영처럼 얼핏 보였다가 안개비 속에 묻힌다.

처음 가 보던 날, 그렇게 길을 잃은 곳이 무장사 터다.

학생들은 내 한마디 한마디에 탄식과 탄성을 연발했다. 그렇게 설렘과 걱정 속에 우리는 암곡동 버스 종점에 내렸다.

순간 아연실색했다. 그사이 무장사 터가 있는 산 전체가 국립공
원으로 바뀌어 있었다.

화기엄금. 흡연금지.

무기를 버리고
감춘 곳

라면 끓여 먹기는 물 건너갔다. 그뿐인가. 골짜기로 들어가는 입구
에는 번듯한 화장실을 갖춘 주차장이 들어섰고, 찾아온 차들이 꽤
보였다. 이럴 일이 없는데⋯⋯. 이 골짜기는 아무나 아는 곳이 아
닌데⋯⋯.

주차장 입구에 '선덕여왕 촬영지'라는 간판이 보였다. 아하, 웬
만큼 짐작이 갔다. 이제 더 이상 감춰진 보배스러운 답사지가 아니
겠구나. 산길도 잘 다듬어져 있었다.

무장사는『삼국유사』의 기록에 따른다면,

> 서울의 동북쪽 20리쯤 암곡촌의 북쪽에 무장사가 있다. 제38대 원
> 성대왕의 아버지 곧 명덕대왕으로 추봉된 대아간 효양(孝讓)이 숙부
> 파진찬을 기리기 위해 지었다.
>
> 『삼국유사』, '무장사의 미타전(鍪藏寺彌陀殿)'조에서

고 하였다. 서울이라면 경주를 이르는 것이고, 보문관광단지를 지
나 덕동호수 상류, 지금의 암곡동은 바로 암곡촌에서 나왔다.

다들 이 기록은『삼국유사』에서 눈여겨보지 않고 지나갈 뿐만

아니라, 이제는 폐사로 변한 곳이라 버려두다시피 하는데, 사실은 신라 말의 한 슬픈 사연과 함께 신라의 뒷골목을 볼 수 있는 뜻 깊은 곳이다. 호젓한 산길이라면 그렇게 호젓할 수 없는, 그윽하고 청량하다면 그렇게 기운찰 수 없는, 불과 분지를 떠난 얼마 사이에 이런 경지가 나타나는지 의아한 마음이 앞서는 곳이다.

너른 분지 위에 발달한 도시가 경주이다. 그러기에 경주는 시원한 느낌으로 다가온다. 황룡사 터에 서 보면 사방으로 확 트인 시야가 '바로 여기가 천년 왕국의 넉넉한 중심지였다'고 소리 없이 외치는 듯하다.

사실 그것은 경주만이 아니다. 부여의 경우에도, 우리들에게는 너른 분지가 먼저 눈에 들어온다. 공주로 도읍을 옮긴 백제가 왜 다시 부여로 내려갔을까?

공산성을 둘러싸고 흐르는 백마강이 더없이 좋지만, 공주는 아무래도 산으로 둘러싸여 사람이 널찍하게 살기에 모자라는 편이다. 그에 비해 부소산성을 끼고 흐르는 강물도 넉넉하지만, 산성을 내려오면 바로 분지가 시작되는 부여는, 주위에 널린 너른 들판을 비롯해, 무엇 하나 빠지지 않는다는 느낌이다. 이것이 옛 사람들이 생각한 수도가 가져야 할 기본요건이었으리라.

신라 사람들이 백제와 고구려를 병합한 다음 기왕이면 수도를 한반도의 중심부 어딘가 옮겨 가지 않은 까닭은 무엇이었을까?

그렇지 않아도 하필 신라가 통일의 주역이 되었음을 마뜩찮게 바라보는 눈들이 있다. 특히 고구려가 통일을 주도하였더라면 만주도 우리 땅일 텐데……, 하는 시각 말이다. 그것은 오직 역사를 가정이나 결과로만 보는 안타까운 탄식에 불과하지만, 그나마 통일 후에 수도라도 옮겨 나라의 꼴을 좀 더 북쪽으로 발전시켰다면 좋았으리라는 꼬리말은 붙일 만하다.

그렇다면 왜 옮기지 않았을까?

아마도 신라 사람들은, 아니 경주 사람들은 경주만 한 곳을 다시 찾지 못해서였던 것은 아닌가 싶다. 일부러 깎아 내지 않아도 너르게 펼쳐진 땅에 마음껏 평평한 도심지를 만들어 냈다. 황룡사 터 근처의 경주 시내 발굴 현장을 본 사람들은 이 말의 뜻을 알 수 있다. 24미터짜리 바둑판 같은 구도의 도로와, 잘게 깔린 자갈, 길가로 상수와 하수를 처리할 수구(水溝)가 가지런하다. 그런 도시를 만들어 낸 사람들이 그걸 그냥 두고 떠나기는 아쉬웠으리라.

소박한 생각의 끝이지만, 지세가 그렇다면 경주는 지키기 또한 쉽지 않았음이 분명하다. 분지가 지닌 약점이다. 사방이 트여 외적의 침입에 하릴없이 당할 수 있기 때문이다.

그런 마련해서 무장사 터는 경주에서 매우 특이한 곳이다. 너른 분지를 바로 곁에 두고 어쩌다 이런 산골짝이 나타나는지, 심지어 길이 서툰 나그네는 안개 속에 갇힌다.

일연은 『삼국유사』에서, "태종(김춘추)이 삼한을 통일한 다음, 계곡 안에 무기와 투구를 감추어 두었다"라고 이 절 이름의 유래를 설명한다. 그래서 무장(鍪藏)이다. 이를 두고 해석은 두 갈래로 나뉜다. 왕은 더 이상의 무기를 쓰지 않으려 염원했다는 것, 그래서 무기를 감추었으니, 다분히 불교와의 연계 속에서 그 평화지향주의가 주장된다. 그러나 정작 절은 한참 뒤에 지어졌다. 진정 평화를 바란다면 무기를 없애야지 감추어 될 일이 아니다. 엄밀히 따진다면 통일 전쟁은 김춘추가 죽고 난 다음, 그러니까 그의 아들 문무왕 때에 와서야 끝났다. 그렇다면 이곳은 분지의 경주 시내가 무너졌을 때 최후의 보루로 삼기 위한 요새?

무기를 감추어 둔 곳, 그렇다. 경주 사람들에게는 그처럼 은밀한 장소가 필요했다. 경주가 경주 구실을 하는 데는 이런 곳이 있어서 뒷받침이 되었다.

계화왕후의 슬픈 사연과 저무는 신라

오후의 가을 햇살 속에 무장사 터를 다시 오른다. 라면 끓여 먹고 담배 피우기는 이미 틀렸다.

이 길의 분위기는 벌써 일연이 써 놓았다. "그윽한 골짜기는 삐죽 솟아나 마치 깎아서 만든 것 같다"라고 했는데, 그러기에 무기를 감출 만한 곳이려니 싶겠지만, 승려인 그의 눈에는, "그윽하고도 깊어서 저절로 빈 마음이 생기니, 곧 마음을 편히 하고 도를 즐길 만한 신령스러운 곳"으로 보였다. 보는 이에 따라 이렇듯 달라지는 것이다.

여기에는 소성왕(昭成王, 799~800년)의 왕후 계화(桂花)의 눈물겨운 사연이 담겨 있다. 먼저 『삼국유사』의 이 부분을 읽어 보자.

절의 위쪽에 오래된 미타전이 있다. 소성왕의 비 계화왕후는 대왕이 먼저 죽자, 마음이 우울하고 허황하기만 했다. 슬픔이 지극하여 피눈물을 흘리고 마음은 가시에 찔리는 듯했다. 그래서 왕의 밝고 아름다움을 기리고 명복을 빌기로 하였다.

이때 서방에 큰 성인이 있어 곧 미타라 하는데, 지성껏 모시면 잘 구원하여 맞이해 준다는 말을 들었다.

"그 말씀이 진실이니, 어찌 나를 속이리오."

이에 갖춰 입고 있던 온갖 호사스러운 옷을 시주하고, 창고에 가득 쌓인 재물을 내놓아, 좋은 기술자를 불러다 미타상 하나와 여러 신들을 만들어 모셨다.

『삼국유사』, '무장사의 미타전'조에서

소성왕은 무슨 까닭인지 왕위에 올라 1년 남짓 만에 세상을 떴다. 『삼국사기』에서는 왕이 죽은 "여름 4월에 폭풍이 불어 나무를 꺾고 기와를 날려 보냈으며, 서란전의 발은 날아간 곳을 알 수 없고, 임해문과 인화문이 무너졌다"라고 적고 있는데, 폭풍은 그냥 바람만이 아니었는지 모른다. 무너지기는 문만이 아니었는지 모른다.

왕의 자리는 아들로 이어져 애장왕(800~808년)이 등극하였다. 그러나 나이 어린 아들은 10년을 근근이 버티다, 숙부 곧 소성왕의 동생에게 죽임을 당하였다. 숙부에게 죽임을 당한 조카는 조선왕조의 단종이 처음은 아니다. 바야흐로 신라 하대의 혼란스러운 정국이 소용돌이치기 시작하는 지점이다.

남편을 졸지에 잃고 어린 아들을 왕위에 올린 계화왕후, 일연의 표현대로라면, "슬픔이 지극하여 피눈물을 흘리고 마음은 가시에 찔리는 듯"하였다. 그런 왕후가 남편의 명복을 빌기 위해 이 절

터 위쪽에 미타전을 지었던 것이다.

이곳이 무기를 감추는 자리에서 절터로 바뀐 것은 이보다 앞서서였다. 그때의 상황을 일연은 계속해서 다음과 같이 적는다.

이보다 앞서 절에 한 노승이 살았다. 문득 꿈에 진인(眞人)이 석탑의 동남쪽 언덕 위에 앉아 서쪽을 바라보고 대중들에게 설법을 했다. 노승은 속으로 이 땅이 반드시 불법이 머무를 곳이라 생각했으나, 마음속에 감춰 두고 사람들에게 말하지 않았다.

바위는 험준하고 물살은 세서 기술자가 손을 대지 못하고, 모두들 불가능한 곳이라 했다. 그러나 땅을 골라내 평탄한 터를 만드니, 절채

무장사 터의 아미타불상 사적비 계화왕후가 아미타불상을 만들어 무장사에 봉안하게 된 내력을 새긴 비석이다. 글을 새긴 몸통은 없어지고 그 받침돌인 쌍귀부와 옥개만 남아 있다.

를 지을 만했다. 완연히 신령스러운 터전이었다. 보는 사람마다 놀라지 않는 이가 없이 잘했다 칭찬하였다.

『삼국유사』, '무장사의 미타전'조에서

저들의 할아버지 김춘추는 무기를 감추었지만, 비정한 권력 다툼의 살생 끝에 허황한 마음을 가눌 길 없는 후손들은, 빈 마음이 생겨 도를 즐길 만한 곳으로 이 터를 찾았다. 일연은 앞의 기록의 마지막 대목에, "이즈음 들어 전각은 무너지고, 이 절 하나만 남아 있다"라고, 13세기 말 무렵의 '근황'을 소개하고 있다.

지금 사람들은 무엇 때문에 이 골짜기를 찾는가. 주차장에서 골짜기로 오르는 길목에는 비닐하우스로 만든 간이식당마저 보인다. 이곳 논에서 기른 미나리를 넣어 만든 전이 맛있었다. 거기에 경주 막걸리까지 곁들인다.

"금방 갔다 오시네요."

올라가던 길에 잠시 머문 식당의 주인이 다시 들른 우리 일행을 알아보고 알은척한다.

"절터까지 갔었으니까요. 그런데 이 많은 사람들은 다 어디 가는 거예요?"

"무장봉 정상의 억새가 쥑인다 안 합니꺼……. 절터예? 그기야 뭐……."

말끝을 흐리는 것은, 절터 갔다 온다는 우리 일행을 배려(?)한, 눈치 빠른 주인의 장사 감각이었다.

신라, 숲에서 시작하여 숲에서 끝나는 나라

처음 가서 길을 잃던 날, 얼마나 지났을까, 비가 개고 햇빛이 살짝 비쳤었다. 작지만 아담하고 정겨운 삼층석탑이 나타났다. 그 뚜렷한 모습에서 무장사의 옛이야기를 듣는 듯하다. 걸어서 한 시간 내내 이어지는 협곡이 그지없이 완벽하게 천혜의 요새를 이룬 곳, 그런데 해가 뜨자 요새는 아주 밝은 단풍으로 단장하여 홀로 남은 탑을 감싼다.

거기에 취해 있다 뜻밖에 이런 생각을 하게 되었다. 사실 신라는 숲에서 시작하여 숲에서 끝나는 나라는 아닐까.

숲에서 태어나 숲의 나라를 이루도록 한 이가 김알지(金閼智)이다.

시림(始林)이라 불리는 숲은 알지의 탄생에서 지어진 이름 같고, 그 숲을 다시 계림(鷄林)이라 불러 신라를 가리키는 나라 이름으로까지 썼다. 금빛 궤짝에서 나왔다고 김씨 성을 가지게 된 알지는 탈해왕(57~80년) 때 사람이다. 그 뒤로 열한—아도—수류—욱부—구도를 거쳐, 7세손 미추가 드디어 왕위에 오른다. 서기 262년의 일이다.

『삼국유사』에서는 알지의 탄생을 이렇게 일러 주고 있다.

서기 60년 8월 4일 밤, 월성의 서쪽 마을을 지나가던 호공은 숲 한가운데에 매우 밝은 빛이 비추는 것을 보았다. 자줏빛 구름이 하늘로부터 땅에 드리우는데, 구름 속에 황금 궤짝이 걸려 있고, 궤짝에서는 빛이 새어 나왔다. 또한 흰 닭이 나무 아래에서 우는 것이었다.

호공이 이 사실을 탈해왕에게 알렸고, 왕은 몸소 숲으로 와서 궤짝을 열어 보는데, 거기서 어린 사내아이가 누워 있다 일어났다. 계림에서 알지의 출현이었다.

『삼국사기』는 알지의 탄생에 대해 『삼국유사』와 사뭇 달리 기술하고 있다. 처음 이상한 빛을 발견한 사람이 왕이고, 호공은 왕의 명령을 받아 현장을 살펴본 다음, 문제의 궤짝을 들고 왕궁으로 향하고 있다. 탈해왕 쪽을 훨씬 배려한 느낌이다.

그러나 일연의 관심은 알지에게 가 있고, 그가 태어난 숲에 가 있다. 그곳은 생명의 숲이다. 어린 알지를 안고 궁으로 가는데, 새와 짐승까지 따라오며 기뻐 뛰었다고 적고 있다. 숲을 배경으로 인간과 자연이 하나 되는 장면이다.

『삼국유사』와 『삼국사기』가 알지의 탄생을 두고 달라지는 점은 여기서 그치지 않는다.

알지는 스스로 왕이 된 사람이 아니다. 2백여 년이나 기다린 끝에 그의 후손이 김씨 성을 가진 첫 왕으로 등극하였다. 그러나 그 과정을 그리는 시각은 달라진다.

일연은 알지가 출현하는 광경을 쓰고 난 다음 "혁거세의 옛일과 같다"고 부연한다. 혁거세가 신라 땅으로 올 때, 남산 아래 나정 곁에 이상스러운 기운이 번개처럼 드리우고, 흰 말 한 마리가 무릎 꿇어 절하는 바로 그 모습을 떠올린 것이다. 흰 닭이 아닌 흰 말이며, 알에서 깨 나오는 과정이 다르다면 다르다. 그럼에도 혁거세와 알지를 연결하려는 일연의 의도에 일단 주목해 보자.

탈해왕이 알지를 태자에 책봉하였지만 알지는 뒤에 바사에게 양보하고 왕위에 오르지 않았다. 바사는 탈해 앞의 왕 노례의 아들이다. 신비스러운 탄생은 박씨의 혁거세, 석씨의 탈해, 그리고 김씨의 알지가 비슷하다. 다른 점이 있다면 알지는 2백여 년을 기다려서야 그 후손이 왕위에 올랐다는 점이다. 그랬음에도 불구하고 신라 왕위 계승의 주도권을 결국 김씨가 쥐게 되었다는 점을 또 주목하기로 하자.

그 핵심에서 우리는 계림이라는 곳의 의미를 떠올리게 된다.

계림은 본디 시림이었다. 생명이 비롯하는 숲이다. 흰 닭이 울어 새벽을 깨우는 곳이다. 그래서 계림으로 바뀌었고, 그것이 곧 나라의 이름이 되었다. 모두가 환호작약하는 생명을 탄생시킨 숲이 곧 나라의 처음이라 가리키는 듯하다.

한편 신라의 마지막도 숲에서부터 그 소식이 전해 오고 있다.

제48대 경문왕(861~874년)의 시기는 신라 하대의 혼란상을 그대로 보여 준다. 왕은 희강왕의 손자이다. 그런데 희강왕은 사촌 간인 민애왕에게 죽임을 당했고, 민애왕은 또 다른 사촌 신무왕에게 죽임을 당했다. 물고 물리는 형제간의 살육극 끝에 왕들은 1년 남짓 자리에 있다가, 권력은 고사하고 목숨마저 앗겨 나가고 말았다.

왕손 시절의 경문왕은 무엇보다 덕치(德治)와 의리를 무겁게 여기고자 했던 듯하다. 그러기에 혼란을 끝낼 적임자로서 드디어 왕의 자리에 오를 수 있었다고, 『삼국유사』의 '48대 경문대왕(四十八景文大王)' 조에서 일연은 말한다.

시대와 함께 밀려오는 혼란은 어느 뛰어난 한 사람의 힘으로 제어하기 어려운가 한다. 그것은 경문왕에게도 예외는 아니었다. 그의 치세(治世)가 시원치 않았음을 『삼국사기』는 곳곳에서 증언하지만, 나는 경문왕의 개인적인 능력이나 덕성이 아닌 시대의 한 흐름을 생각한다. 경문왕도 어쩔 수 없는 침몰의 그림자가 신라 하늘에 드리우고 있었다.

바로 이 왕에게 신라판 '임금님 귀는 당나귀 귀' 이야기가 따라붙는다. 절규와 탄압이 교차하는 비극의 숲 이야기 말이다. 일연의 이야기 솜씨에 새삼 탄복하는 『삼국유사』에만 나오는 내용이다.

왕위에 오른 다음 경문왕의 귀가 당나귀 귀처럼 커졌다. 사건은 거기서 벌어진다. 커졌다는 귀가 사실로서 아니면 어떤 상징으로 받아들여야 할지 뒤로 미룬다.

그것을 오직 왕의 두건 만드는 기술자만이 알았다. 그러나 입 밖에 낼 수 없는 법, 그는 죽을 무렵에야 대나무 숲 깊숙한 곳에 들어가, "우리 임금님 귀는 당나귀 귀 같다"고 외쳤다. 그 말을 뱉지 않고는 쉽게 눈도 감을 수 없었던가 보다.

그다음부터 이야기는 다른 나라 동화와 비슷하면서 달라진다. 바람이 불면 대나무 숲에서 "우리 임금님 귀는 당나귀 귀 같다"고 울려온다는 대목은 같고, 왕이 이 소리를 싫어하여 대나무를 베어 버리고 산수유를 심게 했다는 대목은 다르다. 그랬더니 바람이 불면 다만 "우리 임금님 귀는 길다네"라고 울려왔단다.

이야기가 상징하는 바야 여러 가지다. 흔히 말하는 여론이라든가 탄압과 저항의 함수관계를 들먹일 수 있다. 신라 하대의 혼란스러운 정치상을 생각할 때 맞는 말이고, 일연은 그 같은 메시지를 이야기로 구체화시켜 놓은 듯하다.

그러나 감추어야 할 비밀을 가진 사람은 오직 스스로 혼자 지고 가야 하는 고민으로 얼룩져 있다. 기울어 가는 나라의 사망선고를 왕은 숲으로부터 들었던 것은 아니었을까. 산수유를 베어 버리면 거기서 자라난 풀들이 일어나 외쳤을 것이다.

신라를 숲에서 시작하여 숲에서 끝낸 나라라고 보는 것이 어떨는지 모르겠다. 숲을 살렸을 때 나라가 살았고, 숲을 죽였을 때 나라도 죽었다.

무사시노,
무장의 다른 이름

일본 도쿄의 서남쪽 분지를 무사시노(武藏野)라 부른다. '무기를 감춘 들'이라는 뜻이다. 신주쿠(新宿)를 출발해 무사시노를 달리는 국철(國鐵) 주오센(中央線) 열차가 도쿄도(東京都) 23구의 하나인 스기나미구(杉並區)를 지나면 도쿄도 22시의 하나인 무사시노시(武藏野市)에 이른다. 그러니까 도쿄도는 동쪽으로 23개 구와 이를 둘러싼 서남북 세 방면의 22개 시로 이루어졌는데, 이 시들의 대부분이 바로 무사시노 분지에 들어서 있다. 달리는 열차에서 바라보자면, 언덕 하나 보이지 않는 광활한 분지에 집들은 빽빽이 가득 차 있다. 도쿄의 베드타운이다.

그렇다면 이곳을 왜 무사시노 곧 '무기를 감춘 들'이라 이름 붙였을까.

신주쿠에서 출발해 무사시노를 달리는 또 다른 열차는 사철(私鐵) 세이부 신주쿠센(西武新宿線)이다. 백화점과 철도를 운영하는 이 회사는 유명한 프로야구 팀 세이부 라이온즈를 가지고도 있다. 50분 남짓 흔들렸을까, 열차는 도쿄도를 넘어 사이타마현(埼玉縣)으로 들어간다. 미군부대가 있는 도코로자와(所澤)를 지나 종점인 한노(飯能)까지 가는 열차이다. 줄곧 무사시노 분지는 이어진다.

한노에서 지방선으로 갈아타고 한 정거장을 더 가면 고마(高麗)라는 역이 나온다. 고마라니, 아니 고려라니, 일본 땅에 웬 고려?

우연히 한자가 같아서 그러는가 싶었지만, 그것은 분명 우리의 고려였다. 물론 이 고려는 고구려를 가리키는 말이다. 도쿄도 22시 가운데 고마에시(狛江市)가 있는데, 여기서 '고마'도 고려를 가리키는 말이다. 고마에 시청 앞에 정체불명의 큰 무덤이 있거니와, 이 마을에서는 고구려 출신의 장군을 모신 무덤이라 믿고 있다. '한국 어동호회'라는 매우 활발한 시민단체가 활동하는 곳도 여기이다.

각설하고, 사이타마현의 히다카시(日高市)에 위치한 고마(高麗), 이곳을 찾아가 본 것은 2001년 7월 중순의 한낮이었다. 무더운 날이었다. 고마역에서 내렸을 때, 분지의 끝에서 나는 처음으로 야트막한 산들을 보았다. 전설에 따르면, 신라에 패망한 고구려의 이주민들이 옮겨 와 살았던 마을이란다. 어느 길로 어떻게 왔는지 모르지만, 무사시노 저 너른 분지의 들판을 버려두고, 고구려인들은 어찌 분지의 끝 곧 산이 시작하는 지점에 와서야 둥지를 틀었을까.

가 보아야 할 곳은 세 군데였다. 조금 큰 시냇물 정도의 고마가와(高麗川), 병풍처럼 산이 둘러치고 고마가와가 휘돌아 가는 요새에 만들어진 고구려 유민들의 마을 고마무라(高麗村), 그리고 그 마을 입구에 세워진 고마진자(高麗神社)이다.

고마역에서 고마가와역까지 1시간 남짓, 다시 고마가와를 거쳐 고마진자까지 1시간 남짓, 그렇게 2시간 넘게 걷는 동안, 주변 풍경들은 나를 한국의 어느 시골 마을에 와 있다는 착각 속으로 불러들여 갔다. 날이 더워서 그랬던 것만은 아니다. 고마진자에 이르렀

고마가와 역 역에서 내렸을 때, 분지의 끝에서 나는 처음으로 야트막한 산들을 보았다. 전설에 따르면, 신라에 패망한 고구려의 이주민들이 옮겨 와 살았던 마을이란다.

을 때, 진자 뒤쪽으로는 깎아지른 절벽 같은 산이 하나 버티고 있었다. 산의 품 안에 진자는 앉아 있었다. 앞으로는 당연히 고마가와가 흐르고, 그것은 마치 배산임수(背山臨水)를 이상적으로 여겼던, 그런 위치에서 고향 땅을 그렸을 고구려인의 숨소리 같았다.

전설에 따르면 무사시노는 그 고구려인들이 무기를 감춘 곳이어서 붙여진 이름이라 한다. 문득 경주의 무장사가 생각났다. 그러나 이것은 전설일 뿐이다. 다만 사이타마의 여러 고분에서 출토되는 부장품 가운데 특히 무기류가 많다는 점은 특이하다. 더욱이 고마진자를 둘러싸고 사는 고구려의 후예들은, 무기를 감추어야 했던

고마진자 진자 뒤쪽으로는 깎아지른 절벽 같은 산이 하나 버티고 있다. 산의 품 안에 진자는 앉았다. 앞으로는 고마가와가 흐르고, 그것은 마치 배산임수를 이상적으로 여겼던, 그런 위치에서 고향 땅을 그렸을 고구려인의 숨소리 같다.

세월의 수상함을 잊은 지 오래련만, 전설 속의 그림자를 가슴 깊이 새기고 산다고 한다.

그 시절은 그랬었던가. 협곡에 무기를 감추고, 제 목숨을 지키자고 웅크렸다가, 허황한 때가 오면 절을 짓고, 외로운 혼의 명복을 빌었던가.

신라와 고구려, 무장사와 무사시노가 자꾸만 겹쳐져 다가온다.

분황사 천수대비, 맹인 아이가 눈을 뜨다

경덕왕 때였다. 한기리(漢岐里)에 사는 희명(希明)이라는 여자의 아이가 다섯 살이었는데, 갑자기 눈이 멀었다. 어미는 아이를 안고 분황사 왼쪽 전각의 북쪽 벽에 그려진 천수대비 앞으로 갔다. 노래를 지어 아이에게 기도하게 하였더니 드디어 눈이 떠졌다. 그 노래는 이렇다.

> 무릎이 헐도록
> 두 손바닥 모아
> 천수관음 앞에
> 빌고 빌어 두노라
>
> 일천 개 손 일천 개 눈
> 하나를 놓아 하나를 덜어
> 둘 없는 내라
> 한 개사 적이 헐어 주시려는가
>
> 아, 나에게 끼치신다면
> 어디에 쓸 자비라고 큰고

찬한다.

> 대나무 말 타고 거리에서 뛰놀더니
> 하루아침에 초롱한 두 눈은 동자를 잃었구나
> 부처님 자비로우신 눈을 돌리지 않으셨다면
> 버드나무 꽃 피는 계절 몇 번이나 그냥 보냈을꼬

미추왕과 죽엽군

제13대 미추(未鄒) 닛금[21]은 김알지의 7세손이다. 대대로 빛나는 집안의 전통을 잇고 두루 성덕(聖德)을 갖추었다. 첨해왕(沾解王)에게서 물려받아 비로소 왕위에 올랐는데,[22] 23년간 자리에 있다가 죽었다. 왕릉은 흥륜사(興輪寺) 동쪽에 있다.

제14대 유례왕(儒禮王) 때에 이서국(伊西國) 사람들이 금성으로 쳐들어왔다. 신라 쪽에서 힘을 다해 막았으나 버티지 못하였는데, 갑자기 기이한 병사들이 달려와 도와주었다. 그들은 모두 귀에 대나무 잎사귀를 꽂고, 신라군과 힘을 합하여 적을 쳐부쉈다. 군사들이 물러간 다음 어디로 갔는지 알 수 없었으나, 다만 대나무 잎사귀가 미추왕의 능 앞에 쌓여 있는 것이었다. 그래서 선왕의 음덕이 공을 이루었음을 알았다. 이 때문에 죽현릉(竹現陵)[23]이라 불렸다.

한참 뒤 37대 혜공왕 때였다. 대력(大曆) 14년은 기미년(779년)인데, 4월에 갑자기 회오리바람이 김유신의 무덤에서 일더니, 거기서 장군과 같은 모습을 한 사람이 말을 타고 나타났다. 뒤따라 갑옷에다 무기를 든 40여 명이 쫓아 나와 죽현릉으로 들어갔다. 얼마 있다 능 안에서 크게 우는 소리처럼 울리고 호소하는 듯한 소리가 들려왔다. 그 말은 이랬다.

"제가 살아서는 신하로 일하며 어려움을 이겨 내고 통일을 이뤘으며, 죽어 혼백이 되어서는 나라를 지키고 재앙을 물리치며 환난에서 구하려는 마음이되 조금이라도 넘보지 않았습니다. 그런데도 경술년(770년)에 제 자손들이 죄 없이 가혹한 벌을 받았습니다. 임금과 신하가 저의 공과 충성심을 생각하지 않으시니, 저는 멀리 다른 곳으로 옮겨 다시 수고로운 일을 하지 않으려 합니다. 왕께서는 허락하여 주소서."

김유신의 말이었다. 왕은 대답했다.

---

21) 미조(未祖) 또는 미고(未古)라고도 한다.

22) 지금 사람들이 왕의 능을 시조당(始祖堂)이라고 한다. 대개 김씨로 처음 왕위에 올랐으므로 후대 여러 김씨 왕들이 모두 미추왕으로 시조를 삼는 것은 마땅하다.

23) [역주] 미시나 아키히데(三品彰影) 씨는, 현(現)과 엽(葉)의 음이 서로 통하므로, 죽현릉은 곧 죽엽릉이라고 설명하였다.

"오직 내가 그대와 더불어 이 나라를 지키지 아니하면 백성들은 어디로 가란 말이오? 그대는 다시 이전처럼 힘을 다해 주시오."

김유신이 세 번을 청했으나 미추왕은 세 번 모두 들어주지 않았다. 그러자 회오리바람이 잠잠해졌다.

혜공왕이 이를 듣고 두려워하며 대신 김경신(金敬信)을 보내 김유신의 능 앞에 가서 사과하고, 그를 위해 공덕보전(功德寶田) 30결로 취선사(鷲仙寺)에서 명복을 비는 데 쓰도록 했다. 이 절은 곧 김유신이 평양을 토벌한 다음 복을 빌기 위해 세운 연고가 있다.

미추왕의 영령이 아니면 무엇으로 김유신의 분노를 막았겠는가. 왕이 나라를 지키는 공덕이 크다 아니할 수 없다. 이 때문에 나라 사람들이 그 덕을 가슴에 품고 삼산(三山)[24]과 함께 제사 지내기를 빠뜨리지 않았다. 서열을 박혁거세의 다섯 왕릉 위에 놓아 대묘(大廟)라 불렀다 한다.

진신이 공양을 받다

장수(長壽) 원년은 임진년(692년)인데, 효소왕이 즉위하여 처음 망덕사를 짓고, 당나라 황실을 위해 복을 빌게 되었다. 그런 다음 경덕왕 14년(755년), 망덕사 탑이 흔들리는 것이었다. 이해에 바로 안녹산(安祿山)과 사사명(史思明)의 난이 일어났다. 신라 사람들은, "당나라 황실을 위해 이 절을 지었더니, 응답이 나타나는구나"라고 하였다.

8년 정유년(697년)에 낙성회를 열었다. 왕은 몸소 나가서 공양을 베풀었다. 이 때 한 비구가 나타났는데, 그 모습이 초라하기 그지없었다. 어깨도 제대로 펴지 못하고 말했다.

"저도 끼게 해 주십시오."

왕은 상 끝에 앉도록 했다. 자리가 다 파할 때쯤 왕은 놀리는 듯 말하였다.

"어디서 지내시는가?"

---

24) 신라에서 가장 크게 제사를 올리는 세 곳, 곧 내림(奈林)·골화(骨火)·혈례(穴禮)이다.

"비파암(琵琶巖)이옵니다."

"이제 가거든 사람들더러 국왕이 몸소 공양한 재(齋)를 받았다곤 말 마시게."

"폐하께서도 사람들더러 진신석가(眞身釋迦)를 공양했노라 말 마십시오."

승려는 웃으며 말하더니, 몸을 솟구쳐 공중에 떠 남쪽으로 날아가 버렸다. 왕은 놀라고도 부끄러워, 말을 달려 동쪽 언덕 위로 올라가 사라진 방향을 향해 멀리 경배했다. 신하를 시켜 가서 찾아보게 하였다. 남산의 삼성곡(參星谷)[25]에 이르자 돌 위에 지팡이와 바리때를 놓고 사라져 버렸다. 신하가 와서 그 사실을 알렸다. 그래서 비파암 아래에다 석가사(釋迦寺)를 짓고, 자취를 감춘 곳에 불무사(佛無寺)를 지어, 지팡이와 바리때를 나눠 간직했다.

두 절은 지금도 있으나 지팡이와 바리때는 없어졌다.

『대지도론(大智度論)』의 제4에 이런 이야기가 있다.

"옛날 계빈(罽賓)[26]에 큰스님이 한 분 있었다. 아란야법(阿蘭若法)[27]을 하며 일왕사(一王寺)에 이르렀다. 절에서는 큰 법회가 열리고 있었다. 문지기가 그의 옷차림이 초췌한 것을 보고, 문을 닫으며 들어가지 못하게 했다. 이처럼 여러 차례 초라한 옷차림 때문에 들어가지 못하자 다른 방법을 썼다. 좋은 옷을 빌려 입고 온 것이다. 문지기가 보더니 막지 않고 들여보냈다.

자리를 차지한 다음, 여러 가지 좋은 음식이 나오면 먼저 옷에게 주었다. 여러 사람이 물었다.

'어째 그러시오?'

'내가 여러 차례 왔으나 그때마다 들어오지 못했소. 이제 옷 때문에 이 자리를 차지했으니, 여러 가지 음식이 나오면 그것을 옷에게 주어야 마땅하지요.'"

이 일과 같다고 하겠다.

---

25) 또는 대적천원(大磧川源)이라고도 한다. [역주] 원문에서 이 부분은 본문처럼 인쇄되어 있으나, 주(註)로 보아야 할 듯하다.

26) [역주] 지금의 카슈미르 지방을 일컫는다. 옛날 북인도에 있던 나라이다.

27) [역주] 아란야란 승려가 수행하기에 알맞은 곳, 곧 암자나 토굴 같은 곳을 말한다. 승려는 혼잡스러운 마을이나 거리를 떠나 아란야를 두루 돌아다니며 수행하는데, 이것을 아란야법이라 한다.

찬한다.

> 향불 태우고 부처님 세우며 새로 그린 탱화도 보며
> 공양 받는 스님네들 옛 친구 부르고 떠들썩하네
> 이로부터 비파암 위의 달은
> 때때로 구름에 가려 못에 비치기 더디었다네

무장사의 미타전

서울의 동북쪽 20리쯤 암곡촌의 북쪽에 무장사(鍪藏寺)가 있다. 제38대 원성대왕의 아버지 곧 명덕대왕으로 추봉된 대아간 효양(孝讓)이 숙부 파진찬을 기리기 위해 지었다. 그윽한 골짜기는 삐쭉 솟아나 마치 깎아서 만든 것 같다. 그윽하고도 깊어서 저절로 빈 마음이 생기니, 곧 마음을 편히 하고 도를 즐길 만한 신령스러운 곳이다.

절의 위쪽에 오래된 미타전이 있다. 소성대왕(昭成大王)[28]의 비 계화왕후(桂花王后)는 대왕이 먼저 죽자, 마음이 우울하고 허황하기만 했다. 슬픔이 지극하여 피눈물을 흘리고 마음은 가시에 찔리는 듯했다. 그래서 왕의 밝고 아름다움을 기리고 명복을 빌기로 하였다.

이때 서방에 큰 성인이 있어 곧 미타라 하는데, 지성껏 모시면 잘 구원하여 맞이해 준다는 말을 들었다.

"그 말씀이 진실이니, 어찌 나를 속이리오."

이에 갖춰 입고 있던 온갖 호사스러운 옷을 시주하고, 창고에 가득 쌓인 재물을 내놓아, 좋은 기술자를 불러다 미타상 하나와 여러 신들을 만들어 모셨다.

이보다 앞서 절에 한 노승이 살았다. 문득 꿈에 진인(眞人)이 석탑의 동남쪽 언덕 위에 앉아 서쪽을 바라보고 대중들에게 설법을 했다. 노승은 속으로 이 땅이 반드시 불법이 머무를 곳이라 생각했으나, 마음속에 감춰두고 사람들에게

---

28) 성(成)은 성(聖)이라고도 한다.

말하지 않았다.

　바위는 험준하고 물살은 세서 기술자가 손을 대지 못하고, 모두들 불가능한 곳이라 했다. 그러나 땅을 골라내 평탄한 터를 만드니, 절채를 지을 만했다. 완연히 신령스러운 터전이었다. 보는 사람마다 놀라지 않는 이가 없이 잘했다 칭찬하였다. 이즈음 들어 전각은 무너지고, 이 절 하나만 남아 있다.

　사람들이 전하기로는, "태종이 삼한을 통일한 다음, 계곡 안에 무기와 투구[鍪]를 감추어[藏] 두었다. 그래서 이름 지었다"라고 한다.

제3장

경상도 바닷길 1박 2일

경상도 1박 2일 코스

오어사 두 스님 개울가에서 물고기 한 마리씩 잡아먹고 내기를 했다지요. 한 스님 그냥 똥으로 나오는데 다른 한 스님 먹었던 물고기 살아 나와 헤엄쳐 가더라나요. 파안대소(破顔大笑), 저거 내 물고기야, 외쳐 거기 지은 절 이름 오어사(吾魚寺). **대왕암** 문무왕은 끝내 화장을 하고 바다에 묻어라 유언하였다. 생전에도 사천왕사(四天王寺)를 창건하는데, 오직 나라를 지키겠다는 일념이었다. **개운포** 공업화가 이룬 혜택과 고통을 고스란히 보여주는 바닷가에서 울산 처용암은 아직 그 형체를 버리지 않고 있다. **수로왕릉** 김해 김씨 4백만 명의 조상 김수로. 사라진 왕국 가야의 시조 김수로의 후손이 이렇게 많다는 것은 무엇을 뜻할까.

I

하늘 밑 푸른 바다에 청포도가 익어
—포항 오어사

나는 육사(陸史)가 무슨 연유로 포항 바닷가 마을을 찾았는지 분명한 까닭을 알지 못한다. 그 근처에 처가가 있었다는 이야기며, 모종의 사건에 연루되어 피신할 일이 생겼다는 등의 내력이 풍문처럼 들려올 따름이다. 어쨌건 거기서 몇 안 되는 그의 작품 가운데 불후의 명작 「청포도」가 탄생되었다는 사실만큼은 분명하다.

내 고장 칠월은
청포도가 익어 가는 시절

이 마을 전설이 주저리주저리 열리고
먼 데 하늘이 꿈꾸며 알알이 들어와 박혀

하늘 밑 푸른 바다가 가슴을 열고
흰 돛 단 배가 곱게 밀려서 오면

내가 바라는 손님은 고달픈 몸으로
청포를 입고 찾아온다고 했으니

첫 두 구절부터 입에 철썩 달라붙는 맛있는 시이다. 이런 구절 하나만으로도 들뜨는 시이다.

게다가 '하늘 밑 푸른 바다가 가슴을 열고' 달려든다면?

사실 지금은 포항 어디에서도 이런 분위기를 느낄 수 없다. 적어도 포항제철이 우람히 자리 잡은 다음에야 처음 포항을 가 본 나 같은 사람에겐 그렇게 느껴진다. 흰 돛 단 배 대신 철광석을 실은 산 같은 배가 바다를 위압할 뿐이다. 그래서 청포 입은 손님은 이제 다른 까닭으로 고달프다.

하지만 포항의 바닷가를 증언하는 다른 사람, 곧 재일한국인 작가 이회성(李恢成)의 회고와 작품 속 한 장면에 따르면, 하늘 밑 푸른 바다가 가슴을 열고, 흰 돛 단 배가 곱게 밀려서 오는 풍경은 결코 상상이 아니다.

아쿠다가와 상과
작가 이회성

여러 해 전 도쿄 시내 신주쿠의 한 다방에서 이회성 씨를 마주한 적이 있었다.

일본인이 노벨문학상 버금가게 중요시하는 아쿠다가와 상(芥川賞)을 받은 그이다. 한국인으로 처음이고, 일본에 살면서 일본어로 작품 활동을 하는 외국인 작가에게 주어진 첫 번째 경우였다. 1971년이었다.

본디 이 상은 일본의 대표작인 소설가 아쿠다가와 류노스케(芥川龍之介)의 업적을 기념하기 위해 만들어졌다. 1935년부터 매년 봄과 가을 두 차례, 등단 10년 이내의 젊은 작가를 대상으로 심사하여 수상자를 정한다. 대형 출판사인 문예춘추사가 주관하는데, 수상작을 포함 수상자의 대표 중단편 4~5편을 묶어 내 주는 수상기념 소설집은 수십 만 부 넘게 팔린다.

아쿠다가와 상이 일본 최고의 권위를 자랑하며 대중적인 인기까지 끌어모은 데는 1956년의 수상자 이시하라 신타로(石原愼太郎)와 수상작 『태양의 계절』이 역할한 바 컸다.

우리에게도 『침묵』이라는 소설로 알려진 엔도 슈샤쿠(遠藤周作)는 1955년 수상자였다. 그때만 해도 '수상식도 신문 기자와 출판사 관계자 10여 인이 모여 치른 소박한 것'이었다고 한다. 다음 해 이시하라가 등장했다. 그는 대학생이었고, 소설의 내용은 파격적인 젊은이의 탈선으로 가득했다. 유복한 집안 출신의 고등학생인 주인공은 복싱이 취미이고, 술과 여자, 그리고 '쌈박질'로 하루하루를 보낸다. 이 소설처럼 살겠다고 설치는 젊은이를 가리켜 '태양족'이라 부르기까지 하였다. 작가의 동생 유지로(裕次郎)가 출연한 영화는 불에 기름을 끼었었다. 유지로는 일본의 제임스 딘이었다.

이시하라의 수상작품집은 100만 부 이상이 팔렸다. 그로부터 4년

아쿠다가와 류노스케(왼쪽) 진정한 일본 근대문학의 선구자로 불린다. 그의 이름을 딴 문학상은 일본 내에서 가장 권위를 인정받고 있다.

태양의 계절(오른쪽) 미나미다 요코(南田洋子)와 나가토 히로유키(長門裕之)가 주연한 〈태양의 계절〉(1956) 포스터. 두 사람은 이 영화로 스타덤에 올랐고, 1961년에 결혼하였다. 중년 이후에는 부부가 함께 사회봉사활동에 힘을 썼다.

전, 아베 코보(安部公房)의 『벽(壁)』이 130만 부를 돌파한 이래의 기록이었다. 1958년의 오에 겐자부로(大江健三郎)의 『사육(飼育)』은 109만 부, 그리고 이 작품은 훗날 일본에 두 번째 노벨문학상을 안겨 주었다.

판매 부수로 가장 화제가 된 것은 무라카미 류(村上龍)의 『한없이 투명에 가까운 블루』였다. 1976년 수상작으로, 모두 354만 부가 팔렸다.

지금도 일본의 문학계에서 문학상의 가장 중심은 아쿠다가와 상

이다. 2003년에는 와세다대학에 재학 중인 여학생 와타야 리사(綿矢りさ)가 수상하였다. 열아홉 살, 130회째 아쿠다가와 상 역사의 최연소 작가였다. 그래서였을까, 수상작품집은 127만 부 넘게 팔렸다. 다소 시들해지던 이 상에 대한 관심이 아연 다시 피어올랐다.

이회성이 바로 이런 상의 첫 재일한국인 수상자였다. 여러모로 화제가 아닐 수 없었다.

그로부터 17년이나 지난 다음, 1988년에 와서야 이양지(李良枝)가 「유희(由熙)」로 두 번째 수상자가 되었다. 이양지는 고국을 무척이나 그리워하고 사랑하더니, 37세의 짧은 일생을 마치고 세상을 떴다. 1996년에는 유미리(柳美里)가 「가족 시네마」로, 1999년에는 현월(玄月)이 「그늘의 집」으로 각각 세 번째와 네 번째 수상자가 되었다.

여기서 한 가지 짚고 넘어갈 점 —.

아쿠다가와 상이 재일외국인을 수상자로 결정할 때는 다분히 정치적이고 문화적인 배려가 스며든다. 네 명의 재일한국인 수상자는 우연히도 모두 공동수상자였다. 이회성은 히가시 미네오(東峰夫)의 「오키나와의 소년」과, 이양지는 나기 케이시(南木佳士)의 「다이아몬드 더스트」와, 유미리는 쓰지 히토나리(辻仁成)의 「해협의 빛」과, 현월은 후지노 치야(藤野千夜)의 「여름의 약속」과 공동 수상하였다. 일본 작가의 수상을 거르지 않으면서, 한국인과 중국인 등, 일본 내의 소수 민족이 쓰는 작품에 대한 관심을 이렇게 표현하는 것이다.

물론 그렇다고 작품의 질이 떨어진다는 말은 아니다. 도리어 일본 문학의 현장을 풍부하게 한다. 소재와 주제에서 일본 작가가 다루지 못할 일을 재일외국인에게 기대고 있다. 이회성을 비롯한 우리 한국인 출신 작가의 수상작도 재일한국인의 뼈저린 삶이 소재이다.

이회성의 포항
그 원풍경

니시 신주쿠(西新宿)의 류노타키(龍澤)—.

일본의 좌파 지식인들이 애용한다는 다방이었다. 지하이긴 해도 널찍하고 시원스러웠다.

이회성을 만난 그날, 그는 다섯 살 때 어머니의 고향인 포항을 방문했을 때를 어렴풋이 기억하고, 그에게 상을 받게 한 소설 「다듬이질하는 여인」에 그린 포항 바닷가의 풍경을 육사의 「청포도」와 견주어 되살리고 있었다. 육사의 시와 같은 포항의 바닷가는 그에게 고국에 대한 원풍경(原風景)이었다.

재일교포인 남자에게 시집 온 어머니는 오사카에서 도쿄로 다시 홋카이도에서 사할린으로 이주하는 고달픈 생활을 이어간다. 그러면서도 오직 한 가지, 친정에서 가져온 다듬이만은 늘 챙겨 이삿짐을 싼다. 어머니에게 다듬이는 생명과도 같다.

이회성의 자전적인 소설인 이 작품에서 어머니의 다듬이질은 그가 어린 시절에 들었던 아련한 고국의 소리였다. 그리고 딱 한 번, 이회성이 다섯 살 때 어머니는 아들을 데리고 친정인 포항을 한 번 갔다 왔었다고 한다.

216

상을 받은 다음 많은 변화가 생겼다. 대체적으로 일본 내에서 아쿠다가와 상은 예전에는 물론이려니와 지금도 한 작가의 일생을 보장해 주는 것 같다. 그러나 아쿠다가와 상은 이 선생에게 그보다 더한 선물을 가져다주었다. 꿈에도 그리는 고국 방문을 실현한 일이었다.

—사실 그때가 첫 방문은 아니었습니다. 등단한 다음 해, 그러니까 1970년, 한국에 가지 않겠느냐는 제안이 있어 나는 흔쾌히 응했지요. 이미 (조총련) 조직을 떠난 마당에 남쪽 고국에 가 보고 싶은 마음 간절했습니다. 아버지는 황해도가 고향이지만 어머니의 고향은 포항입니다. 다섯 살 때, 그러니까 아직 식민지시대지요, 어머니의 손을 잡고 가 보았던 적이 있습니다.

—그때 기억이 나십니까?

—물론이지요. 소달구지가 지나간 흔적이 반들반들하게 남아 있는 신작로가 선명히 떠오릅니다. 내 기억의 가장 깊은 곳에 간직된 소중한 인상이지요. 지금은 포항제철이 들어서서 사라진 마을입니다. 박태준 씨를 만나면, 당신 때문에 내 고향이 없어졌다고 항의하고 싶어요.

그러면서 예의 사람 좋은 웃음을 웃어 보였다. 사실 이 장면은 「다듬이질하는 여인」에도 나온다. 처녀의 몸으로 일본에 돈 벌러 왔다가 한 남자를 만나고, 아이들을 낳고, 셋째 아들인 이회성이 다섯 살이 되어서야 비로소 친정집을 찾았다는 어머니가 바로 주인공이다. 다만 첫 번째 방문에서는 서울 주변에만 머물렀을 뿐 고향까지 가 보지 못했다.

고운기, 「이중언어에 놓인 소설의 운명」에서

신주쿠 아리랑 이회성 선생을 만난 지 12년 만에 다시 찾아 본 신주쿠 뒷골목. 처음 만나 차를 마시던 류노타키는 문을 닫았고, 저녁 식사를 하러 옮겼던 한식당 '아리랑'은 그대로 있었다.

좀 긴 인용이었다. 포항 바닷가의 풍경은 이회성의 '기억의 가장 깊은 곳에 간직된 소중한 인상'이었다.

'일본의 노벨상'이라 불리는 만큼, 아쿠다가와 상의 수상자에게 주어지는 특전은 많다. 일본 내에서만이 아니라 한국에서도 한국인 최초의 아쿠다가와 상 수상에 다소 들떴었다. 곧바로 번역본이 나왔다. 조총련 출신이라는 점 때문에 여러 가지 제약이 따를 수 있음에도 불구하고, 일본 최고의 문학상을 받았다는 사실 하나로 모든 것이 용납되었다. 그에게 정부 당국에서 고국 방문을 제안한 것도 특전의 하나였다. 냉전의 시기, 남과 북의 삼엄한 대립이 극도에 달했던 때였다.

서른 중반의 장년이 되어, 그가 어머니의 고향인 포항을 찾아갈 수 있었던 것은 1971년이었다.

물론 그때 옛 포항 바닷가는 사라지고 없었다. '포항제철이 들어서서 사라진 마을'이라, '박태준 씨를 만나면, 당신 때문에 내 고향이 없어졌다고 항의하고 싶'은 곳이었다. 이회성만 그렇게 항의하고 싶지는 않을 것이다.

연오랑 세오녀를 어떻게 볼 것인가

육사의 '청포도'를 생각하며 포항을 찾아보았다. 어린 이회성이 걸었을 신작로는 어디쯤이었을까?

그 바닷가에 바다를 닮은 푸른빛 포도 알을 달고 서 있었을 포도밭 물결은 보이지 않지만, 나는 거기서 또 다른 역사와 전설의 바다로 나아갈 수 있었다. 『삼국유사』에 실린 두 편의 재미나는 이야기를 통해서였다.

첫 편은 연오랑과 세오녀의 이야기 ─.

신라 아달라왕 때라고 자신 있게 밝힌 일연은 바닷가 마을에 사는 연오가 어느 날 바위를 타고 일본으로 가서 그곳의 왕이 되었다는 것이며, 부인 또한 남편을 찾으러 나섰다가 같은 바위를 타고 일본으로 가서 곧 두 사람은 다시 만나고 왕과 왕비로 짝을 이뤘다고 썼다. 지금은 포항시에 편입된 영일 지방이 무대가 된 이 이야기는, 영일에서는 어부에 지나지 않았어도 일본에서는 왕이 되었으니, 1,800여 년 전 혈혈단신 이민자가 '저팬 드림'을 이룬 성공담처럼 보이기도 한다.

그러나 이야기는 그것으로 끝이 아니다. 연오와 세오가 사라지니 신라의 해와 달이 빛을 잃었다. 그렇다면 연오와 세오는 신라에서 살 때에도 단순한 어부 부부가 아니었다는 말이다. 나는 그들을 해와 달의 정령(精靈)을 의인화한 것으로 보았었다. 한 집단은 정신세계의 어떤 고갱이가 필요하다. 그것으로 이른바 하나 된 세계를 만들고, 그것으로 흐트러지지 않는 사회질서를 다잡아 나간다. 연오와 세오가 일본으로 갔다는 것은 신라 사회의 그런 정신적 질서가 상실되었음을 말한다.

그러나 굳이 그렇게 딱딱하게만 풀지 않는다면, 이즈음 고학력 중산층의 이민 붐을 보면서, 벌써 그때도 제 나라에서 인정을 받지 못하거나 살기가 팍팍한 이들은 이민을 꿈꾸었던 게 아닌가 하는 방정맞은 생각까지 든다.

아니, 이런 일은 그때라면 더 성행했었다. 여권도 비자도 필요 없는 시절, 제 살기에 더 편한 곳을 찾아 사람들은 무시로 이동했었다.

부랴부랴 신라 사신들이 연오를 찾아간다. 당신이 다시 돌아와 주어야겠노라 사정을 하러 말이다. 그러나 연오는 자신이 이렇게 온 것은 하늘의 뜻이라며 정중히 거절하는데, 대신 부인이 짠 가는 베를 가지고 가 하늘에 제사 지내라 한다. 그 제사를 지낸 곳이 도기야(都祈野), 지금의 포항과 영일 사이 바닷가이다. 해와 달이 빛을 찾았음은 물론이었지만, 이것은 제 땅을 떠나 성공한 이들이 고향에 보내는 송금(送金)인가?

그러나 바다를 건너 저 세상으로 간 것이며, 연오가 떠난 자리에 세오가 와 보니, 바위 위에 남편의 신발이 놓여 있었다는 상황을 보다 보면, 이것은 언뜻 죽음을 연상하게 한다. 사실 연오는 바다에서 죽었다. 심지어 자살을 떠올리게 한다. 아니면, 일본까지 찾아온 신라의 사신들에게 '하늘의 뜻'을 말하는 대목을 가만히 생각해 보자. 인신공희(人身供犧)의 설화화가 아닌가 싶다. 본디 하늘에 제사 지내는 가장 훌륭한 제물은 사람이었다. 사람을 그럴 수 없어 대신 소나 양 같은 희생물들이 나왔었다. 연오의 시대는 아직 그런 시기였다.

과연 1,800여 년 전, 이 바닷가에서 무슨 일이 벌어졌었을까?

사실은 바닷가에서 생계를 유지하며 살다 수중고혼(水中孤魂)이 된 어떤 부부가 있었다 하자. 사람들이 그들의 슬픈 넋을 위해 그들 방식의 예식을 베풀어 주는 행사가 있었다 하자. 하늘의 해와 달이 다름 아닌 나라의 근간을 이루는 백성 한 사람 한 사람인 것을 누구보다 그들이 잘 알았다 하자. 그 이야기가 전해지고 확장되고 굳어지면서, 『삼국유사』는 바다 건너 다른 나라에 가 왕이 된 부부로 그들을 기록하고 있는 것은 아닐까?

"아가, 집에 가자"

동해안 오구굿은 바다에 나갔다가 수중고혼이 된 이들을 위해 할 때 가장 비감하다. 그것을 수망굿 또는 넋건지기굿이라 부른다.

1981년 한여름, 경북 영일군의 바닷가에서 열린 수망굿의 현장을 전하는 황루시 교수의 보고서는 자못 떨리기까지 한다. 서른세 살의 김 모 씨는 돈 벌러 객지를 떠돌다, 외국에 취업 나갈 여비를 마련한다고, 고향에 돌아와 고깃배를 탔다가 풍랑을 만나 실종되었다. 고향 집에는 일흔두 살의 모친만이 살고 있었다.

김씨는 아직 장가를 들기도 전이었다. 노모는 이 가엾은 아들을 위해, 넋이라도 건져 위로하고, 영혼혼례식을 올려 생전의 한을 풀어 주려 하였다.

이 굿은 여러 거리로 이루어지지만, 수중을 헤매는 가엾은 망자의 넋을 건져 올리는 '넋 건지기', 그리고 그 넋이 가족과 작별을 나누는 '초망자굿'이 중심에 선다. 이날의 무당은 신석남 씨였다. 동해안에서 굿 잘하기로 소문난, 그래서 나중에 인간문화재까지 되었던 이이다. 굿이기에 앞서 자신의 일인 것처럼 죽은 이의 가족들과 하나 되어 울고 웃을 줄 알아야 흔히 말하는 큰무당이다. 신석남 씨는 그런 무당이었다.

  갈 날은 있건마는 올 날은 막연하고
  젖은 옷 벗고 마른 옷 개복하고
  혼이라도 넋이라도 오소

 신석남의 초혼가는 처연하다.

 2005년 겨울이었다. 인도네시아에서는 강력한 지진 뒤에 쓰나미
가 바닷가 마을을 덮쳤다. 그곳에서 우리나라 사람도 꽤 많이 희생
당하였다. 이 소식이 전해진 후 나는 황 교수의 보고서를 다시 꺼
내 읽었다. 시신이라도 찾겠다고 현장으로 달려간 가족들 이야기
에, 푸켓의 해변이 문득 동해안의 바닷가와 겹쳐졌다. 신혼여행 길
의 딸이 거기서 변을 당한 후, 넋이 나간 얼굴로 해변을 종종걸음
쫓아다니던 모정(母情)은, 끝내 무거운 발길을 돌리며, "내 오늘 간
다, 니도 함께 가자. 아가, 집에 가자. 아가, 집에 가자"고 외쳤다.
신석남의 초혼가가 따로 없다.

 문득 어린 시절이 떠올랐다. 해가 기울면, 집 앞 개울가에서 놀
고 있는 나를 찾아 어머니가 달려와, '인제 저물었으니, 아가, 집에
가자'라고 했었다.

 이 모진 운명의 어머니도 딸을 그렇게 키웠으리라. 어린이 놀이
터에서, 학교의 운동장에서, 동네 게임방에서, 딸은 즐거운 놀이에
빠져 시간 가는 줄을 몰랐을 터이고, 어머니는 온 동네를 뒤져 딸
을 찾아내고는, 때로 달래듯이 때로 야단치듯이, 집에 가자고 했을

것이다. 그때 그 딸은 얼마나 사랑스러웠으며, 그때 그 집은 얼마나 따뜻한 쉼터였었는가. 외국의 차디찬 바닷가에서, 돌아올 기약 없는 수중고혼을 달래는 말이 이제 다시 그때처럼 집에 가잔다. 이 어머니의 마음을 누가 어루만져 주랴.

그런 모습에 마음이 상해서였는지, 나는 어딘가에 누군가에 원망을 퍼붓지 않으면 안 될 심정이 되었다.

불의의 사고를 당하는 경우는 허다하다. 그럴 때면 어떻게 대처하는 것이 피해를 최소화하는가, 피해를 당한 이들에게는 어떤 사후조치를 취할 것인가, 이런 일을 할 사람은 분명 정해져 있다. 그러나 유감스럽게 일을 맡은 이들의 매뉴얼은 엉망이었다. 특별기를 동원해 자국의 피해자들을 본국으로 신속히 후송하며, 사망자들은 관 위에 제 나라 국기를 고이 싸서 정중히 모시는 다른 나라의 광경과는 대조적이었다. 특별기 한 대 장만할 국력이 안 되는 우리가 아니기에 더욱 안타까웠다.

특별기며 국기를 굳이 대는 것은 그 의미가 남다르기 때문이다. 그것은 한 나라가 자기 국민을 그만큼 소중히 여긴다는 표시이다.

해안을 종종걸음 치며 돌아다니는 어머니는 나라도 없는 사람처럼 보였다. 믿을 나라가 못 되니 손수 나서지 않으면 안 되었다는 몸짓 같았다. 그런데도 저들은 비행기 표를 끊으며, 생수 한 통 사먹으며 세금을 냈으리라. 저들에게 아무짝에 쓸모없는 나라에다가.

나라는 일종의 큰무당이다. 국민과 함께 울고 웃을 줄 알아야 한다. 죽은 이, 살아 있는 이, 넋을 건져 좋은 세상으로 인도할 일 말고, 도대체 나라가 해야 할 더 중요한 일은 없다.

세오가 신라 사신에게 짜 주었다는 가는 비단이 새삼스럽다.

구룡포의
연오와 세오

연오와 세오의 자취를 찾아다니다 만난 사람들의 이야기를 하나
더 붙이고 싶다.

구룡포 읍내에서 해변도로를 따라 10여 분, 장길리라는 작은 마
을에는 마당까지 바닷물이 들어오는 자그마한 식당이 있다. 2003년
여름, 그곳에 처음 가 보았었다.

주인인 남편은 앞바다에서 광어나 민어, 도다리 같은 것들을 잡
아 오고, 아내는 큰 것은 회 쳐 주고 작은 것은 다져 주며 손님을
맞는다. 이른바 미식가들이 그렇게나 찾는 순자연산이다. 아버지
를 이어 이 식당을 한다는 주인은 아직 해가 반도 넘어가지 않았는
데 얼굴이 불그죽죽하다. 한때는 대처로 나가 세상 구경 실컷 했다
는 그에게 바다는 늘 취하게 만드는 것이었단다. 부인은 그때 외지
에서 만난 사람, 남편의 고향집으로 돌아와 산 지 20여 년이지만,
바람이 센 날은 마당을 때리는 파도가 아직도 겁난다고 했다.

공포는 현실이 되었다.

2006년 여름, 몰아친 태풍이 바다를 충동질해 거센 파도가 마당
까지 쳐들어왔다. 형태만 남았을 뿐 집은 폐허가 되었다. 다음 해
여름, 내가 두 번째로 이 집을 찾았을 때, 식당 일은 접은 집에서
부인을 만났었다.

"다시 장사나 할라나요."

장길리 횟집 구룡포 읍내에서 해변도로를 따라 10여 분, 장길리라는 작은 마을에는 마당까지 바닷물이 들어오는 자그마한 식당이 있다. 2003년 여름, 이곳에 처음 가 보았었다. 이제는 파도가 덮쳐 마당에 방파제를 둘렀다.

쓸쓸해하는 부인의 한숨 섞인 말만 등 뒤로한 채 돌아왔었다.

그리고 다시 5년 만에 장길리를 찾았다.

번듯한 방파제가 마당을 감싸고 있었다. 그사이 나라에서 공사를 해 준 모양이다. 주인 남편과 부인은 완연 나이가 들어 보였다. 아직 식당 일을 본격적으로 시작하지는 못하였고, 잊지 않고 찾아준 나를 아슴찮게 바라볼 뿐이었다.

나는 문득 연오랑 세오녀 부부를 생각했다. 그들도 이런 바닷가 어디서 살다가 어느 날 문득 바위를 타고 먼 나라로 떠났다. 아니 장길리 바닷가의 이 부부야말로 연오랑 세오녀의 환생일지도.

여기까지 오면 구룡포 읍내를 한번 들러 보는 것도 좋으리라. 예부터 고래잡이의 본포(本鋪)였으며, 일제시대에 특히 흥성한 다음, 이즈음은 고래잡이 금지령이 내려 조금 쓸쓸하기는 하지만, 흔적이 아주 지워지지는 않았다. 일제시대 때 건물들이 읍내 곳곳에 아직 남아 있어서, 마치 시간여행을 온 듯한 착각을 불러일으킨다. 특히 구룡포초등학교 앞에 가면 냄비국수를 파는 분식집이 아주 인상적이다.

구룡포를 나와 호미곶을 돌아 포항에 이르는 해안도로는 우리나라에서 가장 아름다운 길이다.

개천에서
똥 누기 겨루기

다른 한 편의 이야기는 포항에서 이제 내륙으로 거슬러 올라가 오천의 오어사(吾魚寺)에서 벌어진다.

내 물고기 절—.

어쩌다 이 절을 들러 보았는지, 그 절 이름이 하도 이상해, 무슨 뜻이냐고 물어 오는 사람이 많았었다. 뜻밖에 원효의 낭패담으로 이어지는 이 이야기는 『삼국유사』 속 혜공의 전기 '혜숙과 혜공의 삶(二惠同塵)'조에 실려 있는데, 혜공이 사는 이 절로 가끔 원효가 찾아왔거니와, 하루는 두 분 스님이 절 앞으로 흐르는 냇가에서 내기를 했겠다. 다름 아닌 물고기를 한 마리씩 잡아먹고 같이 똥을 누어 보자는 것이었다. 원효는 잡아먹은 물고기가 그냥 똥으로 나오는데, 혜공은 살아 있는 물고기로 그대로 나와 다시 냇가로 헤엄쳐 가더라나.

그것을 보고 혜공이 껄껄 웃으
며 '내 물고기〔吾魚〕'라고 한 데서
절 이름은 유래한다.

이것은 사실 형이상학적인 이야
기이다.

처음에 물고기는 물고기요 똥은
똥이었다. 나중에 보니 물고기는
물고기가 아니요 똥은 똥이 아니
다. 그러나 다시 보라. 물고기는
물고기요 똥은 똥인 것이다. 어디
서 많이 들어 본 이야기의 변주다.

나는 이 이야기를 가지고 시를
한 편 만든 적이 있다.

두 스님 개울가에서 물고기 한 마리씩 잡아먹고 내기를 했다지요.
한 스님 그냥 똥으로 나오는데 다른 한 스님 먹었던 물고기 살아 나와
헤엄쳐 가더라나요. 파안대소(破顔大笑), 저거 내 물고기야, 외쳐 거기
지은 절 이름 오어사(吾魚寺). 그 스님 천한 근본 노비의 자식으로 태
어나 행실이 비범해 면천(免賤)받았지만 살다 간 승려생활 시정(市井)
을 떠나지 않았답니다.

옛날이야기 한 자리 펼치며 가는 곳
오천(烏川)에는 까마귀처럼 제철공장

검은 흙빛이 누워 있는데
고향 떠나 대구에서 사업하다 몸만 망쳤다는
중년의 사내는 서늘한 바람에 지고 있었다

우리는 물고기를 잡아먹지만 더러 어떤 이는 물고기의 물고기를 먹
고, 우리의 입과 배와 창자는 물고기를 해체시키지만 더러 어떤 이는
입에서 배와 창자로 맑은 물살을 흘려보내, 거기 다시 살아 헤엄쳐 가
는 물고기의 한 자락 꿈을 꾸지.

사내여, 나 또한 부질없는 그림자 좇아 와서
이 절 어느 개울가에 똥이나 싸는구나
제철공장 마을 흙빛보다 더 검은 세상을 뿌리고
홀로 저무는 서러움 같은 것에 몸을 맡기기도 하는구나

그런데 똥 싸서 체면 구긴 스님?
글쎄 그게 원효(元曉)라나

고운기, 「내 물고기 절에서 만난 사람」

앞서 '형이상학적인 이야기'라 말한 뜻을 시로 옮겨 보았던 것이
다. 거기에 "우리는 물고기를 잡아먹지만 더러 어떤 이는 물고기의
물고기를 먹고, 우리의 입과 배와 창자는 물고기를 해체시키지만
더러 어떤 이는 입에서 배와 창자로 맑은 물살을 흘려보내, 거기

다시 살아 헤엄쳐 가는 물고기의 한 자락 꿈을 꾸지"라는 구절을 쓰고 꽤나 으쓱거렸던가 한다.

눈에 보이는 것에 집착하여 살아가는 우리다. 그러나 그 눈을 가지고 안 보이는 저편을 떠올리는 이가 있고, 저편의 삶에 스스로의 좌표를 찍어 아무 흔들림 없이 살아가는 이가 있다. 슬쩍 그런 삶이 고대되어 나온 시이다.

은쟁반에
하이얀 모시 수건처럼

포항의 오어사는 내가 처음 찾아가 보던 옛날에 비해 모습이 많이 바뀌었다. 갑자기 번화해진 느낌이다. 사람이 끓고, 그러면 조금이라도 편하고 깨끗하게 손님을 맞자는 취지로 주차장에 현대식 화장실까지 갖춘 것은 나무랄 수 없으나, 산길 끝에 어쩌다 인적이 끊겼는데, 오롯이 허름한 집 한 채가 나타나고, 그곳이 저 오랜 역사의 절집임을 우연히 알고 찾아드는 즐거움은 사라졌다.

그러나 그런 아쉬움 속에서도 오어사의 호젓한 일부는 남아 있다. 절 뒤로 가파른 산길을 좀 올라가자면, 왼쪽은 원효암이요 오른쪽은 자장암인 곳이 그렇다. 하지만 이제는 자장암의 뒤쪽으로도 자동차 길이 만들어졌다. 돈 있는 '보살님들' 모시려면 어쩔 수 없다.

오어사는 『삼국유사』의 저자 일연이 그의 나이 56세 때 찾아와 머물렀던 절이다. 여기서 소개한 연오와 세오, 그리고 원효와 혜공의 이야기는 그때 거두어들였을 것이다.

자장암 아쉬움 속에서도 오어사의 호젓한 일부는 남아 있다. 절 뒤로 가파른 산길을 좀 올라가자면 자장암이 서 있다. 하지만 이제는 자장암의 뒤쪽으로도 자동차 길이 만들어졌다. 돈 있는 '보살님들' 모시려면 어쩔 수 없다.

원효(왼쪽)와 혜공(오른쪽) 두 스님 개울가에서 물고기 한 마리씩 잡아먹고 내기를 했다지요. 한 스님 그냥 똥으로 나오는데 다른 한 스님 먹던 물고기 살아 나와 헤엄쳐 가더라나요. 파안대소(破顔大笑), 저거 내 물고기야, 외쳐 거기 지은 절 이름 오어사(吾魚寺).

　포항에서 오어사로 들어오는 길에 있는 도구 해수욕장은 아마도 도기야(都祈野)에서 연유한 이름임에 틀림없다. 거기 가까운 곳에 일월사당을 지어 놓았는데, 자리는 오래된 것일 터이나 건물은 최근에 다시 만들었다. 매년 10월 말, 영일 사람들이 벌이는 일월제(日月祭)가 시작되는 곳이다.

　육사의 「청포도」를 읽으며 이 기행을 시작했다. 그가 본 포항 바닷가에서 "하늘 밑 푸른 바다가 가슴을 열고 / 흰 돛 단 배가 곱게 밀려서 오면", 육사는 식민지의 쓰라린 현실에서 가슴 벅차게 맞고 싶은 사람을 기다렸다. 시는 이렇게 이어지다 끝맺는다.

내 그를 맞아 이 포도를 따 먹으면
두 손은 함뿍 적셔도 좋으련

아이야 우리 식탁엔 은쟁반에
하이얀 모시 수건을 마련해 두렴

청포를 입고 찾아온다는 손님은 사실 육사 자신이었을까? 그러나 원망(願望) 속에 그려지는 자신일 뿐, 아직 육사는 '고달픈 몸'에 지나지 않는다. 그거야 60여 년 전 육사뿐만 아니라 오늘을 살아가는 우리에게도 그다지 다르지 않은 현실의 문제이다.

그러니 이렇게 맺음할밖에 없다. 두 손을 함뿍 적시면서 포도를 따 먹으리라고—.

포항 어디쯤, 바닷바람이 더욱 당도(糖度)를 진하게 해 준 청포도가 여기에 있다. 그래서 고달픈 몸에 힘이 다시 살아나리라 믿는 마음은 육사만이 아니다. 오늘을 사는 우리도 그런 포도를 기다리고 있다. 아주 오랜 옛날, 이 바닷가에 살던 연오가 준 가는 베가 신라의 해와 달에 다시 빛을 찾아 주었듯이 말이다.

손이 적셔 곤란할 일도 없다. 은쟁반에 하이얀 모시 수건이 마련되어 있으니까.

2

저문 역사의 황혼이 아름답다
─경주 대왕암

도쿄에서 조선사학회가 한문으로 된 원문에다 일본어 번역이 붙여진『삼국유사』를 간행한 것은 1915년의 일이다.

정작 본국에서는 잊힌 지 오래된 책이었다. 오늘날『삼국유사』의 연구가 호들갑스럽게 이루어지고 있지만, 안타깝게도 근대적인 의미의 연구는 이렇듯 도쿄에서 먼저 시작되었다. 발행자인 조선사학회는 도쿄제국대학 사학과 출신의 젊은 연구자들로 구성된 단체였다.

나는 이 이야기를 앞서 이 시리즈의 첫 번째 책인『도쿠가와가 사랑한 책』에서 자세히 하였다.

일본으로서는 이제 막 시작한 식민통치의 어떤 필요성에 따라 조선의 사정을 긴밀히 알아야 했을 것이고, 그런 마련해서『삼국유사』의 가치를 먼저 알아본 저들이었다. 원문만으로는 그보다 10여

년 전 도쿄제국대학의 사지총서(史誌叢書)로 간행되었거니와, 연구자의 순수한 마음으로 본다면, 이것이 저들의 학문적 관심의 한 발로였음을 인정할 만도 한 일이었다. 그 저본이 된 원본은 임진왜란 때 퇴각하는 일본군이 쓸어 간 조선의 고서 더미 속에 섞여 있었다.

바로 이 무렵 김여제(金輿濟, 1893~?년)는 도쿄의 와세다대학에 유학하고 있었다.

김여제가 읽은 『삼국유사』

평북 정주 출신으로, 우리 근대문학 초기의 개척자 가운데 한 사람이 김여제이다. 최근에는 우리 문학사상 최초의 근대시라 일컬어지는 주요한(朱耀翰)의 「불놀이」보다 한두 해 앞서 자유시의 풍모를 지닌 시를 썼다는 주장이 제기되어 화제가 된 인물이다(심원섭, 「김여제의 '환상의 시' 2편 발굴」, 『문학사상』, 2003년 7월). 이는 주요한도 일찍이 인정했던 바이다.

이 가운데 한 편이 바로 「만만파파식적(萬萬波波息笛)을 울음」이다.

그대의 적은 운율(韻律)이
만인(萬人)의 가슴을 흔들던 저 날,
가직이 그대의 발아래 엎드려
황홀(恍惚) 동경(憧憬)의 눈물을 흘리던 저 무리
아아 어디 어디
저 수만(數萬)의 혼(魂)은 아득이는고!

어디 어디

다 떨어진 비명(碑銘)이나마 남았는고!

때아닌 서리.

무도(無道)한 하늘.

모든 것은 다 날았도다!

아아 만만파파식적.

모두 3연으로 된 시의 1연이다. 그 옛날 만파식적의 전설을 시로 옮겨 놓은 인상적인 첫 대목이다. 이를 일러 최초의 자유시라 부르자는 것이 관련 연구자의 견해이다.

'식민지의 지식인' —.

김여제의 이름 앞에 꼬리표처럼 붙어 다녔을 치욕스러운 관형사이다. 바로 그런 치욕을 안겨 준 적의 수도에서 그는 옛 만파식적을 떠올리고 있다. 옛적 순정한 한 왕이 나라를 다스리는 데 쓰라고 후손에게 선물하였던 피리이다.

그런데 김여제는 만파식적을 어떻게 알았을까.

김여제는 와세다대학에서 영문학을 공부했다. 성적이 매우 우수하여 내내 장학금을 받았다. 나중 임시정부에서 일할 때는 이 전공을 살려 주로 대미관계 업무를 맡았다. 만파식적 이야기 같은 매우 궁벽한 역사 이야기에 밝을 처지가 아니었다. 뭔가 이에 대해 알 기회가 따로 주어지지 않았다면 말이다.

이 시가 발표된 지면은 재일조선인유학생회가 발행하던《학지광(學之光)》의 11호이다. 이 호는 1916년 말께 간행된 것으로 알려져 있다. 마침 조선사학회 『삼국유사』가 나온 바로 1년 뒤이다.

나는 여기서 소박한 추론을 하나 한다.

1904년의 도쿄제국대학 발행 『삼국유사』, 1915년의 도쿄 조선사학회 발행 일어번역본 『삼국유사』—.

적지에서 유학 중인 식민지 지식인의 자의식을 자극하기로는 이만한 일이 없었으리라. 남 그것도 적진에서 진행된 '『삼국유사』의 발견' 바로 그것이다. 나중 국내에서 『삼국유사』 연구를 촉발시킨 최남선(崔南善)이 김여제보다 조금 앞서 와세다에 적(籍)을 둔 바 있고, 역사학자 이병도(李丙燾)는 함께 공부한 동급생이었다. 김여제가 새삼 『삼국유사』를 접하게 된 계기는 바로 이런 상황에서 연유했으리라 싶다.

김여제는 『삼국유사』가 다시 살아나는 현장에 있었다. 역사를 전공하는 선배와 동급생으로부터 그 속 내용을 전해 들었다. 행인지 불행인지, 김여제는 식민 본당의 적지에서 민족의 역사 속으로 스스로를 대입해 보았다.

일본에서의 연구, 스승에서 제자로 이어지다

기왕 말이 나온 김에 일본에서의 『삼국유사』 연구를 좀 더 살펴보고 가자. 앞서 소개한 도쿄대학과 조선사학회에 이어 더 놀랄 사실이 있다.

1999년 가을, 나는 짐을 싸서 무작정 도쿄로 갔다. 나를 방문연구원으로 받아 준 게이오대학(慶應大學)에 도착했을 때, 설립자인

후쿠자와 유키치(福澤諭吉)를 기념해서 만들었다는 오래된 도서관 지하 서고에서, 처음 내 눈에 들어온 책은 뜻밖에도『삼국유사고증(三國遺事考證)』이었다.

멀리 1980년대 초반, 아직 대학의 학부생이었을 때, 나는 한국에서 그 책의 첫 권을 본 적이 있었다. 일본 사람들이『삼국유사』를? 그래서 약간은 놀라기도 했던 기억—. 그 책이 이제 다섯 권 전질로 완성되어 나란히 꽂혀 있었던 것이다.

이 책은 어떻게 만들어진 것인가?

교토대학(京都大學)의 교수였던 이마니시 류(今西龍)가『삼국유사』의 선본인 순암수택본(順庵手澤本)을 얻은 것은 1916년의 일이다. 이를 저본으로 1926년, 교토대학에서 영인본을 내놓는데, 이는 당시로서는 가장 완벽한『삼국유사』였다. 이마니시가 순암수택본을 입수한 지 10년이 지나서야 영인본을 내놓은 데는 사정이 있었다. 그는 본인 스스로 교정주기(校訂注記)를 붙인 완본을 내놓고자 원고작업을 진행했는데, 1923년 관동대지진 때 도쿄대학에 있던 이 원고가 소실되고 말았다. 결국 새 활자로 찍는 인쇄본을 포기하고 영인본으로라도 출판해야겠다는 생각을 했던 것이다.

한편 미시나 아키히데(三品彰英, 1902~1971년)는 교토대학 문학부 사학과를 졸업하였는데, 일본사와 조선사를 전공하였다. 바로 이마니시의 제자이다. 해군기관학교의 교수를 하면서 당시 일본의 식민지였던 조선을 방문하였고, 전쟁이 끝난 다음 교토에 있는 도시샤대학(同志社大學)에서 오랫동안 근무하였다.

미시나가『삼국유사』를 연구한 것은 이미 식민지 시대 때부터였다. 이는 교토대학의 스승 이마니시의 영향이었다. 그러나 그가 얼마나 『삼국유사』를 면밀히 검토했는가는 다음과 같은 일화로 짐작할 수 있다.

미시나 박사의 뒤를 이어 일본서기연구회(日本書紀硏究會)의 회장을 맡아 한 요코다 겐이치(橫田健一) 박사는, 제2차 대전 중에 마에즈루(舞鶴)에 있었던 해군기관학교에서 문관 교수로 재직하였었는데, 같은 학교의 선임 교수였던 미시나 박사에게 뭔가 경의를 표하고자, "삼국사기와 유사의 색인을 만들어서 드릴까요"라고 여쭈었더니, 미시나 박사는 "두 책은 구석구석 샅샅이 알고 있어서, 색인 같은 것은 만들 필요 없어요"라고 말하더라는 것이다.

무라카미 요시오, 『삼국유사고증』 후기(後記)에서

놀라운 발언이다. 색인조차 필요 없을 만큼 구석구석 샅샅이 알고 있었다니. 그런 미시나는 『삼국유사』의 체계적인 연구를 위하여 '삼국유사연구회'를 조직한다. 한국과의 국교가 아직 재개되지 못한 1958년의 일이었다.

하버드옌칭 동방학연구 일본위원회에서 교토부회 위원이었던 미시나는, 일본과 한국의 단교 이후 한국사를 위시로 고고학·민속학·언어학 등의 주요 논문을 일본어로 번역 소개하고, 두 나라 간의 학술교류와 나아가 친선을 하루빨리 부흥시키기 위해, 이 가운데 필수적인 사료인 『삼국유사』를 전면적으로 연구하는 연구회를 창설하고 싶다고 제안하였다. 연구회는 이후 이 위원회의 재정적인 도움을 받았다.

여기에 그의 분신과도 같은 존재인 무라카미 요시오(村上四男)와의 만남이 이루어진다.

그 무렵 무라카미는 도쿄문리과대학 사학과를 졸업하고 와카야마대학(和歌山大學) 교수로 와 있었다. 그의 전공은 동양사와 조선사였다. 비록 미시나의 직접 제자는 아니었지만, 와카야마대학이 교토와 인접해 있었으므로, 무라카미는 미시나를 찾아다니며 스승처럼 따랐다. 특히 삼국유사연구회를 둘러싼 둘 사이의 각별함은 다음과 같은 일화로도 짐작이 간다.

우리 연구회가 결성되어 아직 일천했던 즈음에, 미시나 박사는 자주, 연구회의 멤버 가운데서는 박사와 나이가 가장 가까운 필자를 붙들고서는, "무라카미 군, 내가 죽은 다음은 마땅히 뒷일을 부탁하네"라고 말했다. 그 당시는 다만 우스갯소리로 가볍게 들어 흘리고, 신중하게 앞일까지는 생각하지 않았지만, 이렇게 갑자기 박사의 급서를 맞아서야, 절절히 박사의 위대함이 몸에 스며들어 느껴짐과 동시에, 무거운 책임감으로 떨린다.

무라카미 요시오, 『삼국유사고증』 후기에서

사실 삼국유사연구회는 미시나의 교토대학 후배나 도시샤대학 제자를 중심으로 만들어졌다. 그러나 여러 면에서 이 일을 맡아 완성시킬 사람은, 비록 직접 선후배나 사제 간은 아니었지만, 누구보다 무라카미가 적임자임을 알아보았던 것 같다. 선후배나 사제 간의 연결을 무척 중요시하는 일본의 학계에서, 미시나가 무라카미를 후계자로 삼으면서 얼마나 노심초사했는가 엿볼 수 있는 대목이다.

이마니시 류에서 시작한 사제 간의 흐름은 이렇듯 미시나 아키히데를 거쳐 무라카미 요시오까지 3대가 이어졌다. 그사이에 『삼국유사』는 이국땅에서 놀라운 형태로 새로 태어났다.

『삼국유사고증』—
스승에서 제자로 이어진 노력의 결실

삼국유사연구회의 연구 작업이 결실을 맺어 『삼국유사고증』의 원고가 처음으로 발표된 것은 1963년이었다. 이어서 다음과 같이 차례차례 원고를 발표하였다.

① 제1분책(권제1 서문~말갈), 『조선연구연보』 제5호 부록, 1963. 6.

② 가락국기 1, 『조선학보』 제29집, 1963. 8.

③ 가락국기 2, 『조선학보』 제30집, 1964. 1.

④ 제2분책(권제1 이서국~사절유택), 『조선연구연보』 제6호 부록, 1964. 6.

⑤ 제3분책(권제1 신라시조 혁거세왕), 『조선연구연보』 제9호 부록, 1967. 6.

⑥ 제4분책(권제1 신라시조 혁거세왕~제2남해왕), 『조선연구연보』 제11호 부록, 1969. 11.

이 원고들을 발표할 때마다 미시나는 인쇄소의 협조를 받아 지형을 보관하였으며, 이것을 모아 책으로 간행한다는 치밀한 계획을 세웠다. 그는 일본 내에서 손꼽히는 역사학자였으므로, 그가 관계하여 알게 된 사와라쇼보(塙書房)의 호의로 출판 약속을 받아 냈고, 이 출판사에서 『삼국유사고증』의 상권을 낸 것이 1975년이었다. 삼국유사연구회가 결성되어 독회를 가진 지 실로 17년 만의 결실이었다.

그러나 이때 미시나는 이미 타계한 지 4년이 지난 다음이었다. 실질적인 출판 업무는 무라카미의 손에 의해 이루어졌다. 하지만 무라카미는 찬자(撰者)의 이름에 미시나를 넣었다. 이는 1979년에 나온 중권까지 이어지고, 하권만 무라카미의 이름으로 책이 나왔다. 무라카미의 미시나에 대한 지극한 경의는 이만큼 컸다.

물론 무라카미가 이 두 권의 찬자로 미시나의 이름을 넣은 것은, 대부분의 원고가 생전 미시나의 훈도에 따라 이루어졌기 때문이지만, 어쨌건 공동 작업임에도 불구하고 '유찬(遺撰)'이라는 말을 써 가며, 세상을 뜬 지 8년이 지나서까지 미시나의 이름을 넣은 것이 나에게는 특별하게 보인다.

그러나 「홍법(興法)」편 이하 『삼국유사』 후반부의 진행은 훨씬 더디게 이루어졌다. 연구회의 멤버들이 각자 자신의 일에 몰두해야 할 연령이어서, 초창기와 같은 독회나 합숙을 하기가 어려웠기 때문이다. 이때부터는 무라카미의 역할이 더욱 커졌다. 그는 자신의 스승이나 마찬가지인 미시나의 유업을 받드는 것을 생애 최고의 목표로 삼고 전적으로 이 일에 매달렸다. 회원들에게 분담을 지우는 일, 모인 원고를 정리하는 일 등이 거의 그의 손에 의해 이루어졌는데, 다만 상권과 중권을 통해 이미 오랜 경험을 쌓은 회원들이었으므로, 시간은 걸릴지언정 작업 자체가 중단되는 위기는 맞지 않았다. 그러나 어쨌건 무라카미의 주도적인 역할이 없었다면 아마도 작업은 중도 포기되고 말았을 것이다.

하권은 3책으로 나누어 나왔는데, 이는 『삼국유사』의 편별로 독립시킨다는 목적이었다고 말하지만, 아마도 재정상의 문제 때문이 아니었을까 싶다. 중권이 나온 지

삼국유사고증 삼국유사연구회가 발족한 지 37년, 상권이 출판된 지 20년 만에 완료를 본 『삼국유사 고증』의 간행작업이었다. 전체 면 수는 2천여에 달한다. 비슷한 규모의 『역주 삼국유사』가 한국의 학자들에 의해 출판된 2004년보다 10년을 앞선 일이었다.

15년 만인 1994년에 하권의 제1책이, 1995년에 하권의 제2책이, 그리고 같은 해 대망의 마지막 책이 출판되었다.

삼국유사연구회가 발족한 지 37년, 상권이 출판된 지 20년 만에 완료를 본 『삼국유사고증』의 간행작업이었다. 전체 면 수는 2천여에 달한다. 비슷한 규모의 『역주 삼국유사』가 한국의 학자들에 의해 출판된 2004년보다 10년을 앞선 일이었다.

단순히 그 양만으로 놀라거나, 본 고장에서도 하지 못한 일을 해냈다고 칭찬할 일은 아니다. 그들은 학자로서 그들의 일을 했다.

다만 그럴 때, 그것이 가능하도록 하는 철저한 협업과 계승, 그리고 이를 뒷받침해 주었던 재정적 지원의 시스템이 부러울 뿐이다.

『삼국유사』에 실린 만파식적 이야기

이제 만파식적으로 눈을 돌려 보자. 만파식적에 관해 『삼국유사』는 세 군데서 적고 있다.

첫 번째는 신문왕이 동해 바닷가에 나가 만파식적을 받아 나오는 이야기.

「기이」편의 '만파식적(萬波息笛)'조에 실려 있다. 만파식적의 존재를 알리는 이야기인데, 이 피리를 불면 "적병이 물러나고 병이 치료되며, 가뭄에는 비가 내리고 홍수 때는 맑아지며, 바람이 자고 파도가 잔잔해진다"라고 하는 대목이 압권이다. 이어서 실종되었던 부례랑(夫禮郎)이라는 화랑이 살아 돌아온 기적 때문에 이름을 고쳐 '만만파파식적'이라 부른다는 기사가 딸려 있다.

두 번째는 바로 그 부례랑의 이야기.

「탑상(塔像)」편의 '백률사(栢栗寺)'조에 실려 있다. 효소왕 때 국선(國仙)이었던 부례랑이, 국경지대에서 무리와 노닐다 말갈족에게 포로가 되는 사건이 벌어지는 때에 맞추어, 왕의 창고에 보관하고 있던 만파식적이 홀연 자취를 감추었다. 궁중은 발칵 뒤집힌다. 국선도 국선이려니와 피리의 행방이 더 문제다. 낭의 부모는 백률사의 대비상 앞에 가서 간절히 무사귀환을 기원하는데, 어느새 피리가 나타나고 그 뒤에 아들이 서 있지 않은가. 낭은, 잡혀간 나라의 들판에서 짐승을 칠 때에, 웬 스님이 피리를 들고 나타나더니 자신을 여기까지 다시 데려왔노라 말한다. 피리의 신령스러운 영험으로 알고 '만만파파식적'이라는 이름을 붙여 준다.

세 번째는 일본 왕이 만파식적을 구경하겠다고 청해 온 이야기. 「기이」편의 '원성대왕(元聖大王)'조에 실려 있다. 원성왕은 그의 아버지 효양 대각간에게서 만파식적을 물려받아 "하늘의 은혜를 두터이 받았다"는데, 만파식적이 이렇듯 사사로이 전해질 수 있었는지 의문스러운 대목이나, 신라를 치려는 일본 왕이 이 피리의 소문을 듣고 사신에게 선물까지 가득 들려 보내 한번 보자고 청해 오자, 왕은 에둘러 이 피리의 존재를 부정하며 따돌린다.

만파식적이 마지막으로 보이는 원성왕대의 기록이 787년, 이후로 이 피리에 대한 소식은 없다.

조선조 중엽에 지어진 『신증 동국여지승람』의 '경주부'조에는 『삼국유사』의 기록이 압축되어 그 존재를 전해 주고 있지만, 조선의 이 기록자는 심히 믿지 못하겠다는 투다. 그나마 거기에 붙인 이석형(李石亨)의 시가 새롭다.

> 계림의 지나간 일 일찍이 들었는데, 묻노라.
> 옥적(玉笛)은 어느 시대에 만들었던고?
> 이야기 들으니, 신라의 태평시절에
> 태평풍월(太平風月)을 관현(管絃)에 실었네.
>
> 그때의 물건들 다 사라지고 지금까지 남기는 오직 이것.

귀신이 지켜서 완전무결하게 영구히 전하지 않았나?

내 생각을 모아 노래 한 곡조 부르려 하나,

곡조도 되지 않고 가사(歌詞)도 졸렬하네.

대왕암과
감은사의 사이

신문왕은 만파식적을 얻기 전에 감은사(感恩寺)를 지었다. 물론 공사는 선왕인 문무왕 때 시작되었다. 『삼국유사』에는 이 사실이 다음과 같이 적혀 있다.

> 문무왕이 왜병을 무찌르고자 이 절을 짓기 시작하였는데, 다 마치지 못하고 돌아가셔서 바다용이 되었다. 그 아들 신문왕이 개요 2년에 일을 마치고, 금당의 아래를 밀어 동쪽으로 구멍 하나를 뚫었거니와, 이는 용이 절에 들어와 돌아다니게 마련한 것이다. 유언대로 뼈를 묻은 곳을 대왕암이라 이름 하고, 절은 감은사라 하였다. 뒤에 용이 나타난 모습을 본 곳을 이견대(利見臺)라 이름 하였다.
>
> 『삼국유사』, '만파식적'조에서

대왕암과 감은사, 그리고 이견대의 삼각관계가 가지런히 정리되었다. 특히 주목되는 것은 '왜병을 무찌르기 위해' 지었다는 점이며, 그 가운데 '금당의 아래 동쪽으로 낸 구멍 하나'이다. 구멍은 용이 드나드는 곳이라는데, 앞바다에 수장된 문무왕을 용이라 가리켰음은 물론이다. 최근 발굴 조사를 마친 감은사 터에 가 보면

이 같은 사실이 바로 확인된다.

감은사와 대왕암, 그리고 선왕으로부터 신문왕이 받은 만파식적은 왕권의 강화를 염원한 저들의 정교한 스토리텔링 속 소품이었다.

다만 이것은 호국의 의지 아래 만들어진 선한 이미지였다. 김여제가 만파식적을 노래한 것은 이 같은 의지를 깊이 공감하였기 때문이었으리라. 조국은 '때아닌 서리 / 무도한 하늘' 아래 놓여 있거니와, 시인은 저 먼 신라시대의 역사를 노래하며 속마음을 털어놓았다. 다시 한 번 만인의 가슴을 울려 달라는…….

터만 남은 감은사에 동서로 세운 두 탑은 건재하다. 기품 넘치고 의젓하다. 경주의 보문관광단지를 지나 동해 바다로 가자고 감포 쪽 길을 잡으면, 바다에 거의 이르러 우리는 언덕 위에 우뚝 솟은 이 탑을 볼 수 있다. 아마도 장인(匠人)의 솜씨에서만 나온 게 아닐 터이다. 만든 이의 충정을 바탕 삼아, 흘러도 단단해지는 세월의 두꺼운 옷이 덧입혀져 있다.

시간이 된다면 저물 무렵의 석양을 받고 있는 감은사 탑을 보러 가는 것도 좋을 것이다. 무릇 모든 역사는 황혼이고, 문무왕의 충정과 신문왕의 효심이 이룬 절도 이제 터만 남았으니, 이 폐사(廢寺)의 분위기는 그때가 더 알맞으리라 본다.

대왕암 바닷가가 요즈음은 선무당들의 굿판으로 전락해, 해변에 떠밀려 들어와 난잡하게 버려져 있는 돼지머리며 굿 음식이 눈살을 찌푸리게 하지만, 저 순수한 호국혼마저 앗아 가지는 못한다.

사실 대왕암이라 불리는 바위는 감포 앞바다 외에도 여러 군데

감은사 탑 터만 남은 감은사에 동서로 세운 두 탑은 건재하다. 기품 넘치고 의젓하다. 경주의 보문관광단지를 지나 동해 바다로 가자고 감포 쪽 길을 잡으면, 바다에 거의 이르러 우리는 언덕 위에 우뚝 솟은 이 탑을 볼 수 있다. 아마도 장인(匠人)의 솜씨에서만 나온 게 아닐 터이다.

서 발견된다. 영일이나 울산의 경우가 대표적이다. 문무왕의 대왕암 이후 민간의 대왕굿으로 분화되어 퍼져 나간 정황을 감지할 수 있다. 그러니 대왕은 단지 문무왕만이 아니다.

그러나 감은사가 있음으로 해서, 『삼국유사』에 정교한 스토리텔링으로 정착됨으로 해서, 대왕암은 문무왕을 주인공으로 오늘도 의연하다.

우리는 그것을 역사의 선물이라 불러도 좋으리라.

만파식적은
어떤 피리?

그렇다면 첫 번째 기록을 중심으로 만파식적을 어떻게 얻게 되는

지 살펴보자.

신라의 삼국통일을 말할 때면 김춘추와 김유신을 들지만, 사실상의 주인공은 문무왕인지 모른다. 백제가 멸망한 663년이 문무왕 3년이요, 고구려가 멸망한 668년이 문무왕 8년이다.

문무왕이 누구이던가. 김춘추의 아들이요 이름은 법민이다. 나라를 지키는 용이 되겠다고 마지막에 화장을 해 바다 한가운데 묻어 달라 한 사람이다.

사실 왕위에 있었던 20년 동안 문무왕은 당나라와의 힘겨운 투쟁을 계속한다.

당나라는 고구려와 백제의 유민을 꾀어 신라를 괴롭게 하고, 문무왕은 그것을 역으로 이용하여 당나라 군사를 쳐부순다. 당나라에 정면으로 대항하는 것이 아니라, 고구려와 백제의 반란군을 제압한다는 명분으로 싸움을 일으키되, 실제로 주적(主敵)은 당나라 군사로 삼았던 것이다.

문무왕의 이런 행적은 크게 평가받아 마땅하다고 여겨진다. 나는 이에 대해 앞서 다음과 같이 쓴 적이 있다.

그런 까닭에 문무왕은 한시도 편할 날이 없었다. 『삼국사기』에 실려 있는, 왕이 죽을 때 남긴 조서에는, "풍상을 무릅쓰다 보니 마침내 고질병이 생겼으며, 정무에 애쓰다 보니 더욱 깊은 병에 걸리고 말았다"고 적고 있는데, 이는 결코 과장이나 빈말이 아니다. 문무왕은 626년생, 죽은 해의 나이 겨우 56세이다. 고질병이나 깊은 병이 구체적으로 무엇이었을까? 요즈음으로 치면 암 같은 것이 아니었을까? 한시도 편

대왕암 문무왕은 끝내 화장을 하고 바다에 묻어라 유언하였다. 생전에도 사천왕사를 창건하는데, 오직 나라를 지키겠다는 일념이었다. 이제 죽어서는 용으로 태어나 그 일을 계속하겠다는 것이다.

할 날 없는 왕의 자리에서의 20년은 그의 수명을 단축시켰을 것이다.

고운기, 『우리가 정말 알아야 할 삼국유사』에서

문무왕은 끝내 화장을 하고 바다에 묻어라 유언하였다. 생전에도 사천왕사(四天王寺)를 창건하는데, 오직 나라를 지키겠다는 일념이었다. 이제 죽어서는 용으로 태어나 그 일을 계속하겠다는 것이다.

문무왕의 이같이 거룩한 생각은 그 아들 신문왕에게 이어져 더욱 아름답게 꽃피었다.

문무왕의 이름이 법민(法敏)인 데 비해 신문왕의 이름은 정명(政

明)이다. 두 이름을 합쳐 보면 법정(法政) 민명(敏明), 두 왕에 걸쳐 정치와 법이 밝고도 바르게 이루어지기를 이름에 넣어 소망한 것이 지만, 실제 신라 천년의 역사에서 두 왕대가 그 전성기를 구가한 것으로 보아 틀림없다. 두 사람은 이름만큼이나 그 값을 하고 있다.

아들 신문왕은 왕위에 오르자 아버지를 위해 바닷가에 감은사(感恩寺)를 지었다. 앞서 소개한 바이다. 바로 옆 바닷가에 대왕암이 있고, 신문왕은 어느 날 이곳에서 만파식적을 받았다.

전통과
근대의 사이에서

심원섭 교수는 김여제의 「만만파파식적을 울음」이 발표된 해를 1916년에서 1917년 사이로 보고 있다(『문학사상』 2003년 7월호 해설에서). 앞서 밝힌바, 『삼국유사』가 일본에서 조그마한 화제를 불러일으키게 되는 바로 다음 해이다. 비록 김여제가 이전부터 다른 기록이나 전언(傳言)을 통해 만파식적의 존재를 알고 있었다고 하더라도, 이를 시적 제재로 취택하는 보다 직접적인 계기는 여기에 있었으리라 나는 추단한다.

주권을 빼앗긴 고국에서는 이미 전승을 잃은 책, 하필 그 식민지 출신의 지식인이 적지에서 찾아 읽는 그 고국의 책은, 삽상한 시인의 심경 속으로 어떻게 다가왔을까? 소리만으로 적병을 물리쳤다는 피리를 가졌던 민족의 후예는 "천고(千古)의 유한(遺恨)"만을 곱씹을 뿐이다.

김여제는 만파식적에 관한 『삼국유사』의 세 군데 기록을 모두 읽었으리라 보인다. 무엇보다도 '만파식적'이 아니라 굳이 '만만파파식적'이라 제(題)한 데에서 그렇다. 어떻게 이런 이름이 되었는가를 알자면 세 군데 기록 가운데 두 번째를 보아야 분명한 데다, 그 곡절한 서사 전개는 시적 감수성을 자극하기에 충분하다. 일본 왕의 신라 침공계획 아래 전개되는 세 번째 이야기에 오면 김여제의 작시 의도마저 명확해지는 느낌이다.

본디 만파식적 이야기의 두 번째 기록에서는 절묘하게 불교와 맞물리는 대목이 나온다. 포로가 된 국선을 찾아온 피리 든 승려의 출현이다. 김여제의 시에 와서 승려는 "피—터의 하나님"으로 바뀌어 있다. 이 시의 근대적 성격에 대한 해석은 이미 심원섭 교수의 앞의 글에서 적실함을 얻었으나, 사소하나마 이런 데에서도 시적인 것 이외의 어떤 근대적 의식 세계를 찾아가는 하나의 단초가 보이리라.

그러나 그보다 한 가지 미더운 점이 있다. 기왕 근대 자유시의 기점을 새롭게 논의하는 마당에 그 실물을 접하게 된 김여제의 이 시가 전통과 근대의 사이를 오가고 있다는 사실이다. 새로운 형식을 발견하고 거기에 담고자 한 내용은 소박하게 말하자면 전통에서 찾는 어떤 것이었다. 그리고 거기에는 잃어버린 시대에 대한 성찰과 고뇌로 채운 진지함이 있다.

4월 초파일에 대동강 변에서 벌어지는 불놀이를 소재로 시를 쓴 주요한이, 굳이 김여제의 「만만파파식적을 울음」에 유념하면서, 우리 시의 새로운 모습은 김여제가 열었다고 회고한 그 저변을 다시 생각하게 한다.

김여제가 도쿄에서 『삼국유사』를 보고 새로운 시를 썼다면, 2천 여 페이지짜리 『삼국유사고증』을 보고 우리는 무엇을 써야 할까.

3

처용은 저 바다로 돌아가고
─울산 개운포

올림픽은 주로 서울 하나만을 변화시켰는데, 2002년의 월드컵은 전국의 여러 도시를 바꾸어 놓았다. 월드컵이 열렸던 도시마다 달라진 모습을 실감한다. 도시 전체가 다 그러랴마는 경기장과 그 주변만큼은 새로 단장한 신방 같다.

나는 서울의 상암 경기장 가까이 붙은 아파트에 살았었다. 본디 이곳은 난지도의 쓰레기 냄새와 함께 지내야 하는 동네였다. 이제 누가 그런 흔적을 찾을 수 있을까? 이즈음 대전에 자주 출장을 나갔지만, 고속버스가 유성 톨게이트로 진입하자면, 대전 경기장이 주변의 모든 풍경을 거느린 수문장처럼 버티고 서서 맞이한다.

거기 울산도 마찬가지였다. 월드컵이 끝난 직후, 10여 년 만에 찾은 그곳에서, 1970년대에 세운 울산 공업탑은 이제 세월을 지나쳐 버린 장승처럼 보였다. 작은 키를 하고 겨우 자리를 지키는 모양새로 말이다. 이것이 어디 보통 탑이던가. 적어도 70~80년대의 울산, 아니 한국에서 공업화의 상징이었다. 그러나 거기서 얼마 떨어져 있지 않은 문수 경기장을 돌아 나오자니, 이제 더 이상 상징에 낄 수 없어 보였다. 마치 옛 초등학교 정원에 선 이순신 장군 동상을 어른이 되어 다시 보는 것 같다고나 할까.

신방 같건 웅장해 보이건, 그런데도 달라진 구조물을 보며 새로운 도시 앞에서 늘 마음이 흡족하지만은 않다. 시집간 새색시는 그래도 때 묻은 옛집이 여전히 그리운 법이다.

고등학생 때였다. 노래를 잘하는 친구가 어느 방송사에서 하는 고등학생 노래 경연대회에 나간다고 해서 따라간 적이 있었다. 흑백텔레비전의 시절이었다. 흑백 화면에는 까만 교복이 어울린다. 세상에서 내 친구가 노래를 가장 잘한다고 믿고 있었던 나는, 그가 나 같은 사람의 기대를 받는 수많은 사람 가운데 하나에 지나지 않음을 공개홀에서 확인했다. 그리고 별이 하나 반짝이고 있었다.

울산에서 왔다는 여학생이 우승했다. 그가 별이었다. 나는 울산 하면 그 여학생을 지금도 떠올린다.

그리고 또 하나가 있다. 처용서점—. 처음 울산에 가서, 무작정 처용암을 찾겠다고 했다가, 길거리에서 우연히 마주친 서점이다. 그 서점의, 눈매가 서글서글하고 친절하던, 어쩌면 울산에서 왔다는 옛 여학생을 떠올리게 하던 주인아주머니를 잊지 못한다.

학성동에 있던 처용서점은 이제 공업탑 옆으로 이사 와 있었다. 좋았던 옛날이야기이다.

해변의
점심식사

우리는 아침과 저녁에 집에서 식사를 하지만 점심은 일터에서 먹는다. 무슨 만주 벌판 독립운동 한다고 하루 세 끼 밖에서 꼬박 챙겨 먹어야 하는 요즈음 세태와는 분명 거리가 있지만 말이다. 끼니가 달라지면 같이 식사를 하는 구성원이 달라진다. 집에서 하는 식사는 가족과의 자리요, 일터에서 하는 식사는 동료들과의 그것이다. 집의 식사가 식구(食口)를 만든다면, 밖의 식사는 공동체를 만든다.

공동체를 만드는 식사로서의 점심 ―. 그러므로 구성원들을 한데 묶는 중요한 의식은 바로 점심식사에서 이루어진다. 그 의식을 말하고 싶어서 이렇게 에둘러 간다.

『삼국유사』에서 우리 조상들은 어떤 점심식사를 하고 있을까? 아쉽게도 일상의 식사로서 점심이 등장하지는 않지만, 공동체의 의식으로 보이는 몇 가지 분명한 예가 있어서 흥미를 끈다. 모두 세 군데서 네 장면이 나온다. 공통점이 있다면 동해안의 어느 지점들, 왕과 관련된 이야기, 안이 아니라 밖에서 먹고 있다는 점이다.

해변에서 왕과 관련된 밖의 식사 ―.

이것이야말로 그냥 점심식사라고 할 수 없는 어떤 의미가 있으려니 싶어 귀를 세우게 한다.

먼저 우리는 수로부인(水路夫人)이라는 매우 매력적인 여인을 만난다. 강릉태수가 되어 임지로 가는 남편을 따라 길을 나선 이 여인이 매우 특별한 두 번의 점심식사를 한다. 『삼국유사』는 그 장면을 다음과 같이 소개한다.

㉮ 성덕왕 때였다. 순정공이 강릉태수로 부임해 가다가 해변에서 점심을 먹었다. 곁에 바위 절벽이 마치 병풍처럼 바다를 보고 서 있는데, 높이가 1천 길이나 되었다.

㉯ 이틀쯤 길을 간 다음이었다. 또 바다 가까이 있는 정자에서 점심을 먹고 있는데, 바다용이 잽싸게 부인을 끌어다 바다로 들어가 버렸다.

『삼국유사』, '수로부인'조에서

아마도 지금 7번 국도로 불리는, 부산에서 출발하여 동해안을 따라 올라가는 이 아름다운 길을 수로부인은 지나갔을 것이다.

수로부인의 두 번의 점심식사는 모두 해변에서였다. 벼랑에 핀 철쭉꽃을 보고 탐내게 된 수로부인은 점심을 들기 위해 멈춘 참이었다. ㉮의 경우이다. 다음 날 다시 길을 가다 역시 점심을 들기 위해 멈춘 자리에서 부인은 바다의 용에게 잡혀갔다. ㉯의 경우이다.

수로부인이 탐낸 철쭉은, 병풍처럼 바다를 향해 버티고 선 절벽에, 여인의 마음을 사로잡을 듯 피었다는데, 거기는 과연 어디쯤일까? 삼척쯤, 울진쯤, 아니 설마 천상은 아니겠지. 그래서 봄바람 난 순례자가 찾아 나섰다가, 그 걸음을 어느 순간 망연하게 만들고 말지는 않겠지.

다음은 '만파식적'조로 여기에서도 점심식사가 보인다. 지금 감포(甘浦) 어디쯤, 신문왕이 더할 수 없는 보배 만파식적과 옥대를 얻어서 나온 시각은 정오였다. 왕은 그것을 고이 모시고 궁으로 돌아간다. 그 바닷가 가까운 곳, 기림사 들어가는 어귀, 바다와 맞닿은 개울가에서 왕은 점심식사를 들기 위해 행차를 멈춘다. 그때 궁을 지키고 있다 이 소식을 들은 왕자가 급히 달려온다. 왕자는 옥대의 여러 구멍이 곧 용이라 일러 준다. 그 가운데 하나를 떼어 시냇가에 담갔더니 용으로 변해 올라간다. 이 또한 늦은 해변의 점심식사 자리에서 벌어진 사건이다.

마지막으로 '처용랑과 망해사' 조에서다. 오늘날의 울산 근처를 순행하던 헌강왕은 돌아오는 길에 점심식사를 하기 위해 일행을 멈추게 한다. 그곳도 해변이었다. 그때 갑자기 운무가 가득하니, 일관은 바다의 용이 한 일임을 알리고, 용에게 좋은 일을 하면 곧 걷히리라 한다. 왕이 절을 짓겠다고 하자, 용이 모습을 드러내 하례하고, 막내아들인 처용을 왕에게 붙여 준다. 그래서 개운포(開雲浦)라 이름 붙여진, 해변의 점심식사 자리에서 벌어진 사건이다.

네 경우 모두 『삼국유사』 원문에서는 점심식사를 '주선(晝膳)'이라 표기하고 있다. '선'이라는 글자가 단순히 음식을 나타내는 데에서부터, 임금에게 올리는 음식, 제사 때에 바치는 희생(犧牲)의 고기까지 두루 뜻한다는 점을 상기해 보자. 단순한 식사가 아님은 분명하다.

그리고 네 경우 모두 순행 길의 점심이다. 뒤의 두 경우가 왕의 행차였으므로 '주선'이라 표기할 수 있지만, 앞의 두 경우는 지방관으로 가는 관리의 그것이다. 물론 지방관이란 왕을 대신하여 가는 이이므로, 이 또한 간접적인 순행의 하나요, 그러므로 단순한 점심식사의 뜻만이 아닌 듯하다. 공동체가 모여 벌이는 어떤 의식으로서 식사의 자리라고 확대해석할 수 있지 않을까?

　나라나 마을 굿의 경우 그것은 대체로 정오에 그 하이라이트를 연출한다. 오늘날 개인화된 굿이 한밤중이 중심인 것은 개인이기 때문이기도 하려니와, 조선조 이후, 굿을 미신으로 여기고 금지시킨 데서 결과 된 도피의 성격도 있다. 그러나 『삼국유사』의 시대에 굿은 결코 미신이나 도피의 그것이 아니었다. 나라를 다스리는 정치행위로서 엄숙하고 정당한 의미를 지니고 있었던 것이다. 그런 행사는 모두 잠든 한밤중에 할 일이 아니었다.

　더 나아가 『삼국유사』가 승려에 의해 13세기에 편찬된 책이었음을 감안한다면, 왕성했던 의식으로서 굿에 대해 우리는 제한된 정보를 전달받을 수밖에 없다. 『삼국유사』의 면면으로 본다면야, 이미 삼국시대 그리고 통일신라 시기의 분위기는 온통 불교로 장식된 듯하지만, 사실 더 넓고 보편적인 행사는 오늘날 우리가 무속이라 부르는 그 형태가 아니었을까 한다. 그 가운데 편린이 『삼국유사』의 한두 군데에 꼭꼭 숨어 있지만 말이다.

　점심식사는 공동체의 의식이다. 식구에서 확장되어 마을과 나라로 이어지는 만남의 중요한 계기이다. 그것은 공동체의 조상과 천지신명으로 넓어진다.

처용암과 망해사

내가 울산을 찾는 까닭은 거기 처용암이 있기 때문이다. 공업화가 이룬 혜택과 고통을 고스란히 보여 주는 바닷가에 이 작은 바위섬

내가 울산을 찾는 까닭은 거기 처용암이 있기 때문이다. 공업화가 이룬 혜택과 고통을 고스란히 보여 주는 바닷가에 이 작은 바위섬은 아직 그 형체를 버리지 않고 있다. 나란한 두 척의 낚싯배가 진화된 모습의 대조를 보여 준다.

은 아직 그 형체를 버리지 않고 있다.

신라 헌강왕 때, 나라는 저물어 이미 여기저기서 왕조의 모순이 온갖 고통스러운 신음을 토하던 시절, 왕의 행차가 이곳 바닷가에 이르렀던 것은 한가히 유람이나 하자고 목적한 바가 아니었다. 나라꼴을 바로 잡지 않으면 안 되는 절체절명의 비원이 그의 어깨를 짓누르고 있었다. 고단한 순행의 어느 날 정오 무렵, 불편한 그의 심기를 더욱 건드렸던 것은 해변에 가득한 안개였다. 모든 자연현상을 삶의 그것으로 밀접히 연결 짓는 사람들이 살았던 시절, 안개도 그냥 안개는 아니다.

따르던 신하가 말한다. 이는 동해의 용이 부리는 조화이니 그에게 좋은 일을 하나 해 주자고.

그 자리에서 왕은 용을 위해 절을 지어 주겠노라 말한다. 여기서 우리는 『삼국유사』의 저자가 승려 일연이었음을 상기하자. 저자의 눈이 번쩍 뜨이기로는 다름 아닌 절 이야기가 끼어 있었기 때문이라고 말한다면 일연에게 너무 야박한 처사이다. 왕의 말이 떨어지기 무섭게 안개가 걷히나 했더니, 동해용이 일곱 아들을 거느리고 바다에서 나왔다는 대목에서 저자의 붓끝은 울산 비행장에 내리는 여객기 같다. 짧은 활주로 때문인지 덩치 큰 여객기는 마치 롤러코스터처럼 떨어진다. 아찔하고 신난다. 동해용을 위해 해야 할 좋은 일이 다름 아닌 절을 지어 주는 것이고, 그 때문에 금방 변괴가 사라졌다. 그런 이야기를 쓰는 승려 일연의 붓끝이 흥분하지 않을 리 없다.

동해용이 일곱 아들을 데리고 나왔다는 자리가 곧 처용암이다. 안개가 걷혔다는 연유로 그 자리는 개운포(開雲浦)라 이름 지어졌고, 바다가 바라보이는 먼 산의 언덕 위에 약속대로 절을 지어 망해사(望海寺)라 했다. 그러기에 이 이야기의 제목도 '처용랑과 망해사'로, 일연은 붙이고 있다.

예의 문수 경기장을 돌아 7번 국도를 타고 부산 쪽으로 방향을 잡아 내려가다 보면 얼마 안 있어 오른쪽으로 '영축산 망해사'라는 자그마한 팻말을 보게 된다. 한적한 산의 비탈길을 걸어 1km가량 올라가서야 절이 나오는데, 대웅전은 얼마 전에 새로 지은 것이요, 본디 절터에는 부도탑만 두 기가 남아 있다.

아무 사정도 모르고 처음 이 절을 찾는 사람에게 이 절이 처용설화에 나오는 바로 그 망해사라고 설명해 주기는 쉽지 않다. 그만큼 절은 개운포와 멀리 떨어져 있다. 물론 왕이 절을 지어 준다고만 했지 어느 장소라고 못 박아 말하지 않았으므로, 바다에서 멀리 떨어진 곳에 있다 한들 하등 이상할 일 아니겠으나, 어쩌면 갖다 붙인 듯한 느낌도 들지 않는 바가 아니다.

다만 대웅전 절터에 서서 멀리 바다 쪽을 바라보니, 수풀 너머로 아스라이 공장의 굴뚝들이 우뚝우뚝 서 있고, 아주 맑은 날이면 딱 한 군데 지점쯤 바닷물이 보이는데, 그곳이 바로 개운포라 한다. 믿거나 말거나 여기가 처용설화 속의 망해사라고 말할 가장 실제적인 증거다.

그런데 이야기는 동해용과 왕 사이의 안개와 절을 맞바꾼 사이 좋은 거래로 끝나고 있지 않다. 거기에 이 이야기의 묘미가 있다.

왕이 일곱 아들을 데리고 나왔거니와 그 가운데 일곱째 아들이 처용이다. 용은 그 아들을 왕에게 붙여 주면서 서울로 데려가 곁에 두면 크게 도움이 될 것이라 말한다. 왕이 그 같은 용의 가르침을 따랐음은 물론이요, 제 고향을 떠나 낯선 곳에 온 처용을 위해 벼슬도 주고 아름다운 아내도 소개해 준다. 바로 이 아내가 말썽을 일으킨 것이다. 『삼국유사』에서는 역신(疫神)이라 표현하였지만, 처용의 아내는 엄연히 외간 남자와 정을 통하였다.

그런 신라 말이었다.

병의 원인
멸망의 원인

신라 말의 혼란한 상황, 그리고 관리들의 무소신 무능력을 보여 주는 이야기는 많다. 그것들이 어찌 이다지 오늘날과 닮았는지, 연민과 서글픔을 함께 느끼게 되지만.

이 이야기는 먼저 『등귀와 오렌지』라는 책에 짤막하게 소개한 적이 있다.

헌덕왕 14년(822년)이었다. 재상 충공(忠恭)이라는 사람이 격무에 시달리다 몸져누웠다. 시국은 어지럽고 해야 할 일은 많았다. 왕은 며칠 푹 쉬라며 휴가를 주고, 용치탕(龍齒湯)이라는 약재까지 내려 주었다.

그런데 병의 원인은 거기에 있지 않았다. 용치탕을 먹어도 효험은 없었던 것이다. 그것을 알아본 녹진(祿眞)이라는 아랫사람이 극구 충공을 만나고자 찾아왔다. 그는 자기 상관의 병이 몸 아닌 마음에 자리 잡았음을 알고 있었다. 목수가 집을 지을 때로 예를 들어 본다면서, "큰 재목으로는 들보와 기둥을 만들고, 작은 재목으로는 서까래를 만듭니다. 굽은 것과 바른 것이 각각 알맞게 자리 잡아야지요. 그런 뒤에야 큰 집이 지어집니다"라고 하는데, 어진 재상이 정치를 하는 법도도 이와 다를 바 없는 것이나, 결국 그렇지 못하니 마음의 병도 생긴다는 것이었다. 녹진은 이어서 말한다.

"사사로운 감정에 이끌려 공적인 일을 그르치고, 사람을 위하여 관직을 고르기 때문에, 그 사람이 마음에 들면 재능이 없어도 아주 높은

직을 주려 하고, 그 사람을 미워하면 유능하더라도 구렁텅이에 빠뜨리려 합니다. 취하고 버림이 마음을 혼란스럽게 하고, 옳고 그름이 뜻을 어지럽게 하지요."

『삼국사기』, 「열전」에서

한마디 한마디가 정곡을 찌르지 않음이 없다. 거침없는 그의 말은 쉬지 않고 결론으로 이어진다.

　"그러니 나라 일이 혼탁해질 뿐 아니라, 그 일을 담당하는 사람도 괴롭고 병이 날 것입니다."

『삼국사기』, 「열전」에서

적어도 녹진이 말한 것은 두 방향에서 이해된다. 무릇 재상의 자리에 오른 사람은, 아랫사람이 능력대로 제자리에서 일할 수 있게 해 주어야 한다는 것, 그런 원칙을 무시하고 제 이익에 맞추어 잔머리를 굴리다 보면 오히려 제 몸에 병이 난다는 것.

공평무사(公平無私)한 마음으로 일을 하자 해도 뜻대로 되지 않는 경우가 허다한데, 처음부터 그럴 마음조차 없다면 그 결과야 불문가지(不問可知)려니와, 그것이 제 몸을 상하게 할 뿐만 아니라, 나아가 나라를 망치게 하는 원인임을 이제 다시 강조해서 무엇하랴.

그런데도 이렇게 다시 혀를 놀리는 데에 도로(徒勞)의 연민만으로 보지 말아 주시기를.

다만, 어렵게 국민이 모아 준 힘을 제 출세의 발판으로나 삼으려는 이들의 짓이 들통 나고, 지금의 앞가림도 못하면서 먼 뒷날의 그림을 그리는 데 헛힘을 쓰고, 세상일은 혼자 다 하는 듯 벌건 대낮에 자가발전(自家發電)하여 등불을 켜고 다니는 이들이, 그러다 정녕 저들을 세워 부리는 이의 몸을 상하게 하지나 않을까 염려될 뿐이다.

어쨌건 그런 신라 말이었다.

배를 만들러 산으로 간다

일본인들은 '배를 만들러 산으로 간다'고 말한다. 나무에서 고기를 찾는다더니, 그런 말인가, 아니면 사공이 많아 배가 산으로 간다는 뜻인가.

실은 이도 저도 아니었다. 배를 만들자면 그 부위에 따라 성질이 맞는 나무가 필요하다. 단단하고 깡마른 나무를 들여 넣어야 하는 자리가 있는가 하면, 부드럽고 펑퍼짐한 나무가 쓰이는 곳도 있다. 여러 성질의 나무를 제각각 필요한 곳에 댐으로써, 배 전체가 균형을 잡고, 제대로 그 기능을 발휘할 수 있다. 그러기에 배 한 척을 만들자면, 이런저런 나무가 함께 자라고 있는 산 하나가 필요하다는 것이다.

목수가 집을 지을 때도 다르지 않다. 큰 재목으로는 들보와 기둥을 만들고, 작은 재목으로는 서까래를 만든다. 굽은 것과 바른 것이 각각 알맞게 자리 잡아야 한다. 그런 뒤에야 큰 집이 지어진다.

한 집단이, 한 나라가 또한 여기서 다르지 않아 보인다.

누구든, 특히 그가 공직에 있는 사람이라면, 배를 만들러 산에 간 사람의 심정으로 일해 주면 좋겠다. 집을 지으려 목재를 다듬는 목수의 자세로 일해 주면 좋겠다.

마지막으로 녹진은 제 주인더러 '어찌 약만 먹어대고 부질없이 날짜를 보내며, 공직에서 손 놓고 있으려 하는가' 따진다. 충공은 이 말을 듣자 왕이 보낸 의사를 돌려보내고 수레를 타고 왕궁으로 들어갔다고 한다. 따지는 이도, 그 말을 들어준 이도 아름답다.

그러나 이런 충언이 나와야 하는 세대는 이미 저물었다 해야 옳을 것이다. 비극은 거기에 있다.

산 하나를 돌아가면서 여러 나무가 자란다. 햇빛을 바로 받아 쑥쑥 크는 나무가 있는가 하면, 그늘진 곳에 자라 단단하고 고약한 나무가 있다. 팍팍한 토양에서 가늘고 길게 자라는 나무가 있는가 하면, 물 많은 곳에서 숨벙숨벙 크는 나무가 있다. 모든 나무가 필요하다. 그들이 적재적소에 쓰이기만 한다면 말이다.

다시 처용은
저 바다로

처용암 가는 길은 울산 화학단지를 끼고 달린다. 언제는 없앤다고 하더니 이제는 무슨 문화유적이라도 되었는지 안내 간판이 간간이 달려 있어 찾아가기는 어렵지 않다.

그러나 조심하시라. 헌강왕 앞에 해변의 안개가 가득했다면 이제 여러분의 앞에는 공업단지의 굴뚝에서 뿜어 나오는 연기가 앞을 막을지 모른다. 개운포는 사람 사는 동네가 못 된다고 판정 난

지 여러 해 되었다. 세죽마을이라 불리는 꽤 번성했던 마을이 그래서 이제 없다. 심지어 매립의 위기에까지 처했던 개운포가 명맥만은 유지한 채 아직 처용암을 데리고 외로이 지내고 있음을 나는 확인하고 돌아선다.

그나마 1980년대에 세운 「처용가」 시비와, 사람의 집이 헐린 자리에 알량하게 만들어 놓은 정원에 여름 꽃들이 피어나 어울려 있는데, 초등학생으로 보이는 어린

처용가 시비 1980년대에 세운 「처용가」 시비가 사람의 집이 헐린 자리에 외로이 서서 바다를 바라본다.

아들을 데리고 현장학습을 왔는지, 젊은 부부가 심드렁하게 처용암을 바라보고 있었다.

동해용과 왕 사이의 거래로 모든 이야기가 끝나기를 바라기는 누구보다 일연에게 간절했으리라. 안개를 거둔 용을 위해 답례로 절을 지어 주었다……, 그래서 이야기는 망해사라는 절의 창건 연기설화에서 행복하게 마무리하고 싶다…….

그런데 그런 해피엔딩을 쓰기에 시절은 앞서 말한 것처럼 암울하기만 했다.

변괴를 물리치기 위해 주변에 의견을 물으면서도, 그에 따라 절을 짓고 동해용의 능력에 의지하면서도, 도도하게 밀려드는 시대의 종막을 다시 끌어올리는 데에 헌강왕의, 아니 신라의 힘은 부쳤

을 것이다. 미담을 적는 것으로 끝맺으려 했던 일연의 붓끝은 멈출 수 없었다. 소돔과 고모라 같던 서라벌의 향락과 사치를 우회적으로 표현하면서, 남편이 자리를 비운 집으로 외간 남자를 끌어들이는 부인의 이야기를 차마 그렇게는 직설적으로 쓰지 못하고 돌림병의 침입 정도로 완화시킨다. 그래서 「처용가」는 이 세상에 알려졌다.

그의 아내는 매우 아름다웠다. 역신(疫神)이 이 여자에게 푹 빠져, 사람으로 변장을 하고 밤에 그 집에 들어와 남몰래 함께 자게 되었다. 처용이 밖에 나갔다가 집에 이르러, 침상에서 두 사람이 자는 것을 보고는, 노래 부르고 춤추며 물러났다. 노래는 이렇다.

서울의 밝은 달밤
밤늦도록 노닐다가
들어와 자리를 보니
다리가 넷이구나
둘은 내 것인데
둘은 누구인가
본디 내 것이었던 것을
빼앗아 감을 어찌하리

『삼국유사』, '처용랑과 망해사'조에서

물러난 처용은 어디로 갔을까. 역신은 처용 앞에 나와 무릎을 꿇

268

었다는데, 그래서 그 뒤로 사람들은 문에 처용의 형상을 붙여, 사악한 것을 몰아내고 좋은 일을 맞아들였다는데, 처용은 소식이 없다. 심지어 다음 왕조인 고려시대까지도 처용의 힘은 살아 있어, 탈을 만들고 그것을 쓰고 춤을 추고, 처음 노래는 그보다 몇 배가 길어져 불리는데, 정작 처용은 소식이 없다.

해괴한 시절은 왕조의 말년에만 찾아오는 것은 아니다. 우리가 구현하고자 애쓰는 진리와 자유의 간절한 소망이 빛을 바래는 순간, 욕망과 탐심이 정의의 자리에 슬그머니 앉는 순간, 혼돈의 안개는 가득 우리 사회의 해변에서 길을 막아선다.

그 안개를 거두어 줄 용은 이제 없다. 처용도 저 바다로 돌아가고 없다.

4

봄바람처럼 남쪽에서 찾아온 왕의 나라
──김해 수로왕릉

2010년 한 해, 일본에서는 다시 시바 료타로(司馬遼太郎) 붐이 일었다. 그의 소설 『류마(龍馬)가 간다』와 『언덕 위의 구름』이 NHK 대하드라마로 방송되면서였다.

시바는 1970년대에 일본을 주름 잡은 역사 소설가이다. 드라마로 제작된 두 편의 소설은 그 가운데서도 대표작인데, 전편은 메이지 유신기의 풍운아 사카모토 류마(坂本龍馬), 후편은 청일전쟁·러일전쟁의 영웅 아키야마 요시후루(秋山好古)·사네유키(眞之) 형제가 각각 주인공으로 나온다. 두 편을 통해 시바는 일본 근대의 여명기를 실감 나게 그렸다.

일본의 공영방송인 NHK가 이 소설들을 다시 드라마로 만든 데는 분명 까닭이 있으리라.

다름 아닌 2010년은 한일합방 1백 주년을 맞는 해였다. 그리고

2012년은 메이지(明治) 천왕이 죽은 지 1백 년 되는 해이다. 이 역사적 숫자를 동시에 올려놓고, 나아가 이즈음 일본이 안팎으로 겪고 있는 어려움을 겹쳐 보면, 대략 그 대답을 찾을 수 있다. 화려했던 역사의 한 페이지를 통해 침체에 빠진 일본에 어떤 메시지를 보내고 싶었던 것이다. 우리로서는 못내 뒤가 무거워진다.

시바 료타로 시바는 1970년대에 일본을 주름 잡은 역사 소설가이다. 2010년에 다시 그의 소설이 드라마로 제작되어 화제를 불러일으켰다. 사진은 『문예춘추』의 시바 특집호.

시바 료타로에게 주목할 만한 또 다른 책이 있다. 역사문화 기행문집인 '길을 간다' 시리즈이다. 전체 50권 남짓한 이 시리즈의 두 번째 책이『한국기행』이다.

그의 나이 49세 때인 1971년, 시바는 처음으로 한국을 찾았다.『언덕 위의 구름』의 연재가 끝나가던 무렵이었다. 언제까지나 의문으로 남아 있던, 과연 일본인은 어디에서 왔는가, 그 원류를 찾아 본격적인 첫 발걸음을 뗀 것이었다. 그가 가장 먼저 이른 곳은 한국의 김해였다.『한국기행』은 그 여행기이다.

시바 료타로가 찾은
김해

한국에서도 왜 하필 김해였을까? 가이드에게 시바는 농담처럼 말한다. "한국 지도를 펼쳐 놓고 그냥 손가락으로 찍었는데, 바로 김해였다……."

설마 그럴 리는 없다. 시바는 김해에서 일본인의 원류 가운데 하나를 볼 수 있으리라 믿었음에 틀림없다. 그것은 일본인이 주장하는 임나일본부설과 관련이 있다. 서기 4세기 이전, 김해 지역은 고대 일본 왕국에 의해 식민통치를 받던 곳이며, 그때의 이름이 임나일본부라는 것이다. 그러나 이는 일본 그것도 일부 학자의 잠꼬대 같은 주장에 불과하다. 사실 이때라면 일본 내에서조차 고대 왕국이 성립되지 않았었다. 제 나라도 없는 형편에 무슨 식민지 경영이 가당키나 한 일인가. 시바도 이를 믿지 않았다.

다만 가야 일대에 일본인이 모여들고, 가야 사람들이 일본으로 건너가기도 하는 등 활발한 교류가 이뤄졌던 것만은 확실하다. 시바는 이런 측면에서 김해를 바라보고 있었다.

일본 열도에 아직 일본 국가가 성립되지 않았던 즈음, 매우 많은 왜인이 이곳을 왕래하여, 그 가운데는 정착하여 살게 된 자도 있고, 그보다도 더욱 수많은 가락국의 사람이 일본 지역에 와서 살았으며, 경작지를 열었다.

시바 료타로, 『한국기행』에서

누가 누구를 지배하는 형태가 아닌, 김해는 사람들이 각자 필요에 따라 와서 산 곳이었다. 이들이야말로 일본인의 원류를 이루는 한 흐름이라고 시바는 생각했다.

그런데 시바가 이곳에 이르러 뜻밖에 놀란 것은 한국인 가운데 '김해 김씨'라는 본관을 가진 사람이 가장 많다는 사실이었다. 그리고 그들이 정기적으로 수로왕의 무덤을 찾아 유교식 제사 지내는 모습을 감탄하며 바라보았다.

시바는 말한다.

이 김해라는 땅은 우리 일본인에게는 가락(駕洛), 가야(伽倻), 가라(加羅)라는 땅으로 감회 어린 곳이지만, 한국에서는 '김해 김씨'라는 것으로 특별한 땅이다. 한국의 성(姓)은 각각 본관의 지역이 있다. 성의 고향이다. 예를 들어 김(金)이라는 성은 한국에서 가장 많은 성의 하나인데, 아마도 5백만 명 이상은 김씨이리라. 그 김씨에도 여러 유파가 있고, 수많은 본관으로 나뉜다. (중략) 요컨대 몇 종류 되는 김씨의 본관 가운데 김해 김씨가 있고, 이 김해 김의 일족(이라 불리는 수백만의 인구이므로 규모가 너무 크지만)의 원조(遠祖)는 누구인가 하면, 가락국 김수로(金首露)라는 사람이다.

시바 료타로, 『한국기행』에서

시바의 '김씨 5백만 명'은 1970년대 초반의 통계이다. 현재는 김해 김씨만 해도 4백만 명으로 추산된다.

역사적으로 이름을 더욱 크게 날린 왕을 선조로 가진 일족은 여

럿 있다. 신라의 김씨, 고려의 왕씨, 조선의 이씨 등……. 그러나
사라진 왕국 가야의 시조 김수로의 후손이 이렇게 많다는 것은 무
엇을 뜻할까. 김해가 가진 지리적인 특성, 수로의 후손이 지닌 끈
끈한 단결력 같은 것이 합하여 이뤄 낸 결과로 봐야 좋을 듯하다.

이런 의문과 놀라움 속에 김수로의 행적을 찾아 나 또한 봄바람
기다리듯 김해로 갔다.

구지봉 아래로
남쪽 바람은 불어오고

김해의 가락국에 관한 기록으로는 『삼국유사』가 거의 유일하다.

「기이」편의 '다섯 가야', '가락국기' 그리고 「탑상」편의 '금관성 바사석탑', '어산불영'조가 그렇다. 『삼국사기』가 겨우 한두 줄, 그 것도 다른 기록에 살짝 끼워져 희미하게 가야를 전해 주고 있는 데 비해 참으로 풍성하다. 이는 우리가 『삼국유사』의 장점으로 꼽는 이유 가운데 하나이다.

다만 '다섯 가야'와 '어산불영'조는 아주 간단한 기록이다. 이에 비해 '가락국기'와 '금관성 바사석탑'조는 사라진 가야사를 복원하 는 데 절대적이다. 특히 '가락국기'는 "(고려) 문종 왕조 때(1075~ 1084년)에 금관주의 지사에게 딸린 문인이 지은 것이다. 이제 간략 하게 싣는다"는 일연의 주석으로 보아, 가야 멸망 이후에도 이 지 역에서는 사라진 왕국에 대해 꾸준히 관심을 가지고 있었음을 알 수 있다.

수로는 A.D. 42년 3월, 세상에 태어났다. '하늘이 열린 다음 이 땅에는 아직 나라의 이름이 있지 않았고 임금과 신하의 호칭 또한 없었다'는데, 사람들이 살고 있는 북쪽의 구지봉(龜旨峰)에서 이상 한 소리가 들려, 2~3백 명의 무리가 그곳에 모여드는 것으로 탄생 의 장면은 시작한다. 모인 무리 앞에 뚜렷한 사람 소리가 들렸다.

"하늘에서 내게 명하기를, '이곳에 내려가 나라를 새롭게 하고 임 금이 되라'라고 하셨다. 그래서 이곳에 내려왔다. 너희들은 모름지기 봉우리 위의 흙을 파면서,
'거북아 거북아
머리를 내밀어라

내밀지 않으면

구워서 먹을 테다'

라고 노래 부르며 춤을 추어라. 그러면 곧 대왕을 맞아 기뻐 뛰게 될 것이다."

『삼국유사』, 「가락국기」조에서

여기서 저 유명한 「구지가」라는 노래가 나왔다. 이 같은 장면에는 고대사회에서 왕을 맞이하는 전형적인 요소가 다 갖추어져 있다. 일종의 민간신앙적인 의식의 형태인데, 천명사상과 노동과 협업이 어우러진 참으로 장엄한 광경이다.

구지봉석 수로의 탄생은 알의 형상이라는 점에서 혁거세나 주몽과 같지만, 한꺼번에 여섯 개가 나타나고, 그들이 여섯 가야의 왕이 되었다는 점에서는 다르다. 구지봉의 이 돌에는 한석봉이 쓴 글씨가 남아 있다.

얼마 뒤에 공중을 쳐다보았더니, 붉은 줄이 하늘로부터 내려와 땅에 드리워졌다. 붉은 보자기로 싼 금합에 해같이 둥근 황금알 여섯 개가 들어 있었다. 여섯 개의 알은 사내아이로 변화하는데, 그 가운데 '처음 나타났다' 해서 이름을 수로(首露)라 지은 아이는 열닷새가 지나자 키가 9척이나 되었다.

그가 만든 나라가 가야국이다. 나머지 다섯 알에서 태어난 아이도 각각 다섯 가야의 왕이 되었다. 이때가 A.D. 44년이다.

수로의 탄생은 알의 형상이라는 점에서 혁거세나 주몽과 같지만, 한꺼번에 여섯 개가 나타나고, 그들이 여섯 가야의 왕이 되었다는 점에서는 다르다. 이는 아마도 일국체제의 강력한 왕권이 아닌, 여섯 가야의 연합체적 성격을 띤 나라였음을 말하는 것 같다.

수로왕은 궁궐과 청사를 짓는 데도 백성이 한가한 틈을 기다렸다 지었다. 그만큼 어진 이였음을 나타내는 삽화이다.

어진 왕비를 얻어
어진 정치를 펼치다

수로가 왕위에 오른 지 4년 뒤였다. 바다 서남쪽으로부터 붉은 돛을 달고 붉은 깃발을 휘날리는 배가 북쪽을 향해 왔다. 배에서 내린 이여쁜 여인이 육지에 올라 높은 언덕에서 자신이 입고 있던 비단 바지를 벗어 산신령께 예물로 드렸다. 수로의 왕비 허황옥(許黃玉)의 등장이다.

입고 있던 비단 바지를 벗는 행위가 오늘날의 어떤 민속의식과 통하는지 잘 모르겠다. 성교(性交)를 통한 생산이라는 뜻에 가까운 것일까?

그러자 왕이 나와 맞아 함께 장막 안으로 들어갔으며, 왕비는 자신이 아유타국(阿踰陀國)에서 온 공주임을 밝힌다. 아버지와 어머니가 함께 꿈을 꾸었는데, '가락국의 임금 수로는 하늘에서 내려 왕위에 오르게 한 자이니 그야말로 신성한 사람이요, 게다가 새로 임금이 되어 아직 배필을 정하지 않았으니, 모름지기 공주를 보내 그의 배필을 삼으라'는 하늘님의 명령을 받았다는 것이다. 이 아유타국에 대해서는 여러 가지 설이 있다. 대체로 인도의 한 지방에

바사석탑 처음에 허황옥이 부모의 명을 받고 바다에 나가 동쪽으로 가려던 참이었는데, 파도 신의 노여움에 막혀 이겨내지 못하고 돌아와 아버지에게 아뢰자, 아버지는 이 탑을 싣고 가라 하였다. 과연 제대로 건너와 남쪽 언덕에 와서 정박하였다.

실재한 나라로 보고 있는데, 중국의 남부지방까지 진출해 있어서, 한반도의 남쪽 바다에 접한 가야와 교류가 가능했었다고 한다.

왕비가 먼 바다를 건너온 경위에 대해서는 '금관성 바사석탑'조에 더 자세히 나와 있다. 금관성의 호계사에 있는 석탑이다.

처음에 허황옥이 부모의 명을 받고 바다에 나가 동쪽으로 가려던 참이었는데, 파도 신의 노여움에 막혀 이겨내지 못하고 돌아와 아버지에게 아뢰자, 아버지는 이 탑을 싣고 가라 하였다는 것이다. 과연 제대로 건너와 남쪽 언덕에 와서 정박하였다. 그러나 이에 대

해서 일연 자신도 약간의 의문을 가지고 있다. 이때까지 우리나라에는 절을 짓고 불법을 받드는 일이 없었다는 점 때문이다. 그럼에도 불구하고 일연은 이 절을 찾아 탑을 직접 보고, "네모나게 4면이요 5층인데, 조각한 모양새가 매우 기이하다. 돌에는 엷게 붉은 색 반점이 있고, 바탕이 아주 부드럽다. 이 지역에서 나는 종류가 아니다"라는 설명을 덧붙였다.

지금은 거의 본디 모습을 알아볼 수 없을 만큼 문드러졌지만, 일연의 기록을 참고하여 그 원형을 상상해 보기도 한다.

결혼한 다음 수로왕의 활약은 더 빛난다. 추장인 9간의 이름을 고치고, 신라의 직제를 따라 각간, 아간, 급간 등의 계급을 두고, 그 아래 관리들에게는 주나라나 한나라의 관제를 따다가 나눠 정했다. 그런 다음의 모습을 '가락국기'에서는, "나라를 다스리고 집안을 가지런히 하며 백성 사랑하기를 자식같이 해서, 그 교화가 엄하지 않으면서도 저절로 위엄이 있고, 정치가 엄하지 않아도 저절로 다스려지게 되었다"라고 쓰고 있다.

특히 왕비와 무척 금슬이 좋았음을 빼놓지 않았다. '마치 하늘에 땅이 있고 해에 달이 있으며 양에 음이 있는 것과 같았다'고 말한다.

수로왕과 왕비의 최후

수로왕과 관련된 두 가지 중요한 에피소드가 있다. 하나는 신라 제4대 탈해왕과 관련된 것이다.

탈해는 가야로 쳐들어와 수로왕에게 왕의 자리를 내놓으라고 협박하였다. 둘 사이에 싸움이 벌어진바, 그것은 아주 재미있는 변신담으로 남아 있다. 탈해가 변해 매가 되자, 왕이 변해 독수리가 되었다. 또 탈해가 참새로 변하자, 왕은 새매로 변했다. 탈해가 본모습으로 돌아오자, 왕 또한 본모습으로 돌아왔다. 수로의 승리였다.

탈해는, "내가 목숨을 보전한 것은 죽이기를 싫어하는 성인의 어진 마음 때문이었습니다"며 곧 절하고 나가 버렸다. 매우 드물게 보는 변신담인데, 가야인에게는 수로의 위대성을 나타내는 이 같은 이야기가 사실처럼 전해 왔던 것이다.

또 하나는 수로왕을 사모해서 하는 놀이이다.

해마다 7월 29일이 되면, 이 고장 백성들과 아전·군졸들이 승점에 올라 천막을 치고, 술과 음식을 베풀며 환호한다. 승점은 처음에 허황옥이 도착한 곳이다. 그들이 동서쪽으로 눈짓하면 건장한 인부들이 좌우로 나뉘어서, 바다로부터 말을 타고 육지를 향해 급히 달리고, 뱃머리를 둥둥 띄워 물 위로 서로 밀면서 북쪽으로 포구를 향해 다퉈 달린다. 이 놀이는 왕후가 오는 것을 바라보고 신하들이 급히 왕에게 알렸던 흔적이 남은 것이다.

수로왕과 왕비는 백성에게 이런 사랑을 받는 존재였다. 현재 이곳에서는 이 놀이가 전승되지 않는다.

수로왕과 왕비에게도 최후가 다가왔다. 왕비는 A.D. 189년 3월 1일에 누린 나이 157세로 세상을 마쳤다. 구지봉 동북쪽 언덕에 장사 지냈으며, 왕은 늘 베개 위에서 홀아비의 슬픔을 노래하며 오랫동안 탄식하였다. 10년이 지난 A.D. 199년 3월 23일, 왕은 누린 나

이 158세로 세상을 떴다. 그러고 보니 수로왕은 9년 연상의 여성과 살았던 것이다.

물고기 두 마리 문양의 비밀

구지봉 아래로 살랑살랑 남쪽 바람이 불어온다. 지금 수로왕릉은 김해시 서상동에 있으며, 김해 김씨 후손들은 1년에 한 번씩 이곳에서 성대한 제사를 지낸다. 시바 료타로도 김해에 왔을 때 이 풍경을 보았다.

십 수 명의 남자들이 둥근 봉분에 대해 일렬횡대로 나란히 서서, 모두 신발을 벗고 있다. 이윽고 앉아서 일제히 삼궤구배(三跪九拜)의 예를 시작하였다.

일족의 어른인 듯한 노인이 제단에 나아가서, 축문(祝文) 같은 것을 올리기 시작하였다. 간략화되기는 하였으나 뚜렷한 유례(儒禮)이다.

그 의식이 끝나기까지 그 사람들과 동행한 여성들 십 수 명이 배전(拜殿)의 차양 아래 모여서 기다렸다. 남자들이 의식을 끝내고 물러나자 여자들이 교대했다. 그것을 보고 있자니 이조 500년이라는 유교국가가 아직도 이어지고 있는 것은 아닐까 하는 착각이 들었다.

시바 료타로, 『한국기행』에서

4백만 명을 헤아리는 김해 김씨의 조상 제사이니 성대하기도 했겠다. 이 유교식의 풍경은 이국의 소설가에게 아직 한국이 조선의 연장으로 살아가고 있다는 느낌을 준 것 같다. 조선의 찬란했던 문물을 자랑하고 전통으로 이어받아 계승하는 것은 후손 된 도리로 당연한 것이다. 그러나 어떨 때, 양반과 족보를 따지고, 남존여비의 틀에서 그다지 벗어나지 못하는 모습을 보다 보면, 이 땅에 유교의 아니 조선의 뿌리는 이다지 깊은가 몸서리쳐질 때가 있다.

정작 수로왕과 허 황후는 유교를 모르고 살았던 사람이다. 지금의 제사는 유교로 개종한 후손이 조상에게 유교식 방법으로 인사드리는 것이다.

두 사람의 출신을 가늠해 보는 유적이 두 가지이다. 하나는 앞서 소개한 바사석탑, 그리고 다른 하나는 수로왕릉에 그려진 쌍어문

납릉정문의 쌍어문 정문 현판 옆에 그려진 쌍어문을 보건대, 수로왕 자신도 실은 남방의 파도를 헤치고 한반도에 정착한 사람이지 않았을까, 상상하게 한다. 물고기 두 마리 모양의 이 문양을 두고 지금 의견 대립이 팽팽하다.

(雙魚紋)이다.

석탑은 거의 본디 모습을 알아볼 수 없을 만큼 문드러졌다. 이를 통해 허 황후가 틀림없이 남방 출신임을 알게 하지만, 수로왕릉의 납릉정문 현판 옆에 그려진 쌍어문을 보건대, 수로왕 자신도 실은 남방의 파도를 헤치고 한반도에 정착한 사람이지 않았을까, 상상하게 한다. 물고기 두 마리 모양의 이 문양을 두고 지금 의견 대립이 팽팽하다.

그동안 이 문양에 대해 동지나(東支那), 남지나(南支那) 지나 멀리 인도까지 이어지는 뱃길의 상징으로 보았다. 다른 한편, 고대 중국의 하(夏)나라를 세운 우(禹) 임금의 아버지 곤(鯀)과 그 부족을 상징한다는 주장이 있다.

어느 쪽일까? 비밀은 풀리지 않아야 매력적이지만, 가야와 수로를 두고서는 반드시 풀리기 바라는 비밀이다.

혜숙과 혜공의 삶

혜공(惠空) 스님은 천진공(天眞公) 집안의 허드렛일을 하는 노파의 아들이었다. 어려서의 이름은 우조(憂助)[29]였다.

공이 일찍이 등창이 나서 거의 죽게 되자 문병하는 사람들이 길거리를 메울 정도였다. 우조의 나이 일곱이었는데, 어머니에게 물었다.

"집안에 웬일로 손님이 이다지 많아요?"

"집안 어르신께서 악질이 나서 죽게 생겼다. 네가 어찌 모르느냐?"

"제가 도와드릴 수 있습니다."

어머니는 그 말을 기이하게 여기고 공에게 아뢰었다. 공이 불러들였으나 침상 아래 앉아 한마디도 하지 않는 것이었다. 잠깐 사이에 등창이 쏟아져 내렸다. 그러나 공은 우연이라 하고 그다지 이상하게 여기지 않았다.

다 자란 다음에 공의 매를 길렀는데, 공의 뜻에 꼭 들어맞게 일을 하였다. 한편, 공의 동생 가운데 한 사람이 관직을 얻어 외지로 나가게 되었다. 그는 공에게 청하여 매를 한 마리 골라 임지로 갔다. 어느 날 저녁, 공은 문득 그 매가 생각났는데, 다음 날 아침 시험 삼아 우조를 보내 데려오도록 할 참이었다. 우조는 그 뜻을 먼저 알고, 잠깐 사이에 매를 가져다가 바치는 것이었다. 공은 대단히 놀랐다. 그리고 그제야 옛날 등창을 낫게 했던 일이 떠올랐다. 모두 헤아리기 어려운 일이었다.

"내가 지극한 성인이 우리 집에 맡겨진 것을 알지 못하고, 헛말과 비례(非禮)로 더럽히고 욕되게 하였구나. 그 죄를 이찌 씻겠는가? 이후로는 인도자가 되어 저를 이끌어 주소서."

그러고 나서는 내려와 절을 하였다.

신령스러운 이적이 이미 드러나자 출가하여 승려가 되고, 이름을 혜공이라

---

29) 이곳 말일 것이다.

하였다. 늘 한 작은 절에 머무르며, 미친 듯이 크게 취해 삼태기를 지고 거리에서 노래를 불러댔다. 그래서 부궤화상(負簣和尙)이라 불렀다. 거처한 절도 그런 까닭에 부개사(夫蓋寺)라 했다. 이는 삼태기의 신라 말이다.

매양 절의 우물 가운데 들어가 몇 달 동안 나오지 않기도 하였다. 스님의 이름을 따서 우물 이름을 지었다. 나올 때면 언제나 푸른 옷을 입은 신동이 먼저 솟구쳐 나왔기 때문에 절의 승려들이 이를 보고 나오리라는 신호로 알았다. 그렇게 나왔는데도 옷이 젖지 않았다.

늘그막에는 항사사(恒沙寺)[30]로 옮겨 머물렀다. 그때 원효가 여러 경소(經疏)를 찬술하면서, 매양 스님에게 와서 의심나는 곳을 물었다. 간혹 서로 장난을 치기도 하였는데, 하루는 두 분이 시냇물을 따라가다 물고기를 잡아 구워 먹고는 돌 위에 똥을 누었다. 스님이 그것을 가리키며 희롱하듯이, "자네는 똥인데 나는 물고기 그대로야"[31]라고 외치는 것이었다. 이로 인해 오어사(吾魚寺)라 이름 지었다. 어떤 이들은 여기서 원효의 이야기라기에는 외람되다고 하기도 한다. 마을에서는 시냇물을 잘못 불러 모의천(毛矣川)이라고 한다.

구참공이 일찍이 놀이를 나갔다가 스님의 시신이 산길에 버려진 것을 보았다. 시신은 썩어 있고 거기서 벌레가 기어 나왔다. 한참을 비탄에 잠겨 있다가 말고삐를 돌려 성으로 들어가는데, 스님이 저잣거리에서 크게 취해 노래를 부르고 있지 않은가.

또 하루는 새끼줄을 꼬아 영묘사에 들어가 금당과 좌우의 경루, 그리고 남문의 회랑 둘레를 묶었다. 강사(剛司)에게 이 새끼줄을 3일 뒤에 거두라고 일러두었다. 강사는 이상히 여기면서도 따라 했다. 드디어 3일이 지나 선덕여왕의 가마가 절 안으로 들어오자, 지귀(志鬼)[32]가 불을 질러 그 탑을 태우는데, 오직 새끼줄로 묶어 둔 곳만은 화를 면하였다.

---

30) 지금 영일현의 오어사(吾魚寺)이다. 항사 사람이 세상에 나온 까닭으로 항사동이라는 말이 전해 온다.

31) [역주] 이 대목을, "네 똥은 내 고기다"라고 번역하기도 한다. 원문의 '汝屎吾魚'가 번역으로서 두 가지 가능성을 가지고 있기 때문이다. 그러나 내가 현지조사를 통해 채록한 구전설화에 따르자면, 원효는 그냥 똥으로 나오는데 혜공이 눈 똥은 곧 물고기가 되어 헤엄쳐 달아났다고 한다. 내기에서 혜공이 이겼다는 재미있는 발상이거니와 나는 여기에 따라 번역했다.

신인종(神印宗)의 창시자 명랑(明朗) 스님이 금강사를 새로 짓고 낙성회를 열었다. 큰스님들이 모두 모였는데, 오직 혜공 스님만이 가지 않았다. 명랑은 분향하고 기도를 올렸다. 잠시 후 혜공이 이르렀다. 때마침 큰비가 내렸는데도, 바지며 저고리가 젖지 않았고, 발에도 흙이 묻지 않았다. 명랑더러 이르기를, "부르심이 매우 간절해 이렇게 왔소이다"라고 하였다.

신령스러운 자취가 자못 많았으며, 마지막에는 공중에 떠서 입적을 알렸다. 사리는 수를 헤아리기 어려울 만큼 많았다. 일찍이 『조론(肇論)』을 보며, "이는 내가 옛날에 편찬한 것이다"고 하였다. 그렇다면 승조(僧肇)의 후신임을 알겠다.[33]

찬한다.

벌판에서 사냥질하고 침실에 누웠고
술집에서 노래하고 우물 밑에서 잠잤다
외짝 신 남기며 허공에 뜨며 어디로 떠갔는가
한 쌍 귀중한 불 속의 연꽃이어라

만파식적

제31대 신문대왕(神文大王)의 이름은 정명(政明)이고 김씨이다. 개요(開耀) 원년은 신사년(681년)인데, 7월 7일에 왕위에 올라, 돌아가신 문무대왕을 위해 동해 가에 감은사(感恩寺)를 지었다.[34]

다음 해인 임오년 5월 그믐께[35]였다. 해관인 파진찬 박숙청(朴夙淸)이 아뢰었나.

---

32) [역주] 선덕여왕을 사모한 지귀라는 사람이 불을 질렀다는 이야기는 『대동운부군옥(大東韻府群玉)』에 나오지만, 『삼국사기』에는 선덕여왕 4년에 절이 완공되었다는 기사만 있을 뿐 화재 소식은 없다.

33) [역주] 승조(384~414년)는 후진(後秦) 때의 학승으로, 구마라습(鳩摩羅什)의 제자였다. 『조론』은 승조가 지은 『반야무지론』 등 4론과 『종본의(宗本義)』를 합친 것이다.

"동쪽 바다 가운데 작은 산이 떠서 감은사 쪽으로 오고 있는데, 파도를 따라 이리저리 다닙니다."

왕은 기이하게 여겨 일관 김춘질(金春質)[36]을 불러 아뢰게 하였다.

"돌아가신 임금께서 지금 바다용이 되어 이 나라를 지켜 주고 계십니다. 게다가 김유신 공은 33천의 한 아들이라 이제 내려와 대신이 되시고, 두 분 성인께서 덕을 같이하시어 나라를 지킬 보배를 내주려 하십니다. 만약 폐하께서 해변으로 가신다면, 반드시 값으로 칠 수 없는 큰 보배를 얻으실 것입니다."

왕은 기뻐하며, 그달 7일 가마를 타고 이견대(利見臺)로 가서 그 산을 바라보고, 신하를 시켜 살펴보도록 하였다. 산의 모양새가 마치 거북의 머리 같은데, 그 위의 대나무 한 그루가 낮에는 둘이 되고 밤에는 하나가 되었다.[37] 신하가 와서 아뢰자 왕은 감은사에 가서 잤다.

다음 날 정오, 대나무가 합쳐 하나가 되자 천지가 진동하고 바람과 비로 어두워지는데, 7일간이나 갔다. 그달 16일에 이르러서야 바람이 자고 파도가 잠잠해졌다. 왕이 바다를 건너 그 산에 들어가니, 용이 검은 옥대를 받쳐 들고 나오는 것이었다. 왕은 영접하고 함께 앉아 물었다.

"이 산이 대나무와 함께 쪼개지기도 하고 오므라지기도 하니 어쩐 일입니까?"

"비유컨대 손바닥 하나로는 소리가 나지 않고, 두 손바닥으로 치면 소리가 나는 것과 같습니다. 이 대나무라는 물건도 오므라진 다음에야 소리가 나지요. 훌륭한 임금이 이 소리를 가지고 천하를 다스리게 될 상서로운 징조입니다. 왕께서 이 대나무를 가져다가 피리를 만들어 불면 세상이 화평해질 것입니다. 지금

---

34) 절의 기록은 이렇다. "문무왕이 왜병을 무찌르고자 이 절을 짓기 시작하였는데, 다 마치지 못하고 돌아가셔서 바다용이 되었다. 그 아들 신문왕이 개요 2년에 일을 마치고, 금당의 아래를 밀어 동쪽으로 구멍 하나를 뚫었거니와, 이는 용이 절에 들어와 돌아다니게 마련한 것이다. 유언대로 뼈를 묻은 곳을 대왕암이라 이름 하고, 절은 감은사라 하였다. 뒤에 용이 나타난 모습을 본 곳을 이견대(利見臺)라 이름 하였다."

35) 한 책에는 천수(天授) 원년(690년)이라 하는데 잘못이다.

36) 춘일(春日)이라고도 한다.

37) 한편 산 또한 대나무처럼 밤낮으로 열렸다 닫혔다 한다.

돌아가신 왕은 바다 가운데 큰 용이 되어 있고, 유신은 다시 천신(天神)이 되어서, 두 분 성인이 한마음으로 이런 값으로 칠 수 없는 큰 보물을 내어놓고, 날더러 바치라고 하였습니다."

왕은 놀라 기뻐하며, 다섯 가지 색깔이 칠해진 비단이며 금과 옥으로 제사를 드렸다. 신하를 시켜 대나무를 잘라 바다에서 나오자, 산과 용은 어느덧 사라지고 보이지 않았다.

왕이 감은사에서 자고, 17일에 지림사에 이르러 서쪽 시냇가에서 머무르며 점심을 먹었다. 태자 이공(理恭)[38]이 궁궐을 지키다 이 소식을 듣고, 말을 타고 달려와서 경하하였다. 서서히 살펴보더니 왕에게 말했다.

"이 옥대의 여러 구멍들은 모두 진짜 용입니다."

"네가 그것을 어찌 아느냐?"

"구멍 하나를 떼어 냇물에 담가 보시지요."

이에 왼쪽 두 번째 구멍을 시냇물에 담갔더니, 곧 용이 되어 하늘로 올라갔다. 그 땅이 연못을 이루자 이 때문에 용연(龍淵)이라 불렸다.

왕은 행차에서 돌아와 그 대나무로 피리를 만들어, 월성의 천존고(天尊庫)에 보관하였다. 이 피리를 불면, 적병이 물러나고 병이 치료되며, 가뭄에는 비가 내리고 홍수 때는 맑아지며, 바람이 자고 파도가 잔잔해지는 것이었다. 이름을 만파식적(萬波息笛)이라 하고 국보로 불렀다.

효소대왕 때인 천수(天授) 4년은 계사년(693년)인데, 부례랑(夫禮郞)이 살아 돌아온 기적 때문에, 다시 이름을 고쳐 만만파파식적(萬萬波波息笛)이라 하였다. 자세한 것은 그 전기를 보라.

처용랑과 망해사

제49대 헌강왕(憲康王) 때였다. 서울부터 전국에 이르기까지 지붕과 담이 즐비하게 이어지고, 초가집이란 한 채도 없었다. 거리에는 연주와 노랫소리 끊이지 않고, 사시사철 맑은 바람이 불고, 비는 적당히 내려 주었다.

이때 대왕이 개운포(開雲浦)[39]로 놀이를 나갔다. 왕이 가마를 돌려 돌아오다 해변가에서 점심을 들려는 참이었다. 홀연히 운무가 가득하여 길을 잃었다. 괴이하게 여겨 곁에 있는 신하들에게 물으니 일관이 아뢰었다.

"이는 동해용이 조화를 부린 것입니다. 좋은 일을 행해야만 풀리겠습니다."

이에 일 맡은 신하에게 명령하여, 용을 위해 가까운 곳에 절을 짓도록 하였다. 왕의 명령이 내리자 운무가 걷히며 흩어졌다. 그래서 이름을 개운포라 한 것이다. 동해용은 기뻐하며, 일곱 아들을 데리고 왕의 가마 앞에 나타나 덕을 칭송하면서 춤추고 음악을 타며 바쳤다.

그 아들 하나는 왕을 따라 서울로 들어가 왕정을 보좌하였는데, 처용(處容)이라 불렀다. 왕은 아름다운 여자로 아내를 삼게 하면서, 그의 마음을 붙잡아 두고자 했다. 또 급간(級干) 자리를 내려 주기도 하였다.

그의 아내는 매우 아름다웠다. 역신(疫神)이 이 여자에게 푹 빠져, 사람으로 변장을 하고 밤에 그 집에 들어와 남몰래 함께 자게 되었다. 처용이 밖에 나갔다가 집에 이르러, 침상에서 두 사람이 자는 것을 보고는, 노래 부르고 춤추며 물러났다. 노래는 이렇다.

서울의 밝은 달밤
밤늦도록 노닐다가
들어와 자리를 보니
다리가 넷이구나
둘은 내 것인데
둘은 누구인가
본디 내 것이었던 것을
빼앗아 감을 어찌하리

---

39) 학성 서남쪽에 있으니 지금의 울주이다.

이때 역신이 모습을 드러내 앞에 나와 무릎 꿇고 말했다.

"내가 그대의 처를 탐내서 지금 일을 저질렀습니다. 그런데도 그대가 화를 내지 않으시니, 감복하고 탄복할 일입니다. 맹서컨대, 지금부터 이후로는 그대의 얼굴 모습을 그린 것만 보아도, 그 문 안에 들어가지 않겠습니다."

이 때문에 나라 안의 사람들이 문에 처용의 형상을 붙여, 사악한 것을 몰아내고 좋은 일을 맞아들였다.

왕은 돌아온 다음, 영취산의 동쪽 기슭이 좋다 하여 절을 짓고 망해사(望海寺)라 불렀다. 신방사(神房寺)라고도 하는데, 이는 용을 위해 지은 것이다.

또 왕이 포석정에 갔을 때이다. 남산의 신이 왕 앞에 나타나 춤을 추는데, 곁의 신하들은 보지 못하고 오직 왕만이 보았다. 어떤 사람이 앞에 나서서 춤추니, 왕이 손수 따라 춤을 추며 형상으로 보여 주었다. 신의 이름을 상심(祥審)이라고도 하므로, 지금 나라 사람들이 이 춤을 전하면서, 임금이 춘 상심[御舞祥審] 또는 임금이 춘 산신[御舞山神]이라 한다. 신이 나타나 춤을 출 때 그 모습을 자세히 본떠 기술자를 시켜 조각하게 하여 후대에 보여 주었으므로, 상심(象審)이라고도 하였다. 또는 상염무(霜髥舞)라 하는데, 이는 곧 그 모양을 가지고 일컫는 것이다.

또 왕이 금강령에 갔을 때이다. 북악의 신이 나타나 춤을 추는데, 옥도검(玉刀鈐)이라 불렀다. 또 동례전에서 연회를 할 때에는 지신이 나와 춤을 추는데, 지백급간(地伯級干)이라 불렀다.

『어법집(語法集)』에 이런 말이 있다.

"그때 산신이 춤을 추어 바치면서 노래하기를, '지리다도파도파(智理多都波都波)'라 한 것은 말뜻이, '나라 안에 지혜롭게[智] 다스리는 자[理]들이 알고서, 다들[多] 도망을 가[都=逃] 도읍[都]이 무너질 것[波=破]'을 이르는 바였다. 지신과 산신은 나라가 망하리라는 것을 알았으므로, 춤을 추어 이를 경고했던 것이다. 나라 사람들은 이를 깨닫지 못하고, '상서로운 조짐이 나타났다'라고 말하면서 탐락에 극심하게 빠졌기 때문에 나라가 끝내 망하고 말았다."

금관성의 바사석탑

금관성(金官城) 호계사(虎溪寺)의 바사석탑(婆娑石塔)은 이 마을이 금관국이었을 때, 세조 수로왕의 비 허황옥이 서역의 아유타국으로부터 싣고 온 것이다. 동한(東漢)시대 건무(建武) 24년 갑신년(48년)이다.

처음 공주가 부모의 명을 받고 바다에 나가 동쪽으로 가려던 참이었다. 파도 신의 노여움에 막혀 이겨내지 못하고 돌아와 아버지에게 아뢰었다. 그러자 아버지는 이 탑을 싣고 가라 하였다. 과연 제대로 건너와 남쪽 언덕에 와서 정박하였는데, 비단 돛에 붉은 깃발 그리고 붉은 구슬 같은 아름다운 물건이 함께 있었다. 지금 그곳을 주포(主浦)라 한다.

처음으로 언덕 위에서 비단 바지를 벗은 곳은 능현(綾峴), 처음으로 붉은 깃발이 바닷가에 들어온 곳은 기출변(旗出邊)이라 부른다. 수로왕은 정중히 모셔 들여 함께 150여 년간 나라를 다스렸다.

그러나 이때까지도 우리나라에는 절을 짓고 불법을 받드는 일이 없었다. 대개 불교가 이르지 않았고, 사람들이 기꺼이 믿지 않았기 때문에 「본기」에도 절을 지었다는 기록이 없다. 제8대 질지왕 2년 임진년(452년)에 이르러 그 땅에 절을 지었고, 또 왕후사(王后寺)[40]를 창건하여 지금까지 복을 빌고 있다. 아울러 남쪽 왜구를 다스리고자 한바, 이 같은 사실은 이 나라의 「본기」에 보인다.

탑은 네모나게 4면이요 5층인데, 조각한 모양새가 매우 기이하다. 돌에는 엷게 붉은색 반점이 있고, 바탕이 아주 부드럽다. 이 지역에서 나는 종류가 아니다. 「본초」에, "닭 벼슬의 피를 찍어 징험한다" 함이 이것이다.

금관국은 가락국이라고도 하고, 「본기」에 모두 실려 있다.

찬한다.

석탑 실은 비단 돛배 붉은 깃발도 가벼이
신령께 빌어 험한 파도 헤치고 왔네

---

40) 아도(阿道)와 눌지왕의 때이다. 법흥왕보다는 전이다.

여기까지 이르려 한 허황옥만 도왔으랴
오래도록 남쪽 왜구 성난 고래를 막아 주었네

제4장

전라도 황톳길 1박 2일

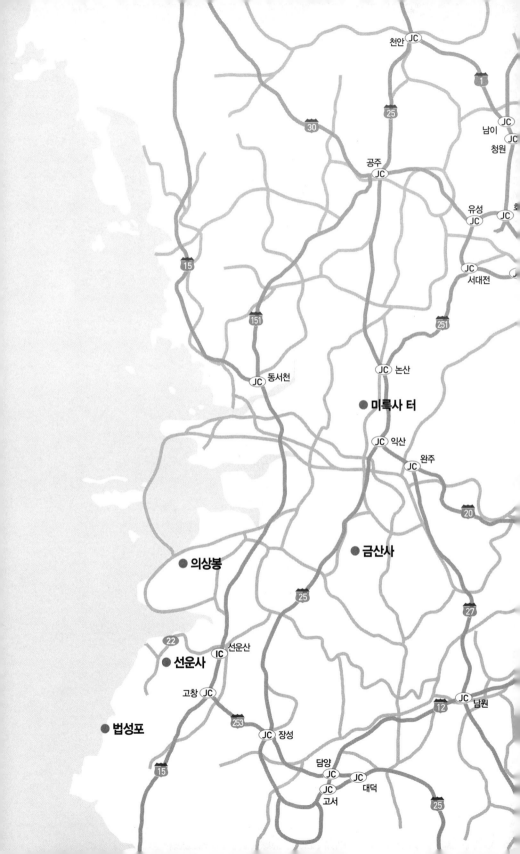

전라도 1박 2일 코스

미륵사 터 몽고군의 침략으로 절이 불타기 전에 일연은 이곳을 찾아왔었다. 그리고 『삼국유사』에 유례가 없이 친절하게 이 절의 구조를 설명해 두었다. **금산사** 금산사 미륵전은 현판 글씨부터 굳세고도 품 있고 여유롭다. 이 모습은 신라 때의 본디 그것에서 크게 다르지 않을 것으로 믿는다. **선운사** 차밭이 물경 8만 평에 달한다. 골짜기마다 심어진 차는 천연의 땅 기운을 얻고 하루 한 때 햇빛만을 받으며 튼실하게 자라고 있다. **법성포** 백제에 처음으로 불교를 전한 마라난타는 바로 법성포로 배를 타고 들어왔다. 뭍으로 파고 들어오는 바닷물이 넉넉히 안을 것처럼 보이는 포구로.

I

백제여, 백제여
—익산 미륵사 터

금판에 새겨진 글씨는 붉은색이 칠해 있었다. 또 한 번 역사의 사실을 되돌아보게 하는 엄청난 발견이었다. 2009년 1월, 미륵사 터에서 나온 서탑 사리봉안기를 말한다.

사리봉안기는 부처의 사리를 함 안에 넣고 그 전말을 기록한 것이다. "가만히 생각하건대 법왕(法王)께서 세상에 출현하시어"라고 시작하는 정중한 문장이었다. 법왕은 석가모니 부처를 이를 것이다. 8곡(斛)의 사리를 남기고, 그것이 신통한 조화를 부리며 세계를 돈다. 그중의 일부를 여기 모신다는 뜻이었다.

누가 이 일을 하였다는 말일까. 사리봉안기는 거기서 놀라운 소식을 전해 준다.

"우리 백제의 왕후는 좌평 사택적덕(沙宅積德)의 딸로 오랜 세월에 선인(善因)을 심으셨기에 현생에 뛰어난 과보를 받아 태어나셨

백제 최대사찰 '비밀의 문' 열렸다

기록 거의 없던 미륵사, 639년 창건 밝혀져

발굴된 **사리봉안기** 금판에 새겨진 글씨는 붉은색이 칠해 있었다. 또 한 번 역사의 사실을 되돌
아보게 하는 엄청난 발견이었다. 2009년 1월, 미륵사지에서 나온 서탑 사리봉안기이다. 백제
무왕의 부인이 선화공주가 아닌 사택적덕의 딸로 나온다.

다"는데, "정재(淨財)를 회사하여 가람을 세우시고 기해년(己亥年)
정월 29일에 사리를 받들어 맞이하셨다"고 하였다. 기해년이라면
서기 639년이다.

　이해는 백제 무왕(武王) 40년이고 신라 선덕여왕 8년에 해당한
다. 아뿔싸, 그렇다면 사택 씨가 다름 아닌 무왕의 왕비라는 말 아
닌가. 우리가 지금까지 선덕여왕의 동생이요 무왕의 왕비로 알고
있는 선화공주는 어디로 가고?

　사리기가 발견되자 익산 미륵사를 창건한 이야기가 나오는 『삼
국유사』의 '무왕(武王)'조는 당장 위기에 처했다. 그러잖아도 설화
적인 내용으로 사실을 의심받던 터였다. 믿지 않을 수 없는 1차 사

료가 나왔으니 이제 더 이상의 논쟁은 쓸모없어 보였다. 639년 1월 29일, 사택 왕비가 미륵사 창건의 주인공임을 써서 땅속 깊이 묻었다. 꼭 1370년 만에 후세 사람의 눈에 띄리라고 생각이나 했을까.

금판에 쓰인 붉은 글씨 2백여 자는 아주 냉정히 역사의 사실 속에서 선화공주를 추방하고 있었다.

무왕의 때
백제의 속사정

기왕 미륵사 터에서 발굴된 기와에는 을사(乙巳, 645년)나 경술(庚戌, 650년) 같은 연대가 새겨져 있었다. 이 같은 연대를 통해 완공 또는 개축 등이 이 어름에서 이루어졌음을 짐작하였었다. 그리고 동탑지에서는 기축(己丑, 629년)이 새겨진 기와가 나온 적도 있다. 미륵사는 본당과 본탑, 그리고 동사(東寺)와 동탑, 서사(西寺)와 서탑의 3원형으로 이루어진 절이다.

7세기 중엽, 백제 무왕은 상당한 기간에 걸쳐 미륵사의 거대한 역사(役事)를 이룩해 냈다.

무왕은 누구였던가.

몇 가지 사료를 종합해 보면 무왕은 법왕의 서자로 보는 설에 고개가 끄덕여진다. 『삼국유사』에서는 남쪽 연못가에 사는 과부가 지룡(池龍)과 통하여 아들을 낳았다고 했다. 지룡은 등극 전의 법왕을 가리키는 말인 것 같다.

서자로 보는 다른 근거도 있다. 『삼국사기』에서는 이 무렵 백제 왕의 즉위를 밝히면서, 위덕왕은 성왕의 원자(元子), 혜왕은 성왕의 이자(二子), 법왕은 혜왕의 장자, 의자왕은 무왕의 원자로 표기하였다. 장남인지 차남인지 매우 분명히 한 것이다. 그런데 무왕만은 법왕지자(法王之子) 곧 법왕의 아들이라고만 적었다.

법왕은 나이가 많아 등극하였고, 그러기 전, 오랜 잠저(潛邸)의 시기를 보냈다. 그러나 현재 왕의 큰아들로 장차 보위에 오를 가능성이 가장 높은 이였다. 정실부인 외에 여러 여자와의 만남이 잦았을 터, 무왕은 그런 만남 가운데 한 아들로 태어났다.

그러나 왕의 여자는 그저 미미한 신분은 아니었을 것으로 추정된다. 대체로 익산 출신의 지방 세력가 집안 딸이라 본다. 이때 익산은 신라와의 쟁패에서 중요시되는 지역이었다. 이런 어머니를 둔 아들은 왕이 되는 데에 외가의 도움을 받았을 것 같다. 즉위한 다음 무왕은 아예 이곳으로 천도할 생각까지 하였다.

이런 추정을 가능하게 하는 것이 미륵사 옆 왕궁리의 유적이다. 지금은 절터로 발굴되고 있으나 처음부터 그렇진 않았다. 지금으로 치면 행정수도가 건설되던 흔적을 가지고 있다.

그런데 여기서 사택 씨가 등장한다. 무왕을 둘러싼 유력한 중앙 귀족 가운데 하나이다. 사택 씨는 정국 운영의 중심을 잡으면서 무왕의 익산 천도에 반대하였다. 천도는 곧 세력의 변화를 가져올 수 있다. 유력 귀족과의 전면적인 대립에 부담을 느끼기로는 무왕도 마찬가지였다. 무왕은 사택 씨와 손잡고 일정 부분 타협한다. 정국의 안정이 필요했던 것이다.

새 수도의 건물로 예정했던 왕궁리는 절로 변하였다. 건립 시기는 639년 전후, 사리기에 적힌 미륵사 사리봉안의 시기와 맞물린다.

미륵사를 둘러싼
정치적인 암투

천도하지 않겠다는 확약을 왕궁리의 사찰 건립으로 보여 준 무왕에게 사택 씨 또한 선물을 주었다. 그것이 바로 미륵사 서탑에 쏟은 정성이었다.

> 대왕 폐하의 수명은 산악과 같이 견고하고 치세는 천지와 함께 영구하여, 위로는 정법(正法)을 넓히고 아래로는 창생(蒼生)을 교화하게 하소서.
>
> '미륵사 서탑(西塔) 사리봉안기(舍利奉安記)'에서

사리기 가운데 한 구절이다. 왕의 장수와 치세의 평안을 비는 것이 당연해 보이지만, 때가 때인지라 조금은 다른 의미로 다가온다. 왕궁리의 건물을 절로 바꾼 데에 맞장구치는 느낌이다.

여기서 한 가지 미묘한 사건 ―.

무왕은 재위 33년에 아들 의자(義慈)를 태자에 올렸다. 미묘하기로는 그가 사택 왕비의 아들이 아니라는 점이다. 사택 왕비가 전면에 등장하는 대신 그의 소생이 아닌 의자를 태자로 삼은 듯하다. 이것은 매우 치밀한 정치적 고려사항이었다.

사택 씨 측에서 익산 천도에 동의하지 않았던 것 또한 여기서 가닥이 잡힌다. 왕비를 사택 씨 쪽에서 받아들이는 대신 태자 자리를 내주고, 태자 자리를 내주는 대신 사택 씨 측은 천도에 반대하였다. 왕이 천도하지 않겠다는 징표로 왕궁리를 절로 바꾸자, 사택

서탑 해체 현장 서탑을 해체하는 작업은 10년 가까운 시간이 소요됐다. 해체한 탑을 다시 세울 수 있을까, 또 몇 년이나 걸릴까, 의문스럽기까지 하다. 그런 와중에 사리봉안기가 발굴되었다. 사진은 2005년 무렵 기단만 남은 모습의 해체작업 현장이다.

씨는 미륵사 공사에 돈을 내놓는다. 주고받기 식의 치밀한 계산을 엿볼 수 있는 대목이다.

사실 사택 왕비가 의자의 친모가 아니라는 점 때문에 태자 임명 은 무척 어렵게 이루어졌을 것으로 보고 있다.

그러나 시간이 흐를수록 초조해지기로는 역시 사택 씨 측이었 다. 무왕이 나이 들어 갈수록 의자의 즉위는 가까워진다. 사택 왕 비는 태자인 의자에게로 정권이 넘어가는 것을 미덥지 않게 생각 했다. 그저 바라기란 무왕이 오래 사는 것뿐, 그러므로 만수무강을 기원하는 일 또한 때가 때인지라 조금 다른 의미로 다가온다. 수도 를 옮기지 않은 데 대한 감사의 표시였으나, 무왕이 오래 살아야,

그래서 의자의 즉위가 늦어져야 사택 씨의 권력도 안전하다는 계산이 깔려 있다는 것이다.

의자왕을 평가하는 유명한 구절이 있다.

"어버이를 효성스럽게 섬기고 형제들과 우애가 있어서 당시 해동 증자(曾子)라 불렸다."

증자는 공자의 제자 가운데서 특히 효성스럽기로 소문난 이이다. 의자가 바로 그 증자에 비견되고 있다. 효성과 우애를 다했다는 것인데, 여기에는 사택 왕비와 배다른 형제가 포함된다고 보인다. 의자는 실제 효자였을 것이다. 그러나 계모인 사택 왕비를 비롯, 자신을 견제하는 세력들을 안심시키기 위한 의자의 보신책으로 보이기도 한다. 처음에 의자도 사택 씨 세력에 부담을 가지기는 마찬가지였다.

이런 와중에 선화공주의 그림자는 어디서도 찾을 수 없다. 우리의 선화는 어디로 갔을까? 사리기의 등장으로 정말 추방되고 마는 것일까?

절의 구조가 설명된 유일한 곳

각설하고, 말이 '삼국유사'이지 사실 '신라유사'라 불러야 할 만큼 이 책의 경도(傾度)는 심하다. 삼국의 역사를 기술했다는 「기이」 편에 실린 이야기가 모두 61개 조에 누벼져 있지만, 그 가운데 41개 조가 신라 관련 기사이다. 나머지 20개 조에 고구려와 백제는 물론이요, 단군조선을 비롯한 '기타 등등'이 다 포함된다.

그런데서 신라 아닌 백제의 왕이 딱 두 사람 등장하거니와 그들은 법왕과 무왕 부자이다.

법왕은 모든 살아 있는 것들을 죽이지 말라는 엄명을 내렸다는 자비의 대왕으로 소개되고, 그 아들 무왕은 선화공주와의 로맨스로 장식된다.

이제 전라도 황톳길의 첫 발걸음은 무왕과 선화공주의 사랑이 깃든 땅 익산을 찾아간다.

거기에 미륵사 터가 있다. 서여(마)를 캐는 과부의 아들 서동이 단신 남의 나라 서울로 가 다른 사람도 아닌 공주를 꾀어 왔다는 전반부의 이야기는 「서동요」라는 노래와 함께 우리에게 너무 잘 알려져 있지만, 이어지는『삼국유사』의 기록인즉, 왕이 된 서동이 부인 선화와 함께 지금 익산시 금마면 용화산 앞을 지나다 미륵보살을 만나고, 부인의 청을 받아들여 지은 절이 미륵사라는 연기설화(緣起說話)로 이어진다. 이상이 서탑 사리기의 등장으로 위기에 처한『삼국유사』'무왕'조의 내용이다.

사실은 노래와 꾀의 한판 잔치가 벌어지는 이야기의 앞부분에 우리는 늘 눈길을 멈추고 만다. 뒷부분이 어쩌면 편찬자 일연의 의지가 강하게 개입되어 있을 텐데도 말이다. 뒷부분 또한 중요성이 적잖다.

왜 그런가. 절을 짓게 된 내력 끝에 일연은 이렇게 절집의 구조를 설명하였다.

> 미륵삼회(彌勒三會)를 본받아 회전(會殿), 탑, 낭무(廊廡)를 각기 세 군데에 세운 다음 미륵사라는 편액을 달았다.
>
> 『삼국유사』, '무왕'조에서

이 단 한 줄로 우리는 절의 구조를 짐작한다. 수많은 절이 등장하는『삼국유사』에서 이렇듯 절의 구조를 친절히 설명한 곳이 여기 말고 없다. 신라의 자존심 황룡사에 대해 일연은 3개 조에 걸쳐 자세히 소개하지만, 어쩐 일인지 절의 구조는 설명하지 않고 빠뜨렸다. 몽고군의 침략으로 절이 불타기 전에 일연은 이곳을 찾아온 적이 있으므로, 말하자면 얼마든지 자세히 할 수 있었다.

그러기에 미륵사의 구조를 설명한 이 대목의 가치는 더 크다. 황룡사 또한 미륵사의 그 구조대로 만들어졌으리라 추정해 볼 수 있다는 점 때문이다. 황룡사구층탑은 미륵사 창건의 경험을 가진 백제의 기술자 아비지가 손댄 작품이 아니던가. 금당을 크게 세 채 짓고, 금당 앞에 탑을 하나씩 놓으며, 그 세 채를 회랑으로 이어 각기 독립시킨 듯 하나로 만든 구조. 미륵사와 황룡사는 이 땅의 오로지 두 군데에서만 실험된 최대의 사찰이었다.

전승은 그것으로 끝나지 않는다. 일본인들이 적이 자랑해 마지않는 나라(奈良)의 도다이지(東大寺)도 미륵사의 복사판이다.

익산에서 경주로, 그리고 다시 나라로 이어지는 이 선—.

그 출발점에 나는 누긋한 마음으로 서 본다.

무왕인가
무강왕인가

문제는 두 가지가 남는다. 먼저 법왕과 무왕의 관계이다. 앞서 두 사람을 부자라 소개하면서 또한 무왕이 된 서동을 과부의 아들이라 하였다. 그래서 무왕을 법왕의 서자 정도로 해석했다.

그러나 헷갈리기로는 일연도 마찬가지였던 듯하다. 이야기를 마친 자리에 주석을 달아, "『삼국사』에서는 이 왕이 법왕의 아들이라 하나, 이 전기에서는 과부의 아들이라 하니, 잘 알지 못하겠다"고 마무리하였다. 일연은 분명 '어떤 전기'를 인용하고 있다. 『삼국사』는 김부식 편찬의 『삼국사기』를 가리킬 텐데, 이를 제쳐 둔 일연의 마음을 헤아리기란 어렵지 않으나, 그럼에도 조심스러운 의문을 마지막에 덧붙여 단정(斷定)하지 않았다.

일연이 인용한 전기에서는 "(무왕의) 어머니는 과부였는데, 서울의 남쪽 연못가에서 집을 짓고 살다 그 못의 용과 정을 통해 그를 낳았다"고 하였다. 나는 이 용을 아직 왕위에 오르기 전의 법왕으로 보았다. 삼국시대에 어느 나라이건 왕자들 간의 왕위 상속 다툼은 치열했거니와, 법왕 또한 왕위가 걸린 싸움에 곁으로 얻은 자식을 챙기지 못하였을 것이고, 여자는 홀로 아들을 데리고 금마 곧 지금의 익산에서 살지 않았을까? 여기 또 한 사람의 가련한 여인을 본다.

그런데 선화공주의 등장이 이 모든 시름의 세월을 날려 버린다. 신라 진평왕의 셋째 딸로 소개되는 선화이지만, 그러나 『삼국사기』는 그 이름을 남겨 놓고 있지 않다. 그래서 나는 선화공주를 가공의 인물은 아닌지 의심한다. 다만 금덩이를 금덩이로 볼 줄 아는 이 현명한 여인으로 인해 가족사의 비극은 막을 내렸다. 이런 장면을 보고 박수 치지 않을 민초들은 없다. 이야기는 민초들 사이에서 그렇게 확대 재생산되었으리라.

그러나 보다 근본적인 또 다른 문제를 제기하는 연구자들이 있다. 바로 무강왕과 무왕의 관계이다.

요는 이렇다. 백제의 무강왕을 어떻게 보느냐이다. 일연은 백제에 무강왕이라는 왕이 없으니 아마도 무왕이리라 본 것인데, 무강왕에다 의문을 두지 말고 백제에다 의문을 둘 수는 없느냐이다. 곧 어떤 다른 나라에 무강왕이 없는지 찾아보자는 것이다.

무강왕을 백제 무왕의 오기라고 판단해 버린 일연이 충분히 예상하지 못한 사실들이 있다. (중략) 백제와 무강왕이 서로 공존할 수 없는 것이라고 하면, 그 혐의는 무강왕에게만 있는 것이 아니다. 백제에 대해서 역시 의심을 연장해야 한다. 그럼에도 불구하고 일연은 쌍방의 피고에 대한 논고가 아니라 일방의 피고에 대해서만 의심을 했다. 백제에 무강왕이 없었다고 판단했듯이, 그 연장선상에서 무강왕이 백제의 왕이 아니었다고 생각해 보았어야 했다.

나경수, 『남도문화의 서막 마한신화』에서

백제 아닌 곳에서 무강왕이 있을 수 있지 않은가? 맞는 말이다. 이 같은 관점으로 나 교수가 찾아간 이는 마한(馬韓)의 시조 무강왕이다.

진수(陳壽)가 편찬한 『삼국지』, 그리고 우리나라의 『고려사』, 『신증 동국여지승람』 등에는, 기자조선의 마지막 왕 기준(箕準)이 익산 미륵사 근처에 마한을 세웠다 하고, 그가 바로 무강왕이라 하였다. 미륵사 창건의 주인공도 그라 하고…….

나 교수의 문제제기는 무척 중요하다. 그런데 그도 역시 그 안의 한 가지 문제만큼은 해결하지 못한 채 물러서고 있다. 곧 그의 지적대로 "마한의 무강왕이 만약 미륵사를 창건했다고 한다면 그것은 최소한 기원전 2세기에 이루어졌어야 한다. 우리나라에 불교가 전해진 훨씬 전의 일이다"는 점이다. 무강왕을 해결하고 나니 미륵사가 걸린 셈이다.

이렇게 물러선다면 아쉽지만 사실 문제제기를 하지 않음만도 못한 결론이다.

설화를 바탕으로 전해 오는 이 모든 이야기의 결론은 우리의 소망만큼 확실하지 않을 것이라는 단서를 나 교수는 달고 있다. 전적으로 동의하는 바이다. 그렇다면 길은 잃어버린 거기로 다시 돌아가서 찾을 수밖에 없다. 서동과 선화공주 이야기는, 많은 민중의 소망 가운데 있는 어떤 것, 재능은 있으나 비천한 신분의 남자가 고귀한 조력자로서 여자를 만나 성공하는 이야기에 다름 아니다. 울보 공주가 바보 온달을 출세시키는 이야기는 훨씬 사실에 가깝고, 호동이 낙랑공주를 이용한 이야기는 좀 비열한 느낌이 들지만, 크게 보면 다 같은 부류에 속한다 할 것이다. 이에 비하면 서동의 이야기는 완벽하다.

서동을 무왕으로 바꾸어 놓은 사람은 일연이 아니라 당대 민중들일 것이다. 있지도 않은 선화공주를 설정한 이도 일연으로만 볼 수 없다. 다만 일연을 만나 재미있는 노래와 불교사적의 근사한 배경을 얻어 생명력을 갖추었을 뿐이다.

이야기가 이야기일 뿐이면서, 소박한 민중들의 소망이 구체적으로 나타나는 것이라면, 나에게도 마동을 등에 업고 어르는 선화의 모습이 선하다.

서동요 노랫말 속의
건국신화적인 요소

서동과 무왕의 이야기에서 백미는 노래이다. 『삼국유사』에 실린 노래는 이야기를 더욱 풍부하게 한다. 「서동요」는 그 가운데서도 더욱 돋보인다.

선화공주님은	善化公主主隱
남모르게 짝지어 놓고	他密只嫁良置古
서동 서방을	薯童房乙
밤에 알을 품고 간다	夜矣卯乙抱遣去如

노래는 전형적인 '얼레리꼴레리' 유(類)이다. 누가 누구와 그렇고 그런 사이라는 폭로는 오늘날도 재미있는 소재이다. 그것을 노래로 만든 것은 전파력을 타기 위해서이다. 『삼국유사』의 본문에 공주의 이름을 선화(善花)라 표기한 데 비해 노래에는 선화(善化)로 나왔으나, 이것은 부주의한 인쇄공의 실수에 지나지 않아 보인다. 나는 이 노래를 다음과 같이 해설한 바 있다.

서동이 쓴 방법은 노래를 통한 여론의 조성이었다. 노래에는 그 같은 힘이 있다. 민요에서는 그것을 참요(예언의 노래)의 일종으로 보거니와, 매스컴이 발달하지 않았던 옛 시절에 사람들의 입에서 입으로 전해지는 소문은 사실과 상관없이 일의 흐름을 바꿔 놓기 쉽다. 서동은 이와 같은 노래를 지어 놓고 경주 거리의 아이들을 꾀어냈다. 물론 그가 백제에서 가져간 서여를 아이들에게 나눠 주며 소리 높여 부르게 한 것이다. 마치 선화공주가 벌써 서동과 그렇고 그런 사이가 된 것처럼 꾸민 노래이다. 입에서 입으로 전해지는 소문은 과연 위력적이었다.

고운기, 『가려 뽑은 고대시가』에서

서동은 꾀가 넘치는 사내였다. 타고난 재주이리라. 그것으로 선화공주를 자기 사람이 되게 하였지만, 그의 꾀는 이것으로 한 번 드러났을 뿐, 개발하기에 따라서는 한도를 알 수 없는 역량이 숨어 있다고 보아도 좋다.

넉 줄의 짧은 노래가 요즈음 말로 풀어 대강의 뜻을 아는 데 지장 없다. 그러나 마지막 줄은 아직 의문이 남는다.

원문의 '야의묘을포견거여(夜矣卯乙抱遣去如)'를 여기서는 '밤에 알을 품고 간다'고 했는데, 양주동은 '밤에 몰래 안고 간다'로 해석하였었다. '묘을(卯乙)'을 '몰래'라고 해석한 것이다. 두 글자 모두 음독, 그러니까 소리를 나타내는 글자로 본 것이다. 문장의 흐름으로 보면 이 해석이 더 쉽게 다가온다.

문제는 세 번째 글자 묘(卯)에 있다.

원본의 미묘한 변색이 이 글자를 난(卵)으로 보이게도 한다. 이 지점이 향찰문의 구조상 뜻을 나타내는 글자가 올 자리라는 점에서, '난을(卵乙)'을 '알을'로 풀어야 한다는 주장이 나왔다. 난(卵)은 뜻을, 을(乙)은 소리를 각각 나타낸다.

문법상으로는 그렇지만, '밤에 알을 품고 간다'가 구체적으로 무엇을 뜻하는지는 알기 어렵다.

성적 상징이나 알레고리는 아닐까? 알은 남성을 가리킨다고 볼 만하다. 맹랑한 서동이 무슨 말인들 만들어 내지 못하겠는가. 기왕 선화공주로 하여금 혹독한 스캔들에 빠지게 하자면 표현 또한 극도로 야해져야 했다.

夜矣 / 卯乙 / 抱遺 / 去如

밤에 / **몰래** / **안고** / **가**다 —— 양주동 해석

夜矣 / 卵乙 / 抱遺 / 去如

밤에 / **알**을 / **품고** / **가**다 —— 김완진 해석

* 굵은 글씨 : 훈독(뜻을 나타내는 글자)

* 보통 글씨 : 음독(소리를 나타내는 글자)

* 양주동은 묘을(卯乙)이 음독된다 생각하여 '몰래'라 하였다. 김완진은 훈독
  과 음독이 규칙적으로 반복한다 보았다. 그래서 묘(卯)를 난(卵)으로 고쳐
  보고, 이 지점이 훈독된다 한 것이다.

　　그러나 알이 가진 상징성을 좀 더 확대 해석해 볼 수 있다. 이른
바 고대 건국신화에 빈번히 등장하는 난생(卵生)과 관련하여서이다.
　　고주몽, 박혁거세, 탈해, 수로 등이 알에서 태어났다. 알에서 태
어나는 새는 하늘을 날고, 고대인에게 그것은 신성의 상징이었다.
봉황 같은 상상 속의 새는 말할 것 없다. 선화가 알을 품었다는 것
은 영명한 군주를 품었다는 말이 된다. 곧 무왕이 되는 서동이다.
　　특이한 생애를 살다 간 영웅의 이야기를 우리는 '영웅의 일생'이
라는 설화적 카테고리에 넣어서 이해한다. 서동 이야기는 전형적
인 영웅의 일생이다. 기이한 탄생 뒤에 오는 고난과 역경, 그리고
그것을 이겨내는 힘, 영웅적인 성취를 하거나 비극적인 영웅의 죽
음으로 마무리된다. 물론 서동은 기지의 발휘가 더 돋보이고, 비극

적인 죽음 또한 동반하지 않는다. 그만큼 행복한 스토리라인이다.

그런데 '알을 품고 가는' 것으로 노래를 해석한다면, 영웅의 이야기는 한 단계 올라갈 가능성이 있다. 건국신화의 그것이다. 알을 통해 만들어지고 구전되는 신화의 한 모퉁이가 서동 이야기에는 남아 있다.

어떤 셋째 딸의 이야기

이야기는 이야기로 가지를 친다. 서동만이 아니라 선화 또한 마찬가지이다. 선화의 이야기에서 우리는 다음과 같은 대목에 주목해 보자.

> (서동과 선화는) 함께 백제로 갔다. (선화가) 어머니가 준 금을 꺼내어 살아갈 길을 의논하려 하자, 서동은 크게 웃고 말았다.
> "이게 무슨 물건이오?"
> "이건 금인데, 백년은 부자로 살아갈 수 있습니다."
> "내가 어려서부터 마를 캐던 곳에는 이런 것이 흙처럼 쌓여 있소."
> 공주는 그 말을 듣고 크게 놀랐다.
> "이것은 세상에서 가장 큰 보물이랍니다. 당신이 지금 금이 있는 곳을 아신다면, 그 보물을 우리 부모님이 계신 궁궐로 실어 보내는 것이 어떨는지요?"
> 서동은 그러자 했다.
>
> 『삼국유사』, '무왕'조에서

주지하다시피 서동의 꾀에 말려 선화는 누명을 썼다. 결과는 좋았으므로 이야기의 전반부는 후반부의 극적인 역전에 기여하지만, 부모에게 쫓겨난 신세의 선화가 엄청난 황금을 얻고는 정작 제 부모에게 보낼 것을 먼저 생각한다는 이 심성의 근저를 생각해 볼 필요가 있다.

황금을 얻는 데는 적어도 선화의 공(功) 절반이 들어갔다. 서동은 황금이 있는 곳만 알았지 그 가치를 몰랐기 때문이다. 선화가 가르쳐 주어 황금은 드디어 황금으로 태어났다. 그러나 선화는 자신의 공을 따져 제 몫 먼저 챙기는 것이 아니라 부모를 생각한다. 이런 마음 씀은 무엇인가.

한편 설화 '내 덕에 산다' 유의 이야기는 당금애기부터 시작하여 우리 설화에 널리 퍼져 있다. 세 딸이 설정되고, 믿었던 첫째와 둘째 딸 대신 도리어 버림받은 셋째 딸이 더 효성스러웠다는 이야기이다. 이 이야기는, 선후 관계를 분명히 따지기 어려우나, 선화공주의 변형이다.

이 유형에 가장 충실한 스토리라인을 보여 주는 이야기를 소개해 본다.

① 옛날 한 시골에 유족하게 살아가는 김 정승이 있었는데, 홀아비로 딸 셋을 길렀다.

② 김 정승이 첫째 딸과 둘째 딸에게 누구의 덕이냐고 묻자, 아버지의 덕이라고 대답한다.

③ 그러나 셋째 딸은, 세상에 난 것은 부모의 덕분이나 장차 잘되고

못됨은 자신의 팔자라고 대답한다.

④ 김 정승은 셋째 딸을 쫓아냈다.

⑤ 셋째 딸은 금강산 골짜기에서 기진하여 조실부모한 더벅머리 총각에게 구출된다.

⑥ 셋째 딸이 총각을 보니 비록 옷은 남루하나 인물이 훤하고 자기 또한 갈 길이 막막하여 의탁한다.

⑦ 총각의 부인이 된 셋째 딸은 남편이 일하는 숯가마에서 부엌 이맛돌로 쓰는 황금 덩어리를 발견한다.

⑧ 부인은 남편에게 숯가마 이맛돌을 검댕이도 닦지 말고 그대로 가져다가 팔라고 한다.

⑨ 부잣집 대감 같아 보이는 노인이 돌을 사겠다고 하면서 7일 후에 총각의 집으로 찾아가겠다고 말한다.

⑩ 대감은 약속한 날, 여남은 대 수레에 금전 은전 꿰미를 가득 싣고 찾아온다.

⑪ 대감은 다름 아닌 셋째 딸의 아버지 김 정승이었고, 감동적으로 해후한 부녀는 부둥켜안고 눈물만 흘린다. 셋째 딸은 아버지를 정성껏 모신다.

⑫ 김 정승은 하늘이 인간을 낼 때 모두 덕이 있음을 깨닫는다.

차병걸, 『차병걸 민담집』에서

매우 풍부한 스토리라인으로 '내 덕에 산다' 유의 종합편처럼 보이는 자료이다. 차병걸(1925~)은 평남 순천 출신으로, 가족을 따라 연변으로 이주하였으며, 어린 시절부터 옛이야기를 즐겨 들었을 뿐만 아니라, 40세에 실명한 이후 이야기를 벗 삼아 생애를 보냈다.

흥미로운 설정이 '인물이 훤한' 더벅머리 총각이다. 서동을 떠올리게 한다. 셋째 딸이 '갈 길이 막막하여 의탁'한다는 대목에서 선화의 인물 형상과 겹쳐진다. 김 정승의 셋째 딸이 '내 덕에 산다'고 말하는 초반 설정을 빼면, 버림받은 처지에도 위의 두 언니보다 더 효성을 다한다는 결말까지 두 이야기는 닮았다.

산처럼 쌓인 황금을 선화가 제 친정으로 실어 보낸 것은 버림받은 일곱 번째 공주가 끝내 자신의 아버지를 낫게 하기 위해 서천 서역 머나먼 길로 약을 구하러 간다는, 저 무조설화(巫祖說話)의 하나이기도 한 바리데기를 끌어올 수도 있다. 부모를 잊지 못해 하는 이런 결말은 우리만의 고유한 심성이 반영된 결과가 아닌가 한다.

선화는 진평왕의 셋째 딸로 태어났다. 위 두 딸이 휘황하게 빛나는 성공을 거둔 반면, 선화에게는 맹랑한 이웃 나라 총각과 눈이 맞았다는 소문이나 나고, 결국 입바른 신하들이 조치를 취하라 연일 성화를 해 대는 가련한 지경에 빠졌다. 다행이 결과가 잘 나왔음은 앞서 말했다. 운명대로 따르게 했을 때, 그리고 그것이 순응이 아니라 도리어 적극적인 운명의 개척으로 이어졌을 때, 선화는 이웃 나라 백제의 용맹스러운 무왕의 왕비가 되었다. 두 언니보다 더 떳떳하고 자랑스러운 성공이다.

그런데 이 이야기가 『삼국유사』에만 나온다는 것이며, 『삼국사기』에서는 선화의 그림자조차 비치지 않는다고 앞서 말했다. 서동에 대해서 『삼국유사』의 편찬자조차 정작 써 놓기는 했으되, 그가 무왕이 된 데는 사실 여부를 의심한 점 또한 아울러 지적했다. 거기다 미륵사의 서탑 발원자는 실재하는 무왕의 왕비인 사택적덕의 딸이라는 사실까지 밝혀졌다.

그렇다면 『삼국유사』는 가공의 인물과 그 이야기를 썼는가. 가공인데 가공이지만은 않다. 나는 이것을 다음과 같이 해석한다.

이것은 이를테면 '어떤 셋째 딸'의 이야기이다. 개성이 뚜렷했으면서도 이 세상에서 아름다운 인연을 맺지 못한, 주어진 삶을 제대로 살다 가지 못한 '어떤 셋째 딸'들을 위한 진혼가이다. 이승에서 억울하게 결말을 맺었기에, 저승에서나마 행복하고 떳떳이 살기를 바라는 소박한 마음의 투사(投射)이다.

고운기, 『도큐와 오렌지』에서

선화는 '어떤 셋째 딸'의 대표적인 유형이다. 이로부터 셋째 딸이 나왔는지, 셋째 딸의 유형을 모아 선화로 대표된 것인지는 좀 더 두고 보아야 한다.

물론 선화가 실재 인물이었는데 『삼국사기』가 기록하지 않았다면, 그것은 기록자의 판단이었다기보다, 어떤 정치적 메커니즘 때문이었을 가능성이 높다. 신라 왕실에 치명적인 손해를 끼칠 것이 분명한 스캔들이다. 그렇다면 이미 신라의 왕실에서 이 사실을 덮어 버렸는지 모른다. 그렇지 않다면 '어떤 셋째 딸'의 유형을 이루는 오랜 관습에서 연유했을 가능성이 높다. 이는 우리 무속적인 관점이다.

슬픈 처지를 그대로 두고 넘어가지 않으려는 우리네 사람들의 마음이 이 이야기 속에 숨어들어 있다. 그 갸륵한 마음이 만들어 낸 셋째 딸이다. 선화가 엄청난 보물을 얻어 부모부터 생각하는 마음은 그래서 모든 이의 근저에 숨은 심성이라 말해도 좋다.

설화 속의 선화와 사리기의 사택 왕비를 교통 정리한 다음과 같은 글로 결론을 맺고자 한다.

다만 '사리기'는 현재진행형 서술이고, '무왕'조는 과거의 기억과 현존 경관(景觀)이 설화형식을 빌려 '구술(口述: 이후 문자로 정착된)'된 차이가 있다. 따라서 두 사료는 시대 차이는 있지만 나름대로의 사실이 여실히 반영되었다 하겠다.

신종원, 「사리봉안기를 통해 본 삼국유사 무왕 조의 이해」에서

그렇다. 역사는 사실이 먼저다. 그러나 사실 가운데는 나름대로의 사실도 있다. 이를 진실이라 한다면, 선화공주는 진실 편에 서 있다.

2

가엾은 완산 아이, 울고 가네
—김제 금산사

깊은 가을 산사(山寺)를 찾아가는 일은 호젓하고도 아찔하다. 초록
이 바랜 자리마다 깊은 한숨을 들이쉰 듯 가을 잎들이 달려 있지
만, 어느덧 그것은 붉은 함성이 되어 계곡을 울려 나간다. 삶의 쓸
쓸한 비경(秘境)이 어디에 숨어 있다 뛰쳐나올지 모를 것 같다.

김제의 금산사(金山寺) 가는 길도 마찬가지다.

호남고속도로에 금산사 톨게이트가 만들어진 다음부터 이 길은
바로 전국 어디로든 열려 있는데, 이 톨게이트에서 금산사까지 국
도로 20여 분 남짓, 편도 1차로의 좁은 길에 군데군데 남은 오랜
가로수 행렬이 콧등을 시큰거리게 한다.

고속도로는 말할 것도 없거니와, 국도마저 이제 4차로 아니면 명
함도 못 내밀게 자꾸만 넓혀지는 와중에, 이런 소박한 길을 만난다
는 것 자체가 경이요 기쁨이다. 물론 이건 예산 부족으로 남아 있

금산사 입구 미륵석상 톨게이트가 만들어진 다음부터 금산사까지 국도로 20여 분 남짓, 편도 1차로의 좁은 길에 군데군데 남은 오랜 가로수 행렬이 콧등을 시큰거리게 한다. 우연히 마주친 미륵석상 앞에 누군가 정성스레 촛불을 피워 놓았다.

을 터이다. 언제든 돈만 생기면 파헤칠 것이니, 그러기 전에 한 번이라도 더 봐 두는 게 남는 일일지도 모르겠다.

아니나 다를까, 금산사 바로 입구에서는 휑하게 뚫린 4차로가 나타난다. 넓은 주차장과 즐비한 식당은 여지없는 우리네 관광지 모습 그대로다.

길들은 자주 외도(外道)를 했다

소박맞은 가로수들이 하염없이 나이를 먹어 가고
허리만 굵어질 뿐 잔가지는 잘려 나가고 없었다

고운기, 「단풍나무 그늘을 지나다」 2~3연

그렇게 해서 많이 실망했다면, 주차장에 차를 세워 두고 절로 오르는 평평한 길을 걷다가라도 조금은 마음이 누그러지리라. 금산사 또한 번잡한 세상에서 떠나 한 발짝만 안으로 들어서면 호젓하고도 아찔한 느낌을 주기에 충분한 곳인 까닭이다. 더욱이 콘크리트 포장의 길옆에는 들꽃을 심고, 그 사이에 낸 오솔길이 나란히 가고 있어 정겨움을 더해 준다. 일주문으로 가는 길을 이렇게 해 놓은 것은 금산사만의 특색이다.

산중에 자리 잡은 다른 사찰과 달리 금산사는 한눈에 보기에도 넉넉히 너른 터를 가지고 있다. 사실 지금 빈터로만 남아 있는 자리마다 절집들이 가득 차 있었을 것인데, 백제 법왕 때 처음 만들

어지고 통일신라 경덕왕 때 크게 중수된 다음, 오랜 세월 동안 스러지고 세워지기를 얼마나 되풀이했기에, 이제는 옛 모습을 상상하기가 쉽지 않다.

미륵전 앞에서 쓴 시

그것이 못내 섭섭하기야 하지만 그러나 미륵전(彌勒殿) 하나가 금산사를 찾는 전부라 해도 딱히 안타까울 것 없다.

우리나라에서 하나뿐인 3층 불전에다, 글자 하나가 어린아이 하나만 한 현판의 글씨는 굳세고도 품 있고 여유롭다. 그 안의 미륵장륙존상은 본존의 높이가 약 12미터, 기실 17세기 초에 다시 만들어지고 20세기 초에 손을 보았다지만, 본디 모습은 신라 때의 그것에서 크게 다르지 않을 것으로 믿어진다. 이만한 높이이니 3층의 불전이 필요했으리라. 미륵전 옆의 송대(松臺)는 또 얼마나 아늑한지. 2단으로 된 넓은 단 위에 석종(石鐘)이 놓여 있고, 바로 앞으로 5층탑이 마치 호위라도 하듯 서 있다.

이번에 다시 금산사를 둘러보며 나는 미륵전 앞에서 이런 시를 한 편 썼다.

단풍잎이 당신 머리 위로 내려앉았지요

카메라로 나를 찍는다고
나는 그렇지 않아도 수줍은데 당신은
계면쩍어 일그러진 나를 담아 갔지요

미륵전 부처님이나 아실라나요

단풍잎이 당신 머리 위에서 내게 건너와
그래서 얼굴이 붉어지고
다시 당신을 바라보기 쑥스러워
쿵쿵거리는 가슴 속이자고 미륵전 부처님한테
두 손 모았음을……

나를 담아 간

금산사 미륵전 우리나라에서 하나뿐인 3층 불전에다, 글자 하나가 어린아이 하나만 한 현판의 글씨는 굳세고도 품 있고 여유롭다. 그 안의 미륵장륙존상은 본존의 높이가 약 12미터, 기실 17세기 초에 다시 만들어지고 20세기 초에 손을 보았다지만, 본디 모습은 신라 때의 그것에서 크게 다르지 않을 것으로 믿어진다.

세월이었지요, 하늘과 푸른 바람과 억새풀과

고운기, 「금산사」 전문

삼삼오오 짝지은 관광객들이 절 마당에 분주한데, 미륵전 배경 삼아 부지런히 사진을 찍는다. 더러 커플로 절을 찾은 이들을 위해 대신 셔터를 눌러 줄 때가 있다. 앵글에 잡히는 저 선량한 얼굴들이라니.

처음 금산사를 찾았던 것이 대학 2학년 국문과 가을 답사 때였다. 엷은 비가 추적이는 바로 여기 어디쯤에서 함께 사진을 찍자던 여자 선배가 있었다. 학교 방송의 아나운서였던, 그래서 꾀꼬리 소리를 듣던 그였으나, 짓궂은 남자 선배 하나가 답사 여행 내내 나와 짝을 만들어 주고는, 서동과 선화공주니 어쩌니 했었다. 생각해 보면 스물 몇 해 훌쩍 저편의 일이다.

신선이 사는 계곡 의상봉

그러나 이번에 금산사를 가면서는 먼저 의상봉을 찾아야 했다. 전북 부안군의 변산반도 한가운데, 새만금이니 핵 폐기장이니 말도 많고 탈도 많은 세상의 시끄러운 소리에 시달릴 만도 하건만, 의상봉 정상의 깎아지른 절벽은 의연히 우뚝하다.

왜 의상봉을 찾아가야 하는가?

진표(眞表)라는 이는 『삼국유사』 안의 고승전(高僧傳) 부분인 「의

해(義解)」편에 백제 출신 승려로 유일하게 실려 있다. 물론 그가 활약한 때는 이미 신라가 삼국을 통일하고도 50여 년이 흐른 다음 이다. 그러니까 굳이 따지자면 진표는 망한 나라의 유민이었다. 이 비운의 승려가 족적을 남긴 곳이 의상봉이라는 말을 나는 바람 편 에 들었다.

『삼국유사』에서 전하는 그의 모습은 아무래도 백제 미륵불교의 전통선상에 있어 보인다. 금산사에서 출가했다가 스승의 명을 받 들어 불사의암(不思議庵)이라는 곳에 가서 행했던 수행법을 보면 그 렇다. 바위에 몸을 부딪치며 온몸을 학대하면서 정진하거나, 심지 어 높은 절벽 위에서 몸을 날려 미륵보살을 만나길 기원하는 장면 은 '점찰경'에 근거한 이른바 박참법(撲懺法)이라는 것이다. 미륵신 앙 수행법의 전형적인 모습 가운데 하나다.

오랫동안 나는 그런 진표가 수행했다는 불사의암이 어딘지 궁금 했다.

『삼국유사』에서는 그곳을 변산의 선계산(仙溪山)이라 했다. 신선 이 사는 계곡이라는 뜻일까? 그러나 후세에 그런 이름은 어디에도 남아 있지 않다.

우연히 부안군 상서면의 개암사(開巖寺)에 들렀다가 대웅전 뒤의 울금바위에 원효굴이 있고, 거기를 부사의방(不思議房)이라 부른다 는 사실을 알았다. 죽염치약이 나오는 곳으로 유명한 이 절에서 불 사의암을 찾아내나 싶었는데, 『삼국유사』가 일러 주는 지리적인 조건과는 아무래도 맞아떨어지지 않았다.

그러던 중 부안읍에서 변산 바닷가 쪽으로 30번 국도를 타고 가다 바다가 보이는 지점쯤에 이르러 비득마을이라는 곳을 만났다. 바로 의상봉으로 올라가는 초입이다. 이 의상봉 정상에 기도할 만한 좁은 터가 있고, 거기를 부사의방이라 부른다고 했다.

의상봉 ─.

국립공원 변산반도 한가운데 자리 잡은 해발 506미터 높이의 산이다. 그래서 낮은 산이라 할지 모르나, 이 봉우리에 오르면 시야에는 계화면에서 시작하는 드넓은 평야와, 군산에서 위도까지 이르는 서해 바다가 펼쳐져 보인다. 산에 올라 들과 바다를 한눈에 볼 수 있는 유일한 곳이다.

그러기에 산을 좋아하는 이들에게 은밀히 알려져, 의상봉에는 풀숲을 헤치고 가시나무를 쳐내 가며 가느다랗게 이어지는 등산로가 숨겨져 있다.

말이 등산로이지 간간이 매달아 놓은 리본을 놓쳤다가는 그대로 길 잃을 판이다. 리본에 적힌 글씨가 대구의 어느 산악회와 사찰에서 다녀갔다고 알린다. 그들이 남긴 리본을 따라 인적 없는 산길을 헤맨다. 그러나 마을에서 오래 산 이들의 말을 들어 보면, 옛날 이곳이 국립공원이 되기 전에는 승려나 무당들이 많이 찾았고, 아예 터 잡고 사는 이도 있었다고 한다.

아무래도 이 의상봉이 바로 선계산이요, 산꼭대기 바위투성이 아래 좁은 자리가 불사의암인 것 같았다.

나루터와 뗏목을
만들어

지금의 등산로도 희미하기만 하다. 그마저 없던 옛적에 진표는 어떻게 이 봉우리에 오를 수 있었을까? 한 발 한 발 옮길수록 불가사의(不可思議) 그 자체다.

드디어 이 봉우리 끝에서 만난, 사람들이 부사의방이라 부르는 곳을 보고서 잠시 온몸의 전율을 느꼈다. 깎아지른 절벽이 내 눈을 따라 밑 모르게 추락하는데, 정상 바로 아래 몸 하나 겨우 누일 만한 공간이 바위 사이로 보였다. 기왓장 몇 조각뿐, 지금은 아무것도 남아 있지 않았다. 그러나 거기라면 『삼국유사』에서 말하는 진표의 불사의암이 틀림없어 보였다.

더욱이 계곡은 깊고 넓어서 신선들이나 놀러 다닐 만해, 이 또한 선계산이라는 이름 바로 그대로 아닌지.

진표가 이곳에서 어떤 수행을 했는지는 앞서 밝혔다. 바위에서 몸을 날렸더니 미륵보살이 나타나 그를 안아 주었다는 것이며, 수행 중에 다친 몸도 낫게 해 주었다는 『삼국유사』의 기록이 새로울 따름이다.

금산사로 돌아가 절을 키운 진표는 거기 머물지 않고 충청도 속리산으로 강원도 강릉으로 발걸음을 옮겼다. 속리산의 법주사(法住寺)를 세운 이는 그의 제자 영심(永深)이었고, 영심에게 와서 배운 심지(心志)는 대구 팔공산의 동화사(桐華寺)를 세웠다. 3대에 걸친 사제 간이 이른바 삼남의 명찰을 세운 주인공들이다.

문득 이 바위 위에서 몸을 날렸을 진표를 떠올린다. 그가 무슨

번지점프 하러 이곳에 올랐을 리
없다. 저 벼랑 아래로 몸을 날리
며 그는 미륵보살이 자기를 보살
피리라 믿었다. 그토록 목숨을 걸
고 만나야 했던 미륵보살은 그에
게 목숨 자체였다.

마지막에 미륵보살은 진표에게
이렇게 말하였다.

이 가운데 제8간자는 새로 얻은
묘계(妙戒)를, 제9간자는 더 얻은
구족계(具足戒)를 비유한다. 이 두
간자는 곧 내 손가락뼈이다. 나머
지는 침향(枕香)과 전단향(栴檀香)
나무로 만들어 여러 번뇌를 비유

동화사 우물 심지 스님은 봉우리로 올라가 서쪽을
향해 간자를 던졌다. 간자는 바람을 타고 날아갔다.
숲 속 샘에서 간자를 찾아냈는데, 그 땅에 법당을
짓고 모셨다. 지금의 동화사이다.

한 것이다. 너는 이것을 가지고 세상에 법을 전하고, 나루터와 뗏목을
만들어 사람들을 건너게 하라.

『삼국유사』, '진표가 간자를 전하다(眞表傳簡)' 조에서

세상에는 건너지 못하는 강이 있다. 평안의 저 세상을 바라는 사
람이 그토록 건너고 싶어 하는 강이 있다. 그 강에 나가 나루터와
뗏목을 만들라고 한다.

내게는 대답 대신 겨울을 부르는 찬바람만 희미하게 귓가를 스

쳐 갔다.

'비운의 영웅' 견훤이
머문 곳엔

진표는 성인의 글을 받아 금산사에 와서 지냈다. 매 해 단(壇)을 열어 불교의 가르침을 펼쳤는데, 단석(壇席)이 매우 엄격하여 말세에서 보지 못할 것이었다. 가르침이 두루 펼쳐지자 걸어서 아슬라주(阿瑟羅州) 곧 지금의 강릉까지 이르렀다. 섬 사이에서 물고기와 자라가 다리를 만들어 바다 속으로 모시고 가, 법을 들으며 계를 받았단다. 믿지 못할 일이나 경덕왕은 믿었다. 궁궐로 맞아들여 보살계를 받았다.

그러나 금산사에 들를 때마다 떠올리는 또 한 사람이 있다. 바로 비운의 영웅 견훤(甄萱)이다. 한때는 그의 손으로 중창되기도 한 이곳이 아들들에게 묶여 와서 위리안치(圍離安置)되는 장소로 바뀔 줄 어찌 알았으랴.

견훤은 경상도 상주 출신이라 하는데, 굳이 전라도 땅에 와서 백제의 후예임을 내세워 나라를 세웠다. 왜였을까?

우리는 견훤 집안의 뿌리가 광주임을 알려 주는 『삼국유사』의 기록에서 그 해답을 찾을 수 있다. 광주 북촌에 사는 한 여인에게 밤마다 기이한 사내가 찾아온다. 부모는 그가 잠든 사이 실을 바늘에 꿰어 옷에 꽂아 놓으라 한다. 다음 날 실을 따라 찾아가 보니 큰 지렁이의 허리에 바늘이 꽂혀 있었다. 그들 사이에 낳은 아들이 견훤이다.

금산사 마당 백제 법왕 때 처음 만들어지고 통일신라 경덕왕 때 크게 중수된 다음, 오랜 세월 동안 스러지고 세워지기를 얼마나 되풀이했기에, 이제는 옛 모습을 상상하기가 쉽지 않다. 다만 미륵전 하나가 금산사를 찾는 전부라 해도 딱히 안타까울 것 없다.

추정해 보자면, 견훤의 어머니는 그다지 지체가 높지 못한 '떠꺼머리 총각'과 눈이 맞은 것이다. 덜컥 아이까지 갖게 되자, 여자의 집에서는 흉악한 소문이 퍼지는 것을 막기 위해 두 사람을 한 재산 떼어 서둘러 먼 곳으로 보내고 만다. 거기가 경상도 상주였으리라.

상주에서 이 '떠꺼머리 총각'은 농사짓다 신라 말의 혼란한 틈을 타 칼을 든다. 『삼국사기』에서 말하는 이 사나이는 아자개(阿慈介)이다. 신분이야 어떨지 모르지만 능력과 재주는 출중했던 모양이다.

아들 또한 그 못지않았다. 농사짓느라 아이를 논 옆 나무에 줄을 묶어 뉘어 놓았는데, 호랑이가 와서 젖을 먹여 주었다. 이 아이가 곧 견훤이다.

견훤은 먼 훗날 제 부모의 고향으로 돌아와 백제의 후예임을 천명하고 나라를 세웠다. 스물여덟 살의 혈기 왕성한 나이였다.

그러나 한때 왕건(王建)을 능가하는 강력한 세력을 형성했던 그도, 30년 넘게 싸움만 하다 자식들과의 불화로 모든 공력을 수포로 돌렸으니, 세상의 이치가 예나 이제나 다르지 않다. 이 절에 갇혀 있다, 자기를 지키는 병사들에게 술을 먹여 취하게 한 다음 도망치고, 라이벌이었던 왕건에게 달려가 구차한 목숨을 이어갔다.

본디 견훤은 아버지 아자개와도 싸웠던 사람이다. 3대 간의 불화의 끝은 그러니 말하지 않아도 자명하지 않을까. 그런 견훤의 말년을 일연은 『삼국유사』에 「완산요(完山謠)」라 불리는 노래를 실어 실감 나게 그렸다.

가엾은 완산 아이가　　　可憐完山兒
아비를 잃고 눈물 흘리네　失父涕連洒

금산사 단풍은 저절로 익어만 가는데, 잊힌 역사를 떠올리자니 붉거나 노란 색들이 그냥 그렇게만 보이지 않았다.

3

상기도 남은 목련 꽃
—고창 선운사

선운사(禪雲寺)는 동백꽃으로 이름이 났지만, 미당 서정주의 「선운사 동구(洞口)」가 새겨진 시비를 보러 가는 재미에 설레는 이도 있다. 전라북도 고창군 선운리, 그가 태어난 마을에는 이제 미당문학관이 들어서 있는데, 넓은 마당에 시원스레 자리 잡은 이 집을 둘러보는 일 못지않게, 절 입구의 작은 시비가 도리어 즐거움을 준다.

물론 그와 반대인 이들도 있다. 미당의 친일행적이며, 이후 해방된 나라에 살면서도 권력자의 주변을 떠나기 싫어한 그의 속됨이 싫어, 시인은 무슨 시인이냐고 타매(唾罵)하는 이들이다. 분위기가 그래서일까, 요즈음은 중고등학교 국어 교과서에서도 미당의 시가 자취를 감추었다. 문학관조차 문을 열고서 한동안 손님 받기를 꺼려했다.

심지어 「선운사 동구」가 새겨진 시비를 발로 한 번 걷어차고 가는 이도 있으니.

그거야 어쨌건, 선운사의 동백꽃은 동백이 필 수 있는 한반도의 가장 북쪽에 자리하고 있다 해서 관심을 끈다. 언제든 한두 송이씩은 달려 있거니와 활짝 피는 4월 초가 가관이다.

다만 그때 맞춰 선운사를 찾아가기가 쉽지 않다. 아쉬움은 그뿐만이 아니다. 대웅전 뒤로 산자락에 군락하는 동백꽃을 보호하려 쳐 놓은 철조망 때문에 위용한 자태를 마음껏 누리지 못한다. 나무 아래로 소요하면서도 더불어 나무를 보호할 방법은 없으려나.

그런데도 선운사 동백꽃을 보러 많은 이들이 철 되면 잰걸음을 옮기는 것인데, 아무렴 그렇게 된 데는 미당의 시가 한몫했음 또한 사실이다. 그런 까닭일까, 시비는 제목처럼 선운사 동구에 섰고, 동백꽃 피는 철과 상관없이 미당의 친필이 동백꽃 대신 다정스레 다가온다.

미당의 선운사
송창식의 선운사

선의 구름일까, 선승(禪僧)의 또 다른 이름일까, 이 나라에 절도 많지만, 우리말의 절묘한 울림을 잘도 갖춘 '선운'이라는 이름을 가진 절이 선운사이다.

시인 미당은 좁은 흙먼짓길을 무릅쓰고, 허름한 초가집 민박이며 선술집이나 있었을 1960년대의 어느 날 이곳을 찾았던가 보다. 그때 그가 썼던, 그래서 선운사 입구에 새겨진 「선운사 동구」는 이렇다.

> 선운사 골째기로
> 선운사 동백꽃을 보러 갔더니
> 동백꽃은 아직 일러 피지 안 했고
> 막걸릿집 여자의 육자배기 가락에
> 작년 것만 상기도 남었읍다
> 그것도 목이 쉬어 남었읍다

문단에 널리 회자된바, 천하의 '여성 미식가'가 미당이다. 잘생기고 재치 넘치는 이 시인이야말로 그럴 자격이 있었다. 거기서 시가 태어났다. 그러기에 그의 시에 등장하는 여성은 누구이든 그의 눈을 거쳐 마음과 몸으로 하나 되는 이들이다. 동백꽃이 어느덧 막걸릿집 여자로, 그 여자가 부르는 육자배기로, 육자배기의 쉰 가락으로, 결국 생애의 쉰 목소리가 나오는 고비로 넘어간다. 절묘함의 극치이다.

그런데 『미당시전집』을 읽다가 눈을 다시 씻어야 할 일이 생겼다.

여섯 줄에 불과한 시에서 선운사가 지닌 소박함과 미당 특유의 위트를 만끽하는 것이지만, 그런 가운데서도 단 한 단어, 곧 다섯째 줄의 '상기도'가 주는 시적 울림에 떨었던 것인데, 전집에는 이 말이 '오히려'로 바뀌어 있다.

미당이 그렇게 고쳤을까? 물론 이 구절 이외에도 바뀐 부분이 있으나, 자타가 공인하는 시의 장인(匠人)이 손댄 것치고는 패착이 아닐 수 없다.

'상기도'를 '오히려'로 바꾼 데에는 이 말이 강원도나 함경도의 사투리라는 데 까닭을 둘 수 있겠다. 전라도에서 쓰지 않는 말을 여기 집어넣지 못하겠다고 생각했는지 모른다. 그러나, 그럼에도 불구하고, 막걸릿집 여자의 쉰 목소리에서 희미한 기억의 지난봄 동백꽃을 떠올리는 시인의 가슴을 '상기도'라는 말 이상으로 적실히 표현해 줄 단어가 없었을 텐데.

선배 시인 한 분이 이 시에 대해 이렇게 해설을 썼다.

나는 무릎을 쳐 감탄하거니와, 정작 동백이 피어 있는 곳은 선운사 동구 밖 "막걸릿집 여자의 육자배기 가락" 속이 아닌가. 절집이 아닌 저잣거리, 그것도 온갖 삶들이 머물고 떠나며 기쁨과 슬픔을 술상머

리 닳도록 묻히는 막걸릿집, 거기다가 그것들을 대거리와 청승으로
온통 받아 내어 제 삶으로 만드는 주막집 여자, 결정적으로는 그런 삶
을 노래로 풀어내는 육자배기 가락, 그 속에 작년의 동백꽃이 목이 쉰
노래로 남아 피어나더라고. 그러나 남의 말을 전하듯이 자신은 슬쩍
비켜서서 "남았습디다"라고 말함으로써 감격과 비탄을 묻어 둔 채, 읽
는 이에게 한 소식을 건네고 있는 것이다.

박영근, 『오늘, 나는 시의 숲길을 걷는다』에서

이런 상념에 젖어 찾아가는 선운사는 송창식의 노래 〈선운사〉와
어울리면서 또 다른 생각을 떠올리게 한다. "선운사에 가신 적이
있나요. 바람 불어 설운 날에 말이에요……"라고 시작하는 그 노
래다. 오래전 어느 자리에서, 시를 쓰는 내 친구 안도현의 이 노래
를 듣고, 나는 단박에 배워 마치 내 노래처럼 부르곤 한다.

경을 외우던
혀만 남아

사실 선운사는 『삼국유사』에 나오지 않는다. 그런데도 굳이 선운
사를 찾아가는 것은, 미당의 시에서 얻는 담백하면서도 처연한 어
떤 느낌처럼, 백제 불교의 묘한 분위기가 이 절을 감싸 안고 있기
때문이다.

『삼국유사』에 소개된 혜현(惠現, 570~627년)이라는 백제 승려 이
야기에서도 그런 느낌을 지우지 못한다.

그는 처음에 수덕사에서 지내다 강남의 달라산으로 옮겼다는데,

강남이나 달라산이 어디를 가리키는지 알 수 없지만, 바위투성이 험한 산이라 오가는 이가 드물었다는 것이며, 산중에서 고요히 앉아 세상을 잊고 생애를 마쳤다고 하니, 우리는 그곳이 금강의 이남 곧 내장산이나 선운산을 중심한 어디쯤이 아닐까 짐작해 본다.

그의 생애를 일연은 숨어 산 이의 표본으로『삼국유사』의 '혜현이 고요함을 구하다(惠現求靜)' 조에 싣고 있다.

혜현이 죽고 난 다음의 이야기는 더 기묘하다. 시신을 석실에다 두었는데, 호랑이가 모두 뜯어 먹어 오직 뼈만 남고, 경전을 부지런히 외우던 혀만 그대로 남았다고 한다. 이것은 법화신앙(法華信仰)이 뿌리 깊었던 백제 불교의 한 특징을 보여 주는 대표적인 예이다.

선운사 주변에 서너 개의 암자가 남아 있다. 어디를 올라도 분위기는 비슷한데, 신라 진흥왕이 말년에 수도하였다는 진흥굴이 있어서, 선운사의 창건자를 진흥왕으로 보는 설도 있다. 진흥왕 때라면 아직 삼국이 통일되기 전 아닌가. 이 지역이 신라의 영토인 적은 없었던 것으로 본다면 뭔가 착각이 아닐 수 없다. 암자 가운데 하나인 도솔암의 마애불상도, 그것이 비록 조선시대에 와서 만들어진 것으로 보이지만, 경주 남산에서 보는 것들과는 색다른 분위기이다.

그런 선운사에 요즈음 새로운 명물이 하나 들어섰다. 무슨 거창한 불상 이야기가 아니다. 한 스님이 오직 혼자서 일궈 낸 차밭을 두고 하는 말이다.

선운사 골짜기 이곳저곳에 가꾸어진 차밭이 물경 8만 평에 달한

선운사 골짜기 **차밭** 물경 8만 평에 달한다. 그 가운데 2만 평은 야생 차밭이다. 보성 차밭에 비하면 아직 멀었지만, 골짜기마다 심어진 차는 천연의 땅 기운을 얻고 하루 한때 햇빛만을 받으며 튼실하게 자라고 있다. (권선애 사진)

다. 그 가운데 2만 평은 야생 차밭이다. 보성 차밭에 비하면 널리 알려지지도 않았고, 규모 또한 거기에 따라가기 아직 멀었지만, 골짜기마다 심어진 차는 천연의 땅 기운을 얻고 하루 한때 햇빛만을 받으며 튼실하게 자라고 있다. 하루 한때라 함은, 이곳이 좁은 골짜기이므로 위치와 경사면에 따라 아침이면 아침, 낮이면 낮 그리고 오후면 오후 한 차례씩만 햇빛이 들어온다는 것이다. 하루 종일 산그늘의 서늘한 기운에 살다가, 잠시 따가운 햇빛을 받으며 크게 숨 한 번 쉰다. 선운사 차밭이 가진 천혜의 자연조건이다. 이에 따라서 그 맛만큼은 어디에 뒤지지 않는다.

선운사 차밭의
우룡 스님 이야기

이 차밭을 가꾼 이는 우룡(雨龍) 스님─. 1998년경, 세상에서 쌓을 공덕이 이것밖에 없다고 생각한 그는 선운사 골짜기마다 버려진 땅에 차나무를 심었다. 그렇지 않아도 이곳저곳에는 야생차가 자라고 있었다. 동백꽃이 이렇게 북쪽까지 올라오듯, 차 또한 그럴 수 있으리라는 생각이 들었다.

선운사 아랫마을에서 태어난 스님은 스물여덟 늦은 나이에 출가했다. 초등학교도 못 나오고 서울로 올라가 갖은 고생 다해 보고, 돈도 벌 만큼 벌어 보았다. 그리고 끝내 출가를 결심한 속내를 우리 같은 속인은 감히 묻지 못한다. 성격이 직선적이어서 절집에서 이런저런 풍파가 그치지 않았다. 파란만장한 지난 시절의 이야기도 여기 다 적을 수 없다. 사람 살아가는 일에 생기는 갈등이야 절집이라고 다르지 않은 모양이다. 다만 다른 것은 오직 한 가지이다. 올바른 목표 아래 정진하는 어느 한 사람이 있다는 것.

마침내 절에서 쫓겨났다. 분란만 일으키는 '못된 놈'으로 찍힌 것이다. 그러나 우룡의 진가는 여기서부터 발휘된다.

절 아래 동네에서 태어나, 세상 풍파 겪다 끝내 여기서 출가했거늘, 누가 쫓아낸다고 쫓겨 갈 건가. 절에서는 쫓아냈다고 하지만, 우룡은 절 주변을 제집 삼아, 제 절 삼아 빙빙 돌았다. 차밭도 그대로 가꾸고, 때 되면 절집 공양간에 가서 나이 드신 보살에게 밥 달라 했다. 천성이 착한 스님인 것을 아는 늙은 보살님들, 누구나 할 것 없이 공양간 부엌 한 귀퉁이에다 밥을 차려 준다.

선운사 금당 뒷산에는 인촌 김성수 선생 집안 재실이 하나 있다. 잘 돌보지 않아 폐가처럼 버려진 것을 우룡은 말끔히 치워 암자로 만들었다. 물론 인촌 집안의 허락을 받고서다. 그의 손이 간 곳은 죽은 풀도 살아나려니와, 허름한 집은 말끔한 암자가 되었다. 시골 이래도 이제 젊은 사람은 없어 재실 관리가 만만치 않은 판이었는 데, 그런 우룡을 보고 인촌 집안사람들도 좋아하더라는 것이다.

갈라진 손등이 언뜻언뜻 보였다. 내 눈이 거기 잠시 머무르다 옮 겨 가려 하자, '전생에 지은 업이 많아서……'라고 말끝을 흐린다.

"뭣 땜에 이 너른 차밭은 가꾸셨어요? 죽어서 떼메고 가실랍니 까?"

내친김에 농치듯 물었다.

"내 죽은 뒤에 선운사 스님들은 이 차밭만으로도 먹고살 거요. 공장 하나 지어 놓으면 우리 동네 사람들 다 먹고살 거고. 나 이거 하나 하고 죽을랍니다."

그렇게 차를 심은 까닭만큼은 단호하게 말한다.

일연은 『삼국유사』에서 이 땅에서 살다 간 이름 없는 이들의 생 애를 눈물겹게 그렸다. 그것이 『삼국유사』가 소중한 까닭이기도 하다. 날더러 새로이 이 시대의 『삼국유사』를 쓰라 한다면 우룡 같 은 사람의 생애를 적어 넣고 싶다. 분란 일으킨다고 쫓아낸 절집 위해서, 지지리도 먹고살기 힘들어 떠났던 고향의 사람들 위해서, 우룡은 묵묵히 차밭을 가꾸고 있는 것이다.

골짜기의 단풍은 붉게 타는데, 오후의 햇빛을 받은 차밭은 싱싱 하게 푸르렀다.

늙은 변소의
장엄한 마음

선운사에 가자면 먼저 들르는 곳이 있다. 우룡 스님과는 둘도 없는 도반, 도의(道義) 스님이 있는 미소사(微笑寺)이다. 말이 절이지 자그마한 암자 택인데, 차 한 잔 마시면 어느새 도의 스님은 당신 지프차에 시동을 걸었다. 우룡 만나러 가자고…….

심 없이 가까이 해 주시는 스님을 알게 된 것은 박규리 시인을 통해서이다. 박 시인은 이 절에서 십 년 넘게 공양주 보살 일 하며 시를 썼었다.

그런데 이 절에도 명물이 하나 있으니 십 년 넘은 변소간이다. 그동안 한 번도 똥을 푼 적이 없는데, 이상하게 냄새도 안 나고, 볼일 볼 때 그것이 튀어 엉덩이에 묻는 일도 없다는, 갸우뚱거리게 하는 변소간 이야기를 시로 쓴 사람이 박규리이다. 전북 고창의 이 작은 암자에 들어가 틀어박혀 살더니, 어느 날 그런 시를 써 가지고 나왔다.

변소간 근처에 오동나무랑 매실나무가 눈에 띄게 싯푸르고, 호박이랑 산수유도 유난히 크고 훤한 걸 보면, 아무튼 뭐가 있기는 있는 모양이라고, 박 시인은 예의 시 「그 변소간의 비밀」에서 의뭉을 떨고 있다.

그러나 요즈음 큰절일수록 이런 변소간이 사라진 지 오래다. 특히 국립공원으로 지정된 구역의 사찰 변소간들은 어느새 화장실로 바뀌어 있다. 절에서는 점잖게 불러 근심을 푸는 곳 곧 해우소(解憂所)라 한다. 헌데 도시 출신의 관광객들은 거기서 해우는커녕 감히 접근할 마음도 먹지 못하였었다. 그래서 시멘트 건물의 신식 해우소가, 21세기의 위생관념을 그대로 반영하며 등장한 것이다.

이제 그곳은 용변을 보는 공간과 퇴비를 만드는 공간이 겸해 있던 옛날의 해우소가 아니다.

시절이 바뀌니 변할 것은 으레 따라서 변해야 하지만, 그 속에서 잃어버리는 장점도 만만치 않다. 퇴비가 만들어진다는 실질적인 재활용의 문제만을 말하는 것이 아니다. 어느 젊은 공학자의 글에 나오듯이, "그것은 내 근심을 풀자고 하천을 오염시키고 똥을 죽이는 것"(최광수, 「해우소, 내일을 위한 약속」)이기도 하다.

나아가 한 가지 더 있다. 해우소가 가진 비밀은 그 공간이 우리에게 주었던 정신적인 안식이다. 불결한 변소간만을 떠올리지 마시라. 앞서 소개한 공학자의 글은 이어진다. "풀벌레 소리 들리는 해우소에 앉아, 창밖의 넉넉한 풍경을 바라보며, 똥이 들려주는 흙과 바람과 발소리와 햇살의 이야기를 듣고 싶다"는 사람이 있다.

다니자키 준이치로(谷崎潤一郎, 1886~1965년)는 일본적 미의식을 가장 잘 아는 소설가 가운데 한 사람이다. 그가 말하는 일본의 전통적인 변소는, "한적한 벽과 청초한 나뭇결에 둘러싸여 푸른 하늘이나 신록의 색을 볼 수 있는 곳"이다. 앞서 우리 해우소와 비슷한 분위기이다. 그곳에서 그가 느끼고자 했던 바도 비슷하다.

그리고 그곳에는, 거듭해 말하지만, 어느 정도의 옅은 어두움과, 철저히 청결한 것과, 모깃소리조차 들릴 듯한 고요함이 필수조건인 것이다. 나는 그런 변소에서 부슬부슬 내리는 빗소리 듣는 것을 좋아한다. 특히 간토(關東)의 변소에는 밑바닥에 길고 가는 창문이 붙어 있어, 처마 끝이나 나뭇잎에서 방울방울 떨어지는 물방울이, 석등롱(石燈籠)의 지붕을 썼고 징검돌의 이끼를 적시면서 땅에 스며드는 촉촉한 소리를, 한결 실감 나게 들을 수 있다. 실로 변소는 벌레 소리에 새소리에 잘, 달밤에도 또 어울리게, 사계절의 때마다 사물이 드러내는 것을 맛보는 데 가장 적당한 장소이고, 아마도 예로부터 시인은 이곳에서 무수한 소재를 얻었을 것이다.

다니자키 준이치로, 『그늘에 대하여』에서

화장실 가지고 이 어인 사치란 말이냐. 하지만 그런 공간을 만드는 것이 그다지 어려운 일이 아니었던 때의 이야기로 치부할 수 없는, 문화의 자장에 놓인 여러 장면들 가운데 놓치고도 아쉬워할 줄 모르는 미련함을 먼저 깨우치게 한다.

모든 사물이 제각각 자기가 다 주인이라는데, 우리는 사람의 공과 능력을 너무 맹신하지 않았는지. 거기서 생긴 오만과 편견이 우리를 갇힌 좁은 세계로 밀어 넣고 있는 것은 아닌지.

해답을 찾아가자면 앞서 소개한 박규리의 시 이야기로 돌아가야겠다. 미소사의 그 신비한 변소간도 이제는 현대식으로 바뀌고 말았지만.

퍼내지 않아도 되는 이 재래식 해우소의 비밀은 어디에 있었을까. 시인은 짐짓, "십 년 넘게 남몰래 풀과 나무와 바람과 어우러진 늙은 변소의 장엄한 마음" 때문이라고 그 공을 돌리고 있다. 웬 장엄한 마음? 해우소를 마치 사람처럼 바꾸어 놓은 다음, 시인이 말

346

미소사 모든 사물이 제각각 자기가 다 주인이라는데, 우리는 사람의 공과 능력을 너무 맹신하지 않았는지. 거기서 생긴 오만과 편견이 우리를 갇힌 좁은 세계로 밀어 넣고 있는 것은 아닌지. 작은 절 미소사는 그런 질문을 우리에게 하는 듯하다.

하는 그 마음은 이런 것이다.

누가 알겠어요, 저 변소는 이미 제 가장 깊은 곳에 자기를 버릴 구
멍을 스스로 찾았는지도요. 막막한 어둠 속에서 더 갈 곳 없는 인생은
스스로 길이 보이기도 하는 것이어서요, 한 줌 사랑이든 향기 잃은 증
오든 한 가지만 오래도록 품고 가슴 썩은 것들은, 남의 손 빌리지 않
고도 속에 맺힌 서러움 제 몸으로 걸러서, 세상에 거름 되는 법 알게
되는 것이어서요.

박규리, 「그 변소간의 비밀」 부분

쌓이는 것들 스스로 버릴 구멍을 하나 만들고, 썩은 것들 스스로

걸러서, 그것이 곧 세상의 거름이 되게 하는 것. 장엄한 마음은 거기에 있었다.

4

마라난타의 길을 따라서
—영광 법성포

해 저물 무렵 법성포 포구에 이르렀다. 서해 바다 어디나 그렇지만, 법성포에 이르자면 이때가 좋지 않을까 한다. 먼 바다 쪽으로 엷은 노을이 걸려 그윽해진 풍경을 보면서 법성포와 주변 해변을 둘러보라. 즐거움을 넘어 애처롭기까지 한 신비가 해변을 감싼다. 거기에 옛일을 덧칠하고 싶은 추억이 있는 사람이야 다른 곳을 찾을 나위 없다.

서해고속도로가 뚫린 이후 법성포를 찾아가는 길은 전국 어디서 출발해도 무척 수월해졌다. 이 고속도로의 영광 톨게이트에서 나와 법성포에 이르는 국도 또한 거의 고속도로급이다.

행정구역상 전남 영광군 법성면, 우리에게는 소주와 굴비의 고장으로 아로새겨져 있는 곳이다. 그러나 영광(靈光)이라는 이름이 그렇거니와 법성(法聖) 또한 뭔가 종교적인 신비로운 분위기를 풍

겨 심상치 않다.

물이 빠진 포구의 풍경은 서해 바닷가 어디나 비슷하다. 뻘밭의 언덕에 기대어 비스듬히 누워 있는 작은 배들, 언젠가 밀물이 들어 함빡 힘을 받게 될 때만 기다리는 인고(忍苦)의 표정이다. 법성포도 거기서 다를 바 없다.

하지만 법성포가 다른 점 두 가지가 있다.

앞바다에서 작은 만을 이루며 바닷물이 한참을 들어와서야 포구와 만난다는 것, 그리고 법성포의 법(法)이 불교적 뉘앙스를 자아낸다는 것.

조선시대 때는 인천 이남에서 가장 번성한 항구로, 서울로 실어 올리는 호남평야 일대의 쌀을 여기에 보관하였다지만, 지금도 법

350

성포는 굴비 하나로 전국의 사람들을 끌어모은다. 먼 바다건 가까운 바다건 어디에서 잡았느냐가 아니라 법성포에서 말려야 제대로 된 굴비란다. 큰 바다와는 거리를 두고 뭍으로 깊숙이 파고 들어와 형성된 포구는 바람과 높은 파도로부터 배와 사람을 지켜 준다. 서해안에서 이런 포구를 다시 볼 수 없는, 마치 넉넉한 여성의 몸과 같이 느껴지는 천혜의 입지 조건이다.

마라난타는 누구인가

그 품 안으로 마라난타(摩羅難陀)는 배를 타고 들어왔다. 백제에 처음으로 불교를 전했다는 사람이다. 뭍으로 파고 들어오는 바닷물이 넉넉히 안을 것처럼 보이는 법성포 한쪽 언덕에 마라난타 도래지 기념 건물이 세워졌다.

그러나 마라난타의 법성포 입국은 어디까지나 전설이다. 『삼국유사』에서는 『삼국사기』의 기록을 빌려, 소수림왕이 즉위한 지 2년 되는 372년, 전진(前秦)에서 승려 아도(阿道)가 고구려로 불교를 전하러 왔다고 적었다. 이 땅에 처음 불교가 전해진 공식기록이다. 그로부터 꼭 12년 뒤, 백제에 동진(東晉)에서 마라난타가 왔다. 다만 입국한 항구가 어디인지는 적지 않았다.

백제는 동진과 교류를 활발히 했다. 근초고왕 27년(372년)에는 동진에 사신을 파견하고 있다. 그때 동진은 불교가 무척 왕성했다.

마라난타는 본디 서역(西域), 곧 인도 출신이었다. 그 이름의 뜻을 '동학(童學)'이라고 일연은 풀어 놓고 있다. 아이 적의 첫 배움,

마라난타 도래지 기념관 법성포 품 안으로 마라난타는 배를 타고 들어왔다. 백제에 처음으로 불교를 전했다는 사람이다. 뭍으로 파고 들어오는 바닷물이 넉넉히 안을 것처럼 보이는 법성포 한쪽 언덕에 마라난타 도래지 기념 건물이 세워졌다.

그것이 백제에서 어디 불교뿐일까, 만물을 아는 새로운 가르침이 그로부터 시작했다 말하고 싶었던 것 같다. 일연은 마라난타를 찬미하는 시를 이렇게 쓰고 있다.

천운(天運)이 창조되던 처음에는　　　　天造從來草昧間
대체로 쉽게 이해하기 어려운 것도　　　大都爲伎也應難
늙은이는 춤과 노래에 실어 저절로 풀고　翁翁自解呈歌舞
옆 사람까지 이끌어 눈뜨게 했다　　　　引得旁人借眼看

『삼국유사』, '마라난타가 백제 불교를 열다(難陁闢濟)'조에서

춤과 노래에 실어 풀고 모든 이의 눈을 뜨게 했다는 표현이 인상

적이다. 이에 대한 좀 더 자세한 설명은 뒤에 하기로 하자.

백제 왕실은 마라난타를 맞아들여 당시 새로운 도읍지로 삼은 한산주, 그러니까 지금의 서울에 절을 짓고 승려 열 사람을 가르치게 했다. 백제 15대 침류왕(384~385년) 때의 일이다. 이 무렵 고구려나 백제의 왕실이 불교에 관심을 나타낸 것은 옛 인도의 경우와 흡사하다. 부처님 자신이 왕족 곧 크샤트리아 계급 출신이면서, 크샤트리아 계급의 왕실이 브라만 계급의 제사장을 넘어서려는 수단으로 불교를 일정 부분 이용했다는 역사적 사실이 있기 때문이다. 두 나라는 그 정도 정치적 성장을 이루고 있었다.

여기까지만 『삼국유사』의 기록이다. 그러면서 일연은, 마라난타의 자세한 사항은 승전(僧傳)에 나와 있다고, 슬쩍 자취를 감추며 주석에 달아 놓았다. 승전은 아마도 『해동고승전』을 가리키는 듯하다. 여기서는 마라난타에 대해 다음과 같이 기록해 놓고 있다.

석 마라난타는 인도 출신의 승려이다. 그는 신통한 힘을 지녀, 온갖 일을 해내는데, 그 능력을 헤아릴 수 없었다. 스님은 불교를 전파하는 데 뜻을 두어, 여기저기 떠돌아다니면서 교화하였으므로, 결코 한곳에 머무르는 일이 없었다.

옛 기록을 살펴보면, 그는 원래 인도 간다라에서 중국으로 들어와, 인재를 찾아 조심스레 불러 모아 불교의 가르침을 전했다. 그는 위태롭고 험난한 땅으로 다니면서 수많은 어려운 일들을 겪었지만, 인연이 닿는다면 아무리 멀더라도 가지 않은 곳이 없었다.

각훈, 『해동고승전』에서

구체적인 자료에 대해서는 『삼국사기』에 비해 떨어지지만, 그의 성격을 아는 데에는 오히려 도움이 된다. 더욱이 그가 간다라 출신이라는 점을 알려 준 데서 그렇다. 이 기록을 가지고 마라난타의 출신과 그의 생애를 더듬어 본 사람이 있다. 바로 민희식 교수이다.

민 교수의 연구에 따르면, 마라난타는 간다라의 길리 마을에서 태어났다. 어머니는 유산을 거듭하다, 병든 스님을 돌봐 준 공덕으로 아이를 갖게 되었다. 바로 마라난타이다. 길리 마을은 지금의 파키스탄 초타라흐르 마을, 마라난타는 30세에 이 마을을 떠나 실크로드를 따라 탁실라와 페샤바르를 거쳐, 4년간 우전국, 돈황, 장안, 낙양 등지에서 불교를 전파하다, 372년 드디어 동진에 도착했다. 백제로 간 것은 그로부터 2년 뒤의 일이다.

이 긴 여행의 종착지 법성포—.

민 교수가 찾아낸 대영박물관의 자료는, 마라난타가 실크로드를 거쳐 양자강을 따라 내려와 남경(南京)에 이른 후, 배를 타고 백제로 들어갔음을 증언하고 있다.

간다라 출신의
마라난타였기에

법성포를 둘러보면 그의 발자국이 찍힌 곳은 이 주변의 여러 군데서 발견된다. 특히 영광군 불갑면의 불갑사(佛甲寺)는 물론이요, 한산주에 이르는 길목에도 계룡산 갑사(甲寺)가 그의 손을 빌려 지어졌다고 말한다.

불갑사건 갑사건 모두 첫 절이라는 뜻일 터이다.

물론 모두가 전설적인 이야기일 뿐이고, 아직 문헌상으로 고증하기는 쉽지 않다. 그래서 법성포가 마라난타의 도래지라든가, 마라난타가 불갑사와 갑사를 창건했다는 데에 의구심을 품는 이들도 있다. 다만 구비전승(口碑傳承)의 힘을 아는 이들은, 입으로 전하는 이야기가 문헌 못지않은 권위를 지닌다는 사실에 결코 '딴지'를 걸지 않는다. 이 마을에서 마라난타의 이름이 들먹여지는 것은 그냥 우연이나 억지가 아니다.

앞서 『삼국유사』의 신라 경도(傾度)에 대해서는 한 차례 말했다.

사실 경북 경주 주변이 아닌 곳, 특히 전라도 땅에 이르면 이 같은 생각은 더욱 굳어진다. 『삼국유사』의 면면이, 경주를 비롯한 경상도에서야 곳곳에 현장을 두고서 이런저런 이야기가 모아져 있는 게 금방 확인되지만, 전라도 쪽은 가물에 콩 나듯 한다. 그것도 억지로 갖다 붙여야 겨우 의미 해석이 이뤄지는 경우가 많다.

법성포와 마라난타의 관계 또한 그러해서 아쉬움이 없지 않다. 다만 그의 이름이 백제 불교 전래와 함께 적혀져 문헌 증거의 한 면을 차지하고 있음에 감사할 따름이다.

그런데 앞서 소개한 민희식 교수의 연구를 더 보면, "영광 법성포의 백제시대 지명이 아미타불이 변형된 아무포였다가, 불법이 전해진 포구라는 뜻을 명확히 하기 위해 그 후 법성포로 개칭됐다"고 하는데, 우리 역사서에서 빠뜨리고 있는 이 사실을 받아들이는 데 그다지 인색할 필요가 없을 듯하다.

그러나 여기서 내 눈이 확 뜨이는 바는 다른 데 있다.

민 교수의 연구결과에서 마라난타가 간다라 출신의 젊은 선교사였다는 사실이다.

앞서 일연이 마라난타를 찬미한 시에, "늙은이는 춤과 노래에 실어 저절로 풀고"라는 구절을 주목하자 했다. 나는 이때껏 이것을, 노숙한 한 승려가 불교를 전하기 위해, 동진과 백제 정부의 외교 선린관계에 힘입어 출장 나온 한 장면으로 생각했다. 더불어 춤과 노래란, 마치 다음과 같은 원효의 무애희(無碍戲) 같은 종류가 아닌가 생각했다.

원효가 어느 날 우연히 배우들이 가지고 노는 커다란 박을 얻었는데, 모양이 괴이하여 그 형상을 따라 도구를 만들었다. 『화엄경』에, "모든 것에 거침없는 사람은 한가지 길[道]로 나고 죽는다"는 대목을 가지고 무애(無碍)라 이름 짓고, 노래를 지어 세상에 유행시켰다. 일찍이 이것을 지니고 모든 마을 모든 부락을 돌며 노래하고 춤추면서 다녔다.

『삼국유사』, '원효는 무엇에도 얽매지 않다(元曉不羈)'조에서

딱딱하기만 한 불교 경전의 내용은 어렵기까지 하다. 사람들에게 절절이 다가가게 하기 위해서 쉽게 풀 필요가 있었고, 따라 외우기 좋게 하기 위해서 가락에 실었으며, 몸으로 느끼며 흥겨워하라고 춤으로 나타냈다. 여기까지는 나도 추정한 바였다.

그런데 민 교수의 연구에 따르면, 마라난타는 당시 간다라 불교의 영향 아래, 이념보다 사회개혁을 위한 실천 활동을 중요시하고 있었다.

실천의 구체적인 방법론은?

바로 춤과 노래를 가지고 "옆 사람까지 이끌어 눈뜨게 했다"는 것이다. 7세기의 신라 승려 원효는 4세기의 인도 승려 마라난타로 부터, 내용과 방법에서 중요한 힌트를 모두 얻은 셈이다. 원효에 이르러서야 신라 불교가 민중들에게 다가갔다면, 백제는 이미 첫 선교자 마라난타로부터 그 같은 혜택을 입고 있었다.

더욱이 마라난타는 서른의 젊은 나이에 천하를 찾아 떠난 선교 사이다. 늙은이가 아니었다. 칙사 대접 받으며 궁중으로 초청받은 외교사절이 아니었다. 친지와 고향을 떠나 낯선 곳으로 목숨을 걸고 나선 순례자였다.

그가 이른 발걸음의 종착점이 다름 아닌 백제, 곧 법성포였음을 우리는 어떻게 고마워해야 할까.

안개 속에 만나는 역사의 바다

역사 속의 존재로서 역사성을 획득한다는, 좀 배운 체하는 말 한마디 헤아려 받아 주시기 바란다. 마라난타는 역사성을 획득하였다. 그것은 자신의 전 생애를 가치 있는 어떤 것과 맞바꾸었을 때 가능하다. 마라난타는 그랬다.

일연은 그런 마라난타를 찬미하였다. 자신이 살아간 시대가 가진 모순의 대척점에 마라난타는 있었던 것이다.

역사에 목말라하자면 이런 경우도 한번 되새겨 보자.

나라의 자존심을 세우자는 어떤 극점에, 우리는 조선왕조 말기 강화도 출신의 이건창(李建昌, 1852~1898년)이라는 사람을 만난다. 15세에 과거 급제, 아직 나이가 너무 어려 마땅한 보직을 줄 수 없었다는 천재다.

그런 그가 말년에 모든 벼슬을 물리치고 강화도로 돌아와 칩거했지만, 몇 사람의 제자를 키운 것만 생애의 보람이라 만족하고 눈감아야 했던 사정을 여기서 다 말하기 힘들다.

마흔일곱의 안타까운 삶이 마감된 것은 1898년의 일이었다.

그로부터 10년 후, 이미 죽기를 결심한 황현(黃炫, 1855~1910년)은 마지막 서울 나들이를 한다. 서울 입성 전 강화도에 들렀다. 자신을 알아주었던 오직 한 친구 이건창의 묘소에 참배하기 위해서이다. 황현은 이런 말을 남긴다.

"나는 강자가 약자를 삼키는 것을 원망하지 않습니다. 약자가 강자에게 먹히는 것이 서러울 따름입니다."

그 말이 그 말인 것 같지만 묘한 울림을 느끼지 않을 수 없다. 약자가 강자에게 먹힌다 할 때 약자는 바로 우리이고, 그것이 그저 서러울 따름이다.

거슬러 13세기로 발길을 옮겨 보자. 거기서 우리는 고려의 몽고와의 항쟁을 만난다. 인류 역사상 진정한 세계의 패자, 몽고군을 일러 그 말발굽으로 사람은 둘째치고 지나간 자리의 풀도 자라지 못하게 한 군대였다고 말한다. 그런 군대에게 20여 년을 유린당한 저편에 강화도는 존재한다. 알다시피 결사항전을 맹세한 최씨 무신정권이 수도인 개성을 버리고 이곳 강화도로 왕을 모시고 피해 왔던 곳이기 때문이다.

마니산 13세기로 발길을 옮겨 보자. 거기서 우리는 고려의 몽고와의 항쟁을 만난다. 인류 역사상 진정한 세계의 패자, 몽고군을 일러 그 말발굽으로 사람은 둘째치고 지나간 자리의 풀도 자라지 못하게 한 군대였다고 말한다. 그런 군대에게 20여 년을 유린당한 저편에 강화도는 존재한다.

더러 이 시기를 우리는 외세에 저항한 자랑스러운 역사라고 말하지만, 본토의 무고한 백성들은 버려진 채로, 말로만 외치는 항전은 무엇인지 조용히 물어볼 필요가 있다.

어쨌건 그러기에 그때 강화도는 전쟁의 피해 없이 온존할 수 있었다. 그러나 그 온존은 차라리 부끄러운 살아남음이 아니었나 싶다. 온 국토의 백성들이 아무 방어수단도 없이 무방비 상태로 버려져 있었고, 초토화 작전을 벌인다고 산으로 바다로 소개(疏開)되는 고통 속에서 살았다. 일편 아름답게만 보이는 저 고려가요의 「청산별곡」이 실은 그렇게 산과 바다로 쫓겨 다니던 유민의 노래였다고 주장하는 학설이 있을 정도이다. 그 와중에 강화도는 적의 칼날을 피해 있었다.

강화도 한 중앙에 이규보(李奎報, 1168~1241년)의 묘가 있다. 고려

무인정권기를 풍미했던 문호다. 그가 남긴 농민시(農民詩) 몇 편 덕택에 오늘날 대단한 민중시인인 양 떠받들어지지만, 실은 무인정권의 비호 아래 그들을 위한 글을 써 주며, 이 섬에서 평안히 한 생애를 마칠 수 있었노라고 비판한 학자도 있다. 나는 그 말에 귀가 번쩍 뜨인다. 13세기의 강화도는 그런 사람들로 우글거렸을 게다.

일연은 그의 나이 56세 되던 해 곧 1261년 왕의 부름을 받고 강화도로 갔다.

최씨 무신정권에 휘둘리고 몽고와의 전쟁에 좌불안석이었던 고종 임금이 죽고, 새로 등극한 원종이 재위 이태째를 맞던 해였다. 기어코 몽고와의 결사항전을 주장하던 최씨 무신정권이 무너진 지

선월사 터 최씨 무신정권이 무너진 지 5년이 지난 다음, 왕은 아직 강화도에 있었다. 일연은 선월사에 머물면서 3년을 지냈거니와, 한 가지 의아스럽기로 이때 그의 행적이 묘연하다는 것이며, 비문에 적힌 한 줄도 실체를 따지는 데 궁금증만 더해 준다.

도 5년이 지난 다음, 그러나 왕은 아직 강화도에 있었다. 일연은 선월사(선원사라고도 한다)에 머물면서 3년을 지냈거니와, 한 가지 의아스럽기로 이때 그의 행적이 묘연하다는 것이며, 비문에 적힌 한 줄도 실체를 따지는 데 궁금증만 더해 준다.

우리가 지금 읽는 『삼국유사』에는, 일연이 그가 거처했던 곳과 관련하여 단 한 군데도 그냥 넘어가는 법 없이, 한두 가지 이야기를 적어 놓고 있음을 알고 있다. 우리는 거기에 기대어 그의 행적을 찾아가기도 한다.

오로지 예외가 있다면 이 강화도이다.

왜일까? 왜 강화도 이야기는 『삼국유사』에서 한 줄도 비치지 않는 것일까? 3년이라면 짧은 체재기간이 아니다. 그리고 전등사며 보문사 같은 유서 깊은 절에다, 최씨 무신정권 기간에 팔만대장경이 다시 새겨진 일을 다름 아닌 그 자신이 머물렀던 선월사 주관으로 치러 냈다. 경전의 유입과 출판을 『삼국유사』에 꽤나 자세히 싣고 있는 그이련만, 그 근거지랄 수 있는 강화도를 애써 외면하듯 건너뛰고 있다.

법성의 땅에 이르다

기억은 창조의 원동력이다. 적어도 일연에게 있어서 『삼국유사』는 그 같은 명제에 기대어 있다. 그러나 때로 기억은 고통과 번민의 재료로, 애써 버리고 싶은 유산이 되기도 한다. 일연에게 강화도 3년은 그런 기간이었으리라. 그것이 그렇지 않은 기억들과 대비될 때는 더욱 분명해진다.

다시 법성포로 돌아간다.

일연이 법성포에 한 번이라도 들렀는지 명확한 증거를 찾기는 어렵다. 그러나 그가 『삼국유사』에서 마라난타의 백제 입국 사실을 언급하고, 간단하나마 활동사항을 적고, 더욱이 그를 기리는 시 한 편을 남겨 놓고 있는데, 비록 양으로는 변변찮다 하나 요소요소 적어야 할 것은 빠뜨리지 않고 있으니, 결코 무관심했다 할 수 없다. 승전(僧傳)의 기록을 보기도 했을 터, 수만 리 서방 서쪽에서 진리의 등불을 전하자고 혈혈단신 발길을 옮긴 그에 대한 경의는 도리어 두텁기만 하다.

그것은 일연 자신이 살았던 13세기의 퇴락하고 속악했던, 저 강화도 포구의 더러움을 씻는 그만의 길이기도 했으리라.

법성포에 마라난타를 만나러 갔지만, 굴비와 소주도 맛보고 싶다. 이미 어두워진 다음, 저녁식사를 하러 식당을 찾는다. 굴비 백반에 법성포 소주 한 잔이면 좋겠다. 그러나 굴비 도매상만 즐비할 뿐 눈에 쏙 들어오는 식당이 없다. 시인 정현종 선생이 유난히 좋아하셔서, 신촌의 연세대 앞, 벗들과 어울려 법성포 소주를 팔던 집에 가끔 간 적이 있었다. 법성포에서 올라온다는데, 때마침 지방 특산주를 인가해 준 다음이라서, 이것저것 이름났다는 소주를 돌아가며 마셔 보았지만, 다들 법성포 소주가 기중 낫다고들 했었다. 그래서 알게 된 법성포 소주였다.

그냥 포기하듯 허름한 시골 식당에 들어 밥상을 주문했는데, 놓인 반찬마다 입에 맞았다. 그러기에 전라도이던가?

서늘한 밤바다가 어둠 속에서 멀리 느껴진다. 물은 아직 들어오지 않았다. 포구의 배들도 지금은 철이 아닌지 모두 닻을 내리고 있다. 마을 뒤편 느티나무 숲에서 들려오는 바람 쓸리는 소리만이 시원하다. 바람은 느티나무 숲을 지나, 마라난타 도래지 기념공원 쪽으로 발길을 옮긴다.

이렇게 넉넉한 품으로 배가 들어왔다면, 마라난타를 법성(法聖)이라 일러 이 포구의 이름이 생겼다면, 우리는 어디서 출발해도 법성포에 이를 수 있다. 우리가 찾는 법성포는 사람이 이르게 될 궁극적 경지로서, 불교에서는 법성(法性)이라 부르는 그 무엇인지도 모르기에.

무왕[41]

제30대 무왕(武王)의 이름은 장(璋)이다. 어머니는 과부였는데, 서울의 남쪽 연못가에 집을 짓고 살다 그 못의 용과 정을 통해 그를 낳았다. 어려서 이름은 서동(薯童)인데, 재주와 도량이 헤아리기 어려웠다. 늘 마[薯]를 캐서 팔아다 생활했으므로, 이곳 사람들이 이름을 그렇게 부른 것이다.

어느 날 신라 진평왕의 셋째 공주인 선화(善花)[42]가 세상에서 둘도 없이 아름답다는 소문을 들었다. 그는 머리를 깎고 신라의 서울로 갔다. 동네 여러 아이들에게 마를 나눠 주었더니, 아이들이 그에게 가까이 붙었다. 그래서 노래를 짓고는 아이들을 꾀어 부르게 했다.

> 선화공주님은
> 남모르게 짝지어 놓고
> 서동 서방을
> 밤에 알을 품고 간다

노래는 서울에 쫙 퍼지고 대궐까지 들리게 되었다. 모든 신하들이 강력히 요청해, 공주를 먼 곳으로 유배 보내게 되었다. 결국 떠나게 되자 왕후가 순금 한 말을 여비로 주었다.

공주가 유배지에 도착할 즈음이었다. 서동이 길 위로 나타나 절하고는 모시고 가려 했다. 공주는 그가 어디서 온 사람인지 몰랐지만, 우연이라 믿고 기뻐하였다. 그래서 서동이 공주를 따라가게 되고 몰래 정도 통하였다. 그런 후에야 공주는 서동이라는 이름을 알게 되고, 노래대로 이루어지는 기묘한 체험에 흠칫했다.

---

41) 옛날 다른 책에는 무강(武康)이라 했으나 잘못이다. 백제에는 무강왕이 없다.
42) 선화(善化)라고도 한다.

그들은 함께 백제로 갔다. 어머니가 준 금을 꺼내어 살아갈 길을 의논하려 하자, 서동은 크게 웃고 말았다.

"이게 무슨 물건이오?"

"이건 금인데, 백년은 부자로 살아갈 수 있습니다."

"내가 어려서부터 마를 캐던 곳에는 이런 것이 흙처럼 쌓여 있소."

공주는 그 말을 듣고 크게 놀랐다.

"이것은 세상에서 가장 큰 보물이랍니다. 당신이 지금 금이 있는 곳을 아신다면, 그 보물을 우리 부모님이 계신 궁궐로 실어 보내는 것이 어떨는지요?"

서동은 그러자 했다. 그래서 그 금을 모아 산더미처럼 쌓아놓고는, 용화산(龍華山)의 사자사(師子寺)에 있는 지명법사(知命法師)에게 가서 금을 나를 방법을 물었다.

"내가 신통력으로 보낼 수 있으니 금을 가져오시오."

공주가 편지를 써서 금과 함께 사자사 앞에 가져다 놓았다. 법사는 신통력으로 하룻밤에 신라 궁궐로 실어 보냈다. 진평왕은 신통한 조화를 기이하게 여기고 높이 받들어 주면서, 자주 편지를 보내 안부를 물었다. 서동이 이로 말미암아 인심을 얻어 왕위에 올랐다.

하루는 왕이 부인과 함께 사자사로 거동하는 길에 용화산 밑에 있는 큰 연못가에 이르렀다. 마침 미륵삼존이 나타나자 수레를 멈추고 절했다. 부인이 왕에게 말했다.

"이곳에 큰 가람을 세우는 것이 제 소원입니다."

왕이 허락하였다. 지명법사에게 가서 못을 메울 일에 대해 묻자, 신통력을 써서 하룻밤 사이에 산을 무너뜨려 못을 메우고 평지로 만들었다. 그리고 미륵삼회를 본받아 회전(會殿), 탑, 낭무(廊廡)를 각기 세 군데에 세운 다음 미륵사[43]라는 편액을 달았다. 진평왕이 온갖 기술자들을 보내 도왔는데, 지금도 그 절이 남아 있다.[44]

---

43) 『국사』에서는 왕흥사(王興寺)라고 한다.

후백제와 견훤

또 「고기(古記)」에서는 이렇게 말한다.

"옛날 광주(光州) 북촌에 한 부자가 살고 있었다. 그에게 딸 하나가 있었는데, 자태와 얼굴이 단정했다. 하루는 딸이 아버지에게 말했다.

'자줏빛 옷을 입은 사내가 잠자리에 들어 정을 통하곤 한답니다.'

'그러면 네가 긴 실을 바늘에 꿰어, 그의 옷에다 꽂아 두어라.'

딸이 그 말대로 했다.

다음 날 북쪽 담장 아래에서 그 실을 찾았다. 바늘은 커다란 지렁이의 허리에 꽂혀 있었다. 뒤에 임신을 하고 사내아이를 낳았는데, 나이 열다섯 살에 스스로 견훤이라 불렀다.

경복(景福) 원년은 임자년(892년)인데, 왕이라 일컫고 완산군에 도읍을 세워 43년간 다스렸다. 청태(淸泰) 원년은 갑오년(934년)인데, 훤의 세 아들이 반역해 왕위를 빼앗자, 훤이 태조에게 투항하였다.

아들 금강(金剛)이 왕위에 올랐다. 천복(天福) 원년은 병신년(936년)인데, 고려 군과 일선군에서 맞서 싸워, 백제가 패하고 나라가 망했다."

처음에 견훤이 아직 강보에 싸여 있을 때였다. 그의 아버지가 들에서 밭을 갈고 있어서 어머니가 밥을 나르러 갔는데, 아기를 수풀 밑에 두었더니 호랑이가 와서 젖을 먹였다. 마을 사람들이 그 이야기를 듣고 이상하게 여겼다. 그러더니 자라면서 체격과 용모가 웅대해지고 특이했으며, 기개가 호방하고 범상치 않았다.

군사가 되어 서울에 들어왔다가, 서남쪽 바닷가로 가 수자리를 살았다. 그는 창을 베고 적을 기다릴 정도로 기백이 항상 다른 군인들을 앞섰다. 그곳에서 공로를 세워 비장(裨將)이 되었다.

---

44) 「삼국사」에서는 이 왕이 법왕의 아들이라 하나 이 전기에서는 과부의 아들이라 하니, 잘 알지 못하겠다.

견훤이 서쪽으로 순행하면서 완산주에 이르자 고을 백성들이 환영하면서 위로하였다. 그는 인심을 얻은 것을 기뻐하며 부하들에게 말했다.

"당나라 고종이 신라의 청을 받고 장군 소정방을 보내 수군 13만 명을 거느리고 바다를 건너게 했으며, 신라 김유신이 군사를 몰아 황산을 거쳐 당나라 군사와 합쳐 백제를 쳐서 멸망하게 했다. 백제를 개국한 지 6백여 년 만의 일이었다. 내 이제 어찌 도읍을 세워 묵은 울분을 씻지 않으랴."

그가 드디어 후백제의 왕이라 자칭하면서, 관청을 설치하고 직책을 나눠 주었다. 이때가 당나라 광화(光化) 3년(900년)이고, 신라 효공왕 4년이었다.

장흥(長興) 3년(932년)이었다. 견훤의 신하 공직(龔直)은 용맹스럽고도 지략이 있었다. 그가 태조에게 와서 항복하자, 견훤은 그의 두 아들과 딸 하나를 잡아다 불로 지져 다리의 힘줄을 끊어 버렸다. 그해 가을 9월에 견훤이 일길(一吉)을 보내, 수군을 거느리고 고려 예성강에 들어가 사흘 동안 머물면서, 염주(鹽州) 백주(白州) 진주(眞州) 세 고을의 배 1백 척을 불태우고 가 버렸다.

청태(淸泰) 원년은 갑오년(934년)인데, 견훤은 태조가 운주(運州)[45)에 군사를 주둔시켰다는 말을 듣고, 갑옷 입은 무사를 뽑아 새벽에 밥을 먹여 떠나게 했다. 그러나 진중에 도착하기도 전에 장군 검필(黔弼)이 날쌘 기병을 거느리고 습격해 3천여 명을 목 베고 사로잡자, 웅진 북쪽 30여 개 성이 이 소문을 듣고 저절로 항복했다. 견훤의 부하인 술사 종훈(宗訓)과 의원 지겸(之謙), 용장 상봉(尙逢), 작필(雀弼) 등도 태조에게 항복했다.

병신년(936년) 정월에 견훤이 아들들에게 다음과 같이 말했다.

"늙은 아비가 신라 말년에 후백제 이름을 세운 지 이제 몇 년 되었다. 군사가 북군보다 갑절이나 되는데도 아직 승리하지 못했으니, 아마도 하늘이 고려에게 손을 빌려 준 듯하다. 북쪽의 왕에게 귀순해 목숨이나 보전하는 것이 낫지 않겠느냐."

그러나 그 아들 신검, 용검, 양검 등 세 사람이 모두 듣지 않았다. 이제의 「가기」에서는 이렇게 말한다.

---

45) 잘 모르는 곳이다. [역주] 지금의 충남 홍성 부근인 듯하다.

"견훤은 아홉 자녀를 두었다. 맏아들은 신검,[46] 둘째는 태사 겸뇌(謙腦), 셋째는 좌승 용술(龍述)이다. 넷째 아들은 태사 총지(聰智), 다섯째는 대아간 종우(宗祐), 여섯째는 이름이 전하지 않는다. 일곱째 아들은 좌승 위흥(位興), 여덟째는 태사 청구(靑丘), 딸 하나는 국대부인(國大夫人)인데 모두 상원부인(上院夫人)의 소생이다."

견훤은 부인들이 많아 아들이 열댓 명이나 있었다. 그중 넷째 아들 금강(金剛)이 키가 크고 지략이 많아, 견훤은 그를 특별히 사랑해 왕위를 물려주려고 했다. 그러자 그의 형 신검, 양검, 용검이 이를 알고 걱정했다. 그때 양검은 강주 도독으로, 용검은 무주 도독으로 가 있었고, 신검만이 견훤의 곁에 있었다.

이찬 능환(能奐)이 사람을 시켜 강주와 무주 두 고을에 가서 양검 등과 모의했다. 청태 2년은 을미년(935년)인데, 봄 3월에 영순(英順) 등과 함께 신검을 권해 견훤을 금산사 불당에 가두고, 사람을 보내 금강을 죽이게 했다. 신검은 대왕이라고 자칭하면서 나라 안에 대사면령을 내렸다.

처음에 견훤이 잠자리에서 아직 일어나지 않았는데, 멀리 궁정에서 떠들썩한 소리가 들렸다. 견훤이 아들 신검에게 물었다.

"이게 무슨 소리냐?"

"왕께서 연로하셔서 군국 정사에 어두우시므로, 맏아들 신검이 부왕의 자리를 섭정하게 되었다고, 여러 장수들이 축하하는 소리입니다."

그러면서 신검은 견훤을 금산사 불당으로 옮기고, 파달(巴達) 등 장사 30명을 시켜 지키게 했다. 그때 노래 하나가 유행했다.

가엾은 완산 아이가
아비를 잃고 눈물 흘리네

견훤이 후궁과 나이 어린 남녀 두 명, 그리고 시비 고비녀, 나인 능예남 등과 함께 갇혀 있었다. 4월이 되었다. 술을 빚어 마시다가 감시하던 군사 30명을 취하게 만들었다.[47]

---

46) 어떤 이는 견성(甄成)이라고도 한다.

태조는 소원보 향예(香乂), 오염(吳琰), 충질(忠質) 등에게 바닷길로 가서 견훤을 맞이하도록 하였다. 견훤이 도착하자, 자기보다 10년이 위라고 해서 그를 높여 상보(尙父)라 하고 남궁에 모셨다. 양주의 식읍, 전장과 노비 40명, 말 9필을 주고, 그 나라에서 항복해 온 신강(信康)을 아전으로 삼았다.

진표가 간자를 전하다

승려 진표(眞表)는 완산주⁽⁴⁸⁾의 만경현 사람이다.⁽⁴⁹⁾ 아버지는 진내말(眞乃末)이고, 어머니는 길보낭(吉寶娘)이다. 성은 정(井)씨였다.

나이 열두 살이 되자, 금산사의 숭제(崇濟)법사의 문하에 들어 머리를 깎고 가르침을 청했다. 그 스승이 일찍이 일러 주었다.

"나는 벌써 당나라에 들어가 선도(善道) 삼장(三藏)에게 가르침을 받았다. 그런 다음 오대산에 들어가 문수보살이 나타나신 것을 느끼고 5계를 받았다."

"얼마나 부지런히 닦아야 계를 얻을는지요?"

"정성을 지극히 하면 1년을 넘기지 않을 게야."

진표는 스승의 말을 듣고 이름난 산들을 두루 돌아다녔다. 선계산(仙溪山)의 불사의암(不思議庵)에 머물면서 몸과 마음과 뜻을 모아 닦고, 제 몸은 돌보지 않은 채 뉘우치며 계를 얻어 냈다.

처음에 7일을 기약하고, 온몸을 돌에 두들겨 무릎과 팔뚝이 부서지니, 피가 비 오듯 바위에 뿌려졌으나 성인은 감응이 없었다. 뜻을 굳건히 하여 몸을 버릴 각오로 다시 7일을 기약하였다. 그래서 14일이 지나자, 마침내 지장보살이 나타나 정계(淨戒)를 받았다. 개원(開元) 28년 경진년(740년) 3월 15일 진(辰)시였다.

---

47) [역주] 원본의 이 부분에는 몇 글자가 빠졌을 것으로 보인다. 군사들을 취하게 한 다음 탈출했다는 내용이 이어질 것이다.

48) 지금 전주목이다.

49) 어떤 이는 두내산현(豆乃山縣)이라 하고, 어떤 이는 도나산현(都那山縣)이라고도 한다. 지금 만경의 옛 이름이 두내산현이다. 「관녕전(貫寧傳)」에서는 스님의 고향 동네를 '금산현 사람'이라고 했는데, 이는 절의 이름과 현의 이름을 혼동한 것이다.

그때 나이는 스물셋 정도.

　그러나 미륵보살에게 뜻이 있었으므로 중간에 그만두지 않고 영산사(靈山
寺)[50]로 옮겨 갔다. 또 처음처럼 용맹정진했다. 과연 미륵보살이 나타나 『점찰
경(占察經)』 두 권[51]과 더하여 간자(簡子) 189개를 주면서 말했다.

　"이 가운데 제8간자는 새로 얻은 묘계(妙戒)를, 제9간자는 더 얻은 구족계(具足
戒)를 비유한다. 이 두 간자는 곧 내 손가락뼈이다. 나머지는 침향(枕香)과 전단
향(栴檀香) 나무로 만들어 여러 번뇌를 비유한 것이다. 너는 이것을 가지고 세상
에 법을 전하고, 나루터와 뗏목을 만들어 사람들을 건너게 하라."

　진표는 성인의 글을 받아 금산사에 와서 지냈다. 매해 단(檀)을 열어 불교의
가르침을 펼쳤는데, 단석(檀席)이 매우 엄격하여 말세에서 보지 못할 것이었다.
가르침이 두루 펼쳐지자 걸어서 아슬라주(阿瑟羅州)[52]까지 이르렀다. 섬 사이에
서 물고기와 자라가 다리를 만들어 바다 속으로 모시고 가 법을 들으며 계를 받
았다. 천보(天寶) 11년 임진년(752년) 2월 보름이었다. 어떤 데에서는 원화(元和) 6
년(811년)이라 하나 잘못이다. 원화는 헌덕왕 때이다.[53]

　경덕왕이 이를 듣고 궁궐로 맞아들여 보살계를 받았다. 쌀 7만 7천 석을 베풀
어 주었다. 왕비와 외척들도 모두 계를 받고, 비단 5백 단(端)과 황금 50냥을 시
주했다. 모두 받아 여러 산에 나누어 주니 불사(佛事)를 널리 일으키게 되었다.

　뼈를 담은 석탑은 지금 발연사(鉢淵寺)에 있다. 그곳은 곧 바다의 물고기들에
게 계를 베풀던 곳이다.

　직접 법을 받은 제자들은 영심(永深), 보종(寶宗), 신방(信芳), 체진(体珍), 진해(珍
海), 진선(眞善), 석충(釋忠) 등인데, 모두 산문의 창시자가 되었다. 영심은 진표가
간자를 전해 주어 속리산에 지내며 대를 이었다. 단을 만드는 방법은 점찰 육륜
(六輪)이 조금 다르지만 수행법은 산중에서 전해 오는 규정과 같다.

---

50) 다른 이름은 변산(邊山) 또는 능가산(楞伽山)이다.

51) 이 경전은 곧 진나라와 수나라 사이에 외국에서 번역된 것으로 여기서 처음 나온 것이 아니다. 미
　　륵보살은 이 경전을 주었을 것이다.

52) [역주] 지금의 강릉이다.

53) 성덕왕 때와 무려 70년이나 떨어졌다.

마라난타가 백제 불교를 열다

「백제본기」에서는 이렇게 말한다.

"제15대[54] 침류왕이 즉위한 갑신년(384년)[55]에, 서역(西域)의 승려 마라난타(摩羅難陁)가 진(晉)나라에서 왔다. 예의를 갖추어 궁중으로 맞아들여 머물게 했다. 다음 해인 을유년에 새 도읍지인 한산주에 절을 짓고 승려 열 사람에게 불교를 가르쳤다. 이것이 백제에서 불교가 비롯된 바이다."

또 아신왕이 즉위한 대원(大元) 17년(392년) 2월에 불교를 잘 믿어 복을 얻도록 하였다. 마라난타는 번역하면 동학(童學)이다.[56]

찬한다.

천운(天運)이 창조되던 처음에는
대체 쉽게 이해하기 어려운 것도
늙은이는 춤과 노래에 실어 절로 풀고
옆 사람까지 이끌어 눈뜨게 했다

---

54) 승전(僧傳)에는 14라고 했는데 잘못이다. [역주] 『삼국사기』에 따르면 제14대가 맞다.

55) 동진의 효무제 때인 대원 9년이다.

56) 그의 특이한 행적은 승전에 자세히 나와 있다.

자료

『삼국유사』, 이동환 교감(한국고전번역원 영인본)

『삼국사기』, 김정배 교감(한국고전번역원 영인본)

한국학 중앙연구원, 『역주 삼국유사』, 이회문화사, 2003.

『고려사』(사회과학원 번역, 영인본)

국역 『삼국유사』(고운기 번역, 홍익출판사)

국역 『삼국유사』(권상로 번역, 동서문화사)

국역 『삼국유사』(사회과학원 번역, 배인본)

『삼국유사색인』(한국학중앙연구원)

『보각국사비문』(한국학중앙연구원 영인본)

『일연비문집』(중앙승가대학 영인본)

『신증동국여지승람』(한국고전번역원 영인본)

각훈, 『해동고승전』(보련각 영인본)

허홍식 편, 『한국금석전문』(아세아문화사)

이규보, 『동국이상국집』(한국고전번역원 영인본)

전체

고병익 외, 『한국의 역사인식』, 창비, 1976.

김상기, 『신편고려시대사』, 서울대출판부, 1985

김열규 편, 『삼국유사와 한국문학』, 학연사, 1983.

김윤곤, 『한국중세의 역사상』, 영남대출판부, 2001.

김현준, 『사찰, 그 속에 깃든 의미』, 교보문고, 1991.

신동욱·김열규 편, 『삼국유사의 문예적 가치 해명』, 새문사, 1982.

신영훈, 『절로 가는 마음』, 책만드는집, 1994.

안계현, 『한국불교사연구』, 동화출판공사, 1982.

한국학중앙연구원, 『삼국유사의 종합적 연구』, 한국학중앙연구원, 1986.

불교사학연구소 편, 『삼국유사연구논저목록』, 중앙승가대, 1992.

채상식, 『고려후기불교사연구』, 일조각, 1990.

황패강, 『신라불교설화연구』, 일지사, 1975.

홍윤식 외, 『삼국유사의 연구』, 중앙출판, 1982.

일연학연구원 편, 『일연과 삼국유사』, 신서원, 2007.

望月信亨, 『佛敎大事典』, 불교대사전발행소, 1937.

제1장 강원도 산길 1박 2일

김영태, 『불교사상사론』, 민족사, 1992.

김영태, 『삼국유사의 신라불교사상연구』, 신흥출판사, 1979.

고운기, 『등궤과 오렌지』, 샘터, 2006.

고운기, 『삼국유사 글쓰기 감각』, 현암사, 2010.

불교방송, 『알기 쉬운 불교』, 불교방송사, 1995

최완수, 『명찰순례』, 대원사, 1995.

임석재, 『한국구전설화 4』, 평민사, 1991.

이지누, 『절터 그 아름다운 만행』, 호미, 2006.

월정사, 『오대산』, 월정사, 2000.

일지, 『월정사의 전나무 숲길』, 문학동네, 1994.

야나기다 세이잔(柳田聖山), 양기봉 역, 『초기선종사』, 김영사, 1991.

제2장 경주에서 1박 2일

윤경렬, 『겨레의 땅 부처님 땅』, 불지사, 1993.

이기백, 『신라정치사회사연구』, 일조각, 1974.

이하석, 『삼국유사의 현장기행』, 문예산책, 1995.

고운기, 『우리가 정말 알아야 할 삼국유사』, 현암사, 2006.

조유전, 『한국사 미스터리』, 황금부엉이, 2004.

정일근, 『경주 남산』, 문학동네, 2004.

노무라 신이치(野村伸一), 고운기 번역, 『한국, 1930년대의 눈동자』, 이회문화사, 2003.

추만호, 『나말여초 선종사상사 연구』, 이론과실천, 1992.

채상식, 『고려후기불교사연구』, 일조각, 1990.

황종연 엮음, 『신라의 발견』, 동국대출판부, 2008.

제3장 경상도 바닷길 1박 2일

심원섭, 「김여제의 '환상의 시' 2편 발굴」, 『문학사상』, 2003년 7월.

고운기, 『우리가 정말 알아야 할 삼국유사』, 현암사, 2006.

고운기, 「이중언어에 놓인 소설의 운명」, 『작가』, 1999년 겨울.

신종원, 『삼국유사 새로 읽기(1)』, 일지사, 2004.

강평원, 『쌍어 속의 가야사』, 생각하는 백성, 2001.

김병모, 『잊혀진 왕국』, 푸른숲, 1999.

김태식, 『미완의 문명 7백 년 가야사』, 푸른역사, 2002.

윤석효, 『국내외 사서를 통해 본 가야사 탐구』, 한성대출판부, 2008.

정중환, 『가라사연구』, 혜안, 2000.

司馬遼太郎, 『韓のくに紀行』, 朝日新聞社, 1978.

村上四男, 『三國遺事考證』, 塙書房, 1995.

제4장 전라도 황톳길 1박 2일

국사편찬위원회 편, 『한국사』, 탐구당, 1974.

나경수, 『남도문화의 서막 마한신화』, 민속원, 2009.

김윤곤, 『한국중세의 역사상』, 영남대출판부, 2001.

민영규, 『사천강단』, 우반, 1994.

민영규, 『강화학 그 최후의 광경』, 우반, 1994.

고운기, 『듕귁과 오렌지』, 샘터, 2006.

고운기, 『가려 뽑은 고대시가』, 현암사, 2005.

차병걸, 『차병걸 민담집』, 보고사, 2007.

정재윤, 「미륵사 사리봉안기를 통해 본 무왕·의자왕대의 정치적 동향」, 정재윤 외, 『익산 미륵사와 백제』, 일지사, 2011.

신종원, 「사리봉안기를 통해 본 삼국유사 무왕 조의 이해」, 정재윤 외, 『익산 미륵사와 백제』, 일지사, 2011.

박영근, 『오늘, 나는 시의 숲길을 걷는다』, 실천문학사, 2004.

다니자키 준이치로(谷崎潤一郎), 고운기 번역, 『그늘에 대하여』, 눌와, 2005.

박규리, 『이 환장할 봄날에』, 창비, 2004.

민희식, 『간다라』, 가이아, 1999.

김완진, 『향가해독법연구』, 서울대출판부, 1980.

양주동, 『고가연구』, 정음사, 1960.

최철, 『향가의 문학적 해석』, 연세대출판부, 1990.

| 찾아보기 |

「그 변소간의 비밀」 344
'금관성 바사석탑'조 279
금관총 160
금산사(金山寺) 321
금오산 180
기린도(麒麟圖) 158
기자암(祈子巖) 176
「길」 169
김견명(金見明) 027
김병모 164
김술원(金述元) 073
김시습(金時習) 169
김알지(金閼智) 193
김여제(金輿濟) 235
김유신 152
김주원(金周元) 071
김해 272

ㄱ

'가락국기'조 275
가지산문(迦智山門) 032
각유(覺猷) 057
감은사(感恩寺) 246
강릉 단오제 065
개운포(開雲浦) 258
견훤(甄萱) 332
경문왕 195
경주 남산 166
계화(桂花) 188
고마가와(高麗川) 198
고마진자(高麗神社) 199
고분공원 160
괴력난신 038
구스타브 161
「구지가」 276
구지봉(龜旨峰) 275
국사성황당 065
굴산사 터 063

ㄴ

나경수 310
낙산사(洛山寺) 034
「낙산사기(洛山寺記)」 053
난생(卵生) 314
'내 덕에 산다' 316
「내 물고기 절에서 만난 사람」 229
냉골 174
넋건지기굿 222
녹진(祿眞) 263

ㄷ

다니자키 준이치로(谷崎潤一郞) 345
「다듬이질하는 여인」 216
대왕굿 248
도리천(忉利天) 149
도의(道義) 032
동륜 145
「동명왕편(東明王篇)」 036
둔전(屯田) 032

ㅁ

마라난타(摩羅難陀) 351
마애불 171
마한(馬韓) 310
만만파파식적 245
「만만파파식적(萬萬波波息笛)을 울음」
    235
만파식적 155, 244
망해사(望海寺) 261
무강왕 309
무라카미 요시오(村上四男) 240
무사시노(武藏野) 197
무애희(無碍戱) 356
무왕(武王) 300
무이행보살(無異行菩薩) 076
무장사 185
무조설화(巫祖說話) 318
무종의 법난 073

문무왕 154, 249
'문무왕 법민'조 155
문수보살(文殊菩薩) 081, 096
미륵사 연기설화(緣起說話) 307
미륵전(彌勒殿) 324
미소사(微笑寺) 344
미시나 아키히데(三品彰英) 238
미시령 029
미실 146
미추왕 152
미추왕릉 149
'미추왕과 죽엽군'조 151
민희식 354

ㅂ

바리데기 318
바위신앙 179
박규리 344
박노해 141
박영근 339
박참법(撲懺法) 328
'백률사(栢栗寺)'조 244
범일(梵日) 063
법성포 349
법왕 306
보달낙가산 050
보명궁주 145
보천(寶天) 085, 093

「북명(北銘)」 170

분황사 121, 128

불사의암(不思議庵) 328

ㅅ

사굴산문(闍堀山門) 077

사도부인 146

사천왕사 149

사택 왕비 301

사택적덕(沙宅積德) 299, 319

『삼국유사고증(三國遺事考證)』 238

삼릉골 174, 180

상원사(上院寺) 080, 087

「서동요」 311

서봉총 160

서정주 335

서탑 사리봉안기 299

석천(石泉) 071

선계산(仙溪山) 328

선덕여왕 149

「선덕여왕이 절묘하게 알아차린 세 가지
　　일」 149

「선운사 동구」 336

선운사(禪雲寺) 335

선월사 361

선율(善律) 153

'선율이 살아 돌아오다'조 153

선재동자 049

선화공주 309

설총 132

세조 094

소성왕(昭成王) 188

수로(首露) 278

수로부인(水路夫人) 256

수로왕릉 282

수망굿 222

수정사(水精寺) 085

시바 료타로(司馬遼太郎) 270

신돈(辛旽) 058

신문왕 155, 251

신석남 222

신선암 174

쌍어문(雙魚紋) 283

ㅇ

아유타국(阿踰陀國) 279

아자개(阿慈介) 333

아쿠다가와 상(芥川賞) 213

애장왕 136

약수골 174

약왕보살(藥王菩薩) 099

양어지(養魚池) 067

양주동 313

연오랑과 세오녀 220

염불암 085

'영웅의 일생' 314

오구굿 222

오대천 094

오봉산 044

오어사(吾魚寺) 227

「완산요(完山謠)」334

왕궁리의 유적 302

요석궁 134

용장사 터 180

용장사(茸長寺) 169

우룡(雨龍) 342

우통수 086

운두령 089

'원성대왕(元聖大王)'조 245

원효 053

'원효는 무엇에도 얽매지 않다'조 134

월정사(月精寺) 034, 098

위제희(韋提希) 부인 099

육사(陸史) 211

의상(義湘) 044

의상봉 327, 329

의자(義慈) 303

이건창(李建昌) 358

이규보(李奎報) 036, 359

이마니시 류(今西龍) 238

이서국(伊西國) 151

이석형(李石亨) 245

이승복 090

이시하라 신타로(石原愼太郎) 213

이지누 085

이회성(李恢成) 212

익장(益壯) 053

인신공희(人身供犧) 221

일연(一然) 028

일지(一指) 101

임금님 귀는 당나귀 귀 195

임나일본부설 272

ㅈ

장륙존상 127

'정수 스님이 얼어 죽을 뻔한 여자를 구
    하다(正秀師救氷女)'조 136

정수(正秀) 136

정일근(鄭一根) 167

정취보살(正趣菩薩) 075

제안(齊安) 073

조신 060

'조신(調信)의 꿈' 042

조유전 157

좌탈입망(坐脫立亡) 088

죽현릉(竹現陵) 151, 152

'진신이 공양을 받다(眞身受供)'조 094,
    175

진여원(眞如院) 085

진전사(陳田寺) 028

진평왕 146, 147

진평왕릉 143

진표(眞表) 327
진흥왕 순수비 126

ㅊ

차병걸 317
「처용가」 267
처용암 259
천마도(天馬圖) 157
천마총(天馬塚) 156
천수대비 128
「천수대비가」 130
「청포도」 211
최항(崔沆) 056
충공(忠恭) 263
칭기즈칸 035

ㅋ

「큰 바위 얼굴」 181

ㅌ

탈해왕 280

ㅍ

파랑새 053
평등성보살 088, 092
품일(品日) 073

ㅎ

'하늘이 내려준 옥대'조 147

학암(鶴巖) 071
『한국기행』 271
한암(漢岩) 087
해변의 점심식사 256
해수관음상 062
허황옥(許黃玉) 278
헌강왕 258
헌덕왕 263
혜진(惠珍) 058
혜현(惠現) 339
호공 193
홍련암(紅蓮庵) 048
홍예문 046
황룡사 125
황룡사 구층탑 125
황룡사 터 124
황현(黃炫) 358
회연(晦然) 027
효명(孝明) 085, 093
효소왕 093
희견보살(喜見菩薩) 099
희명 128
희찬 스님 101
히나타 카즈마사(日向一雅) 100